Christian Kalthöner

Die Gewalt des Rechts

Analyse und Kritik nach Benjamin und Menke

Nomos

Onlineversion
Nomos eLibrary

Die Deutsche Nationalbibliothek verzeichnet diese Publikation in der Deutschen Nationalbibliografie; detaillierte bibliografische Daten sind im Internet über http://dnb.d-nb.de abrufbar.

Zugl.: Diss., Friedrich-Schiller-Universität Jena, 2021

ISBN 978-3-8487-8380-9 (Print)
ISBN 978-3-7489-2770-9 (ePDF)

1. Auflage 2021

Im Zweifel für den Zweifel
Das Zaudern und den Zorn
Im Zweifel fürs Zerreißen
Der eigenen Uniform
Tocotronic: Im Zweifel für den Zweifel

A. Vorwort

„Der philosophische Diskurs der Moderne"[1] lässt sich grob in zwei Denkrichtungen unterteilen. In seiner ersten und früheren Ausprägung, wie sie sich in René Descartes *„cogito"* und in Immanuel Kants Kritiken manifestiert, liegt der Fokus auf einem selbstbewussten Subjekt, das über den Gebrauch seines rationalisierenden Verstandes die Welt aufklärt. Von diesem nimmt eine verfügbarmachende Vernunft ihren Ausgang, die ihre Gegenstände berechnet und sich von den Fesseln alter Mythen zu entzaubern sucht. Wesentliche Kategorien der praktischen und politischen Philosophie – wie die Menschenrechte, der gewaltmonopolisierende Nationalstaat, die Gewaltenteilung, die repräsentative Demokratie oder das Rechtsstaatsprinzip – entspringen dieser Ausrichtung oder erhalten in ihr zumindest eine transzendentalphilosophische Fundierung.

Mit Friedrich Nietzsche schlug das moderne philosophische Denken dagegen einen anderen Kurs ein. Impulsgeberin dieser Ausprägung ist eine ausgewiesene Skepsis gegenüber den Denkwegen der aufklärenden Vernunft. Dieser – auch unter dem Etikett der *Postmoderne* firmierende – Diskurs hat sich insoweit den Nachweis einer konstitutiven Bedingtheit der Subjektivität von äußerlichen Begebenheiten zum Ziel gesetzt. Innerhalb dieser Denkrichtung wird sich daher darauf konzentriert, was der subjekt-zentrierten Vernunft entgeht, um sie darin mit ihrem Anderen zu konfrontieren. Nicht selten wird hier die aufklärerische Vernunft als eine instrumentelle Vernunft enthüllt, die hinterrücks Herrschaftsverhältnisse der Ausbeutung und des sozialen Ausschlusses etabliert, die vor ihr noch aus sich selbst heraus gerechtfertigt erscheinen.

Dass es auch mit dem Recht eine derartige Bewandtnis habe, war eines der Verdachtsmomente, die den jüdischen Philosophen Walter Benjamin leiteten, als er zur Jahreswende 1920/1921 den Aufsatz *„Zur Kritik der Gewalt"*[2] verfasste. Im zeitgeschichtlichen Kontext kurz nach den Gräueln

---

1 Vgl. dazu und im Folgenden *Habermas*, Der philosophische Diskurs der Moderne.

2 Der Aufsatz war eigentlich für eine Veröffentlichung in den „Weißen Blättern" gedacht. Dort wurde er allerdings abgelehnt, weil er „für zu lang und zu schwierig" erachtet wurde. Erst im August 1921 fand er schließlich im „Archiv für Sozialwissenschaft und Sozialpolitik" Publizität. Vgl. zur Entstehungsgeschichte von *Zur Kritik der Gewalt*: *Tiedemann/Schweppenhäuser*, Anmerkungen der Herausgeber zu

und den geopolitischen Umbrüchen des Ersten Weltkriegs, einer erfolgreichen Revolution in Russland und einer gescheiterten in Deutschland und der noch jungen, aber auch fragilen Weimarer Republik artikuliert Benjamin in dem Essay seine tiefgreifenden Zweifel am überkommenen Verständnis der für die Staats- und Rechtstheorie zentralen Kategorie *Gewalt*. Gewalt, so sein Argwöhnen, lasse sich nicht vollends in der weitverbreiteten Vorstellung vom Zweck-Mittel-Verhältnis darstellen, noch darin ihre Anwendung rechtfertigen, geschweige denn unter dieser Größe abbauen. Vielmehr will Benjamin im Aufkommen wie auch im Niedergang von Rechtsordnungen eine inhärente Dialektik zweckrationalen Gewaltgebrauchs am Werk sehen. Nach dieser sei das Recht existenziell auf Gewalt als Mittel angewiesen und dennoch stets dazu gehalten, sie allenthalben zu bekämpfen, um ihrer Art nicht selbst zur Beute zu werden. Dabei identifiziert Benjamin dieses „Schwankungsgesetz"[3] innerhalb seines geschichtsphilosophischen Analyserahmens als ein Relikt mythischen Ursprungs, das sich zum neuzeitlichen Zeitbewusstsein quasi anachronistisch verhält.

Seit seiner Veröffentlichung hat der Essay *„Zur Kritik an der Gewalt"* eine Vielzahl von Rezeptionen hervorgerufen.[4] Nachdem der Interessenschwerpunkt seiner Rezipienten in den 1960er Jahren auf den revolutionären Einschlägen lag[5], entspannt sich ab den 1990er Jahren zwischen den poststrukturalistischen und kritischen Philosophen Jaques Derrida, Giorgio Agamben und Christoph Menke eine Kontroverse, die ihren Ausgang in jenem Schwankungsgesetz des Rechts nimmt und sich darin Benjamins postmoderner Erbmasse angenommen hat. In Tradition zu Benjamins Geschichtsphilosophie entwickeln sie ihre Anschauung vom Recht aus einer strukturalen Zeichentheorie, paradigmenbasiert bzw. form-genealogisch. Das Rechtsbild, welches sie danach zeichnen, hat ziemlich exzessive, sozial-exklusive, unflexibel-totalisierende und lädierende Züge – Züge, die insoweit die klassischen modernen Rechts- und Staatstheorien ignorieren. Effektiv werden diese Qualitäten dabei einer „Gewalt des Rechts"[6] zugeschrieben, die das Recht als Phänomen im Wesentlichen prägt.

Seite 179-203 (Zur Kritik der Gewalt), GS II.3, S. 943-945; Brief von Benjamin an Gershom Scholem, Januar 1921, *Benjamin*, Gesammelte Briefe, Bd. 2, S. 130.

3 *Benjamin*, Zur Kritik der Gewalt, GS II.1, S. 202.

4 Vgl. zur Rezeptionsgeschichte *Honneth*, „Zur Kritik der Gewalt", in: Lindner (Hg.), Benjamin-Handbuch, S. 193 (193).

5 Vgl. *Marcuse*, Nachwort, in: Walter Benjamin, Zur Kritik der Gewalt und andere Aufsätze, S. 99-107.

6 *Menke*, Recht und Gewalt, S. 34.

Während in den vergangenen Jahren wissenschaftliche Abhandlungen die *Gewalt des Rechts*, wie sie sich vom postmodernen Diskurs im Anschluss an Benjamin darstellt, im Souveränitätsprinzip aufbauschen und ungeachtet ihrer positiven Funktionen für eine rigorose Kastration des Rechts von aller Gewalt plädieren[7] oder aber vor lauter Polemik die eigenen Parallelen in der Ausgangsposition übersehen[8], blieb eine vermittelnde Analyse zwischen dem Recht, so wie es gegenwärtig praktiziert wird, und seiner postmodernen Kritik bis heute aus.

Die vorliegende Studie hat sich daher zur Aufgabe gemacht, diese Lücke zu schließen und die *Gewalt des Rechts* sowie die dazugehörige Kontroverse im Anschluss an Benjamin aus einer *rechtstheoretischen Perspektive* zu reflektieren. Eine Herausforderung, derer sich diese Arbeit zu stellen hat, ist dabei der Umstand, dass, bis auf Agamben, keiner der Autoren Jurist war bzw. ist und die Texte, auf die hier Bezug genommen wird, allesamt philosophische sind, wobei sich Benjamin noch nicht einmal dezidiert als Rechtsphilosoph verstanden wissen wollte.

Die Reflexion erfolgt hierbei in fünf Teilen. Gegenstand des ersten (Kap. B.) ist zunächst die Formulierung eines rechtstheoretischen Begriffs vom Recht, der insbesondere sein vorgebliches Verhältnis zur Gewalt, als auch seine Funktion in modernen Gesellschaften ausleuchtet. Darin fungiert der zu bildende Begriff im Gesamtzusammenhang der Arbeit, wohlweislich seiner Nähe zur subjektzentrierten Vernunft, als kritischer Maßstab wie auch als Kontrastfolie für die ihm nachgelagerte Rekonstruktion.

Der zweite Teil (Kap. C.I.) hat sich der Darstellung der spezifischen Epistemologie der Autoren verschrieben. Die genaue Analyse des individuellen erkenntnistheoretischen Zugangs erweist sich als unabdingbare hermeneutische Voraussetzung für das jeweilige Rechtsverständnis des einzelnen Autors. Erst auf Grundlage der sprachphilosophischen und zeichentheoretischen Implikationen werden Ort, Wirkungsweise und Status der *Gewalt des Rechts* in ihrer vollen Dimension einsichtig, was darzustellen Gegenstand des dritten Werksabschnitts (Kap. C.II.) ist. Von besonderer Bedeutung ist dabei für die Bewertung der *Gewalt des Rechts* Derridas anspruchsvoller und ideologiekritischer Gerechtigkeitsbegriff[9], den es wider den Relativismus der positiven Rechtslehre gegenüber der Kategorie Gerechtigkeit als kritischen Maßstab für rechtliches und politisches Handeln

7 *Loick*, Kritik der Souveränität.

8 *Ladeur*, Die Textualität des Rechts.

9 Dessen Bedeutung wird insbesondere von *Wolf*, Gerechtigkeit als Dekonstruktion, herausgearbeitet.

auch innerhalb pluralistischer Gesellschaften zu rehabilitieren gilt (Kap. C.II.3.b. und Kap. C.III.3.d.).

Im vierten Teil (Kap. C.III.) sollen die Gewaltüberwindungsstrategien der Autoren eine Beurteilung erfahren. Gerade vor dem Hintergrund ihrer Transformationskonzepte zeigt sich dabei deutlich, inwieweit die Autoren die *Funktionen* des Rechts unbedacht lassen, die dieses in hyperkomplexen Gesellschaften einnimmt.

Abschließend soll daher auf Basis von Derridas *„hermeneutischem Generalstreik“*[10] und im Gegensatz zu Benjamins *„revolutionärem Generalstreik“*, Agambens Vision von *„Studium und Spiel“* und Menkes *„Entsetzung des Rechts“* der Versuch unternommen werden, Grundzüge eines neuen Rechts zu skizzieren (Kap. D.), das seinen bisherigen funktionalen Errungenschaften gerecht werden könnte, sich zugleich aber auch als gegenüber den Rechtsunterworfenen sozialintegrativ und weniger lädierend erweist.

10 Ich entlehne den Begriff zur Bezeichnung der von Derrida fokussierten Transformationsbewegung *Vismann*, Rechtshistorisches Journal 1992, S. 250 (250).

Inhaltsverzeichnis

B. Hintergrund und Bewertungsmaßstab

Benjamin, für dessen Denken Kant eine wichtige Referenz war[11], hat den Titel für seinen Aufsatz „*Zur Kritik der Gewalt*“ mit Bedacht gewählt. Mit ihm rekurriert er insbesondere auf Kant und Karl Marx, die „Kritik“ als Methode zur Aufklärung verstanden. Nicht nur im Anspruch, sondern auch in der Struktur verrät Benjamins Essay auch einiges über die spezifische Herangehensweise, der eine Kritik entsprechen muss. Bei einer solchen handelt es sich nicht einfach um eine Anklage, vielmehr muss sie analytisch verstanden werden. Wie es ihre etymologische Wurzel, das altgriechische Verb *κρίνειν* (dt. *scheiden, absondern, entscheiden*), schon anklingen lässt, geht es bei einer Kritik insoweit darum, etwas zu scheiden, zu unterscheiden und zu beurteilen. Erforderlich für eine Kritik ist daher zunächst die Bildung eines geeigneten Maßstabs, anhand dessen der von ihr ausgemachte Gegenstand geschieden, unterschieden und beurteilt werden kann.[12]

Auch das Programm der vorliegenden Studie ist die Ausarbeitung einer *Kritik*. Die Kritik an der philosophischen Kritik der Autoren Benjamin, Agamben, Derrida und Menke am Recht verlangt daher ebenfalls einen Maßstab. Bevor also der Diskurs nach Benjamin dargestellt wird, soll auf den folgenden Seiten eine rechtstheoretische Betrachtungsweise des Rechtsphänomens entfaltet werden, von der aus der postmoderne philosophische Diskurs anschließend seine Beurteilung erfahren kann.

I. Zum rechtstheoretischen Standpunkt

Als Rechtstheorie wird hier das Unternehmen bezeichnet, die Eigenarten und die Funktionsweise des Rechts im gegenwärtigen Rechtssystem zu ermitteln und zu verorten. In diesem Sinne intendiert die Rechtstheo-

---

11 *Benjamin*, Über das Programm der kommenden Philosophie, GS II.1, 157 ff.; vgl. zum Einfluss Kants Denkens auf das von Benjamin: *Fenves*, „Über das Programm der kommenden Philosophie“, in: Lindner (Hg.), Benjamin-Handbuch, S. 134 (134 ff.).

12 Vgl. *Benjamin*, Zur Kritik der Gewalt, GS II.1, S. 181. Benjamin selbst wählt zum Maßstab seiner Kritik der Gewalt die Kriterien, die die positive Rechtslehre zur Bewertung von Gewalt ausgebildet hat, a.a.O.

rie, das Recht in seiner Entstehung, seinem Grundgerüst und seiner Wirkungsweise auf die Gesellschaft zu beschreiben. Dafür integriert sie in ihre Anschauung vom Recht Ansätze der „Allgemeinen Rechtslehre“, der Rechtssoziologie und der Rechts- und Geistesgeschichte. Zu diesem Zweck begreift und reflektiert die Rechtstheorie das Recht vor der Lehre von den Grundbegriffen des Rechts, der Theorie der Normen und der juristischen Methodik, seiner Funktion in einer Gesellschaft und den historisch-geistesgeschichtlichen Entwicklungszusammenhängen seiner Ausdrücke.[13]

II. Was ist Recht?

Für die Bildung eines Begriffs vom Recht wird hier der positiven Rechtslehre gefolgt. Damit ist zweierlei zum Ausdruck gebracht. Als Recht im Sinne des Begriffs wird demnach nur das erachtet, was von bestimmten Institutionen in einer Gesellschaft für Recht erklärt wird. Recht ist danach nichts, was von Gott oder irgendeiner anderen metaphysischen Instanz kommt und im weltlichen Bereich gefunden wird, wie es naturrechtliche Lehren behaupten. Als rechtlich ist eine Norm nur dann zu bezeichnen, wenn sie durch eine Institution gesetzt worden ist, durch die sie jederzeit auch wieder geändert werden kann, wenn die Norm also „kraft Entscheidung gilt“.[14] Dabei muss die Norm nicht unbedingt von einer staatlichen Institution erlassen worden sein, sondern kann ebenso in anderen gesellschaftlich anerkannten Institutionen ihren Ursprung haben, wie es etwa das Kirchenrecht oder die Tarifvertragsautonomie nahelegen.[15]

Zum Begriff des Rechts gehört aber nicht nur die Quelle einer Norm. Damit das gesatzte Recht auch die Welt gestalten kann, bedarf es überdies eines Aktes, der zwischen der Rechtsnorm und einem Lebenssachverhalt eine Beziehung herstellt. Diese Beziehung wird von der Deutung besorgt, die der Rechtsnorm wie auch einem Lebenssachverhalt einen „spezifisch[en] juristische[n] Sinn, seine eigentümliche rechtliche Bedeutung“ verleiht.[16] Für die Rechtswirklichkeit ist dabei die Deutung der normativen Gehalte in den Entscheidungen der Gerichtsbarkeit von besonderer

---

13 Ich orientiere mich für die Begriffsbestimmung an *Rüthers/Fischer/Birk*, Rechtstheorie, § 1 Rn. 20 ff.

14 *Luhmann*, Positivität des Rechts als Voraussetzung einer modernen Gesellschaft, S. 122, 125.

15 *Rüthers/Fischer/Birk*, Rechtstheorie, § 2 Rn. 56.

16 *Kelsen*, Reine Rechtslehre, S. 5.

Bedeutung. Da in den meisten Staaten ein mehrstufiger Instanzenzug vorherrschend ist, in dem den höherrangigen Gerichten die Aufhebung der Urteile der rangniedrigeren gestattet ist, ist in erster Line die Deutung des Rechts in den Urteilen der obersten Gerichte maßgeblich.[17]

Ein hinreichender, aber kein notwendiger Indikator für eine Rechtsnorm ist außerdem ihre zwangsweise Durchsetzbarkeit durch staatliche Institutionen, über die Widerstände eingeebnet werden können, um tatsächlich Rechtsverhältnisse zu schaffen.[18]

Gemäß dieser positivrechtlichen Bestimmung des Rechtsbegriffs unterscheidet sich das Recht von der Moral und der Gerechtigkeit. Die Differenz zur Moral wird hierbei über zwei Kriterien möglich. Zum einen lässt sich von einer Rechtsnorm nur dann sprechen, wenn und soweit sie von einer hinreichend legitimierten Quelle – etwa vom Staat oder einer staatlich anerkannten Institution – gesetzt worden ist, wohingegen das für moralische Normen keine zwingende Voraussetzung ist.[19] (Folglich kann eine Rechtsnorm auch moralisch sein, für ihre Geltung ist das allerdings keine unabdingbare Voraussetzung.) Zum anderen lassen sich Recht und Moral über die Motivation des Handelnden differenzieren, wie dies insbesondere Kant vorgenommen hat. Entscheidend ist also, was den Handelnden zur Handlung motiviert. Dementsprechend ist für eine moralische Gesetzgebung eine notwendige Voraussetzung, dass die „Triebfeder" auf dem freien Willen des handelnden Subjekts beruht, wohingegen für eine rechtliche die „bloße [objektive] Übereinstimmung oder Nichtübereinstimmung einer Handlung mit dem Gesetze [...], die Legalität" ausreicht, zu der es, wenn nötig, auch gezwungen werden darf.[20]

Der Neokantianer Hans Kelsen, der selbst Wertrelativist war, möchte überdies Recht und Moral danach unterscheiden, dass die Moral genauso wie die Gerechtigkeit Werte verabsolutiere, was das Recht nicht tun könne.[21] Er reformuliert diesen Unterschied mit einer etwas stärkeren Institutionen-Fixierung als ein erkenntnistheoretisches Problem: Anders als Rechtsnormen, die ihre Geltung aus institutionell gesetzten höherrangigen

---

17 *Hart*, Der Begriff des Rechts, S. 168-175.

18 *Kant*, Die Metaphysik der Sitten, A 35; *Jhering*, Der Zweck im Recht, S. 320 f.; *Kelsen*, Reine Rechtslehre, S. 25 f.; dass es sich um kein notwendiges Kriterium handelt besagen *Weber*, Wirtschaft und Gesellschaft. Recht, S. 197 und *Luhmann*, Das Recht der Gesellschaft, S. 135.

19 Vgl. *Habermas*, Faktizität und Geltung, S. 137.

20 *Kant*, Die Metaphysik der Sitten, A 14 ff.

21 *Kelsen*, Reine Rechtslehre, S. 13. Die Zitation richtet sich nach der ersten Auflage von 1934.

Normen ableiten, handele es sich bei der Moral und der Gerechtigkeit um platonische Ideale, die den Anspruch universeller Gültigkeit erheben, was sich vom „Standpunkt rationaler Erkenntnis“ aus aber nicht begründen lasse.[22]

Abgesehen von diesem radikalen Abgrenzungsversuch werden etwa in der Rechtsprechung des Bundesverfassungsgerichts ökonomische[23] und prozedurale[24] Gerechtigkeitskonzepte[25] vertreten und Gerechtigkeit insoweit für mit dem Recht vereinbar und für durch es realisierbar erachtet. Im ersten Fall wird Gerechtigkeit gemäß ihrer aristotelischen Bestimmung[26] objektiv als Frage der äquivalenten Verteilung bzw. Behandlung begriffen[27]; im zweiten wird die Ermöglichung von Gerechtigkeit im Recht von der strikten Einhaltung bestimmter Verfahrensvoraussetzungen abhängig gemacht.

Dass sich das Verhältnis von Recht und Gerechtigkeit aber nicht ganz so einfach darstellen und sich Gerechtigkeit im Recht auch anderweitig erstreben lässt, wird im Verlaufe der Arbeit noch zu zeigen sein.[28]

III. Objektives Recht und subjektive Rechte

Historisch besehen unterliegt die Form des Rechts einem Wandel. Das Recht der Moderne ist dabei maßgeblich von der „Figur der subjektiven Rechte“ geprägt.[29] Die Eigenart der subjektiven Rechte wird ersichtlich, sobald man sie dem antiken Recht gegenüberstellt.[30] Im antiken Recht war die Vorstellung vorherrschend, dass es sich beim Recht um etwas *„Proportionales“*[31] handele. Das Recht wurde mit dem Gerechten gleich-

---

22 *Kelsen*, Reine Rechtslehre, S. 14-16; zu den Defiziten von Kelsens Begründung vgl. *Wolf*, Gerechtigkeit als Dekonstruktion, S. 20-38.

23 Vgl. z.B. BVerfGE 1, 14 (52); 13, 46 (53); 98, 365 (385).

24 Vgl. BVerfG, Beschluss der 1. Kammer des Zweiten Senats vom 16. Oktober 2013 - 2 BvR 736/13 -, Rn. 9.

25 Eine Übersicht der verschiedenen Gerechtigkeitstheorien findet sich in: *Düwell/Hübenthal/Werner* (Hg.), Handbuch Ethik (Schlagwort „Gerechtigkeit“, S. 371-376).

26 Vgl. *Aristoteles*, Nikomachische Ethik, 1131a-1132b.

27 Kritisch zur ökonomischen Gerechtigkeitsauffassung: *Horkheimer/Adorno*, Dialektik der Aufklärung, S. 13.

28 Vgl. Kap. C.II.3.d und Kap. C.III.3.

29 *Luhmann*, Das Recht der Gesellschaft, S. 291.

30 So insb. *Menke*, Kritik der Rechte, S. 43-64.

31 *Aristoteles*, Nikomachische Ethik, 1131a, 30.

gesetzt. Recht oder gerecht ist danach die „Mitte", der gerechte Anteil bzw. die Kompensation „zwischen dem Zuviel und dem Zuwenig".[32] Man stellte sich das Recht gewissermaßen wie eine statische Einheit vor, einen Kuchen, den es zu verteilen gilt. Recht hat folglich, wer seinen wohlproportionierten Teil vom Ganzen hat.[33]

Im Recht der subjektiven Rechte werden dagegen keine Teile arithmetisch verteilt. Stattdessen wird bei ihnen die „Willkür" des berechtigten Subjekts dahingehend verrechtlicht, im Rahmen des Rechts nach freiem Ermessen und ohne rechtliche Kontrolle handeln zu können,[34] d.h. von einem Anderen ein Handeln, Dulden oder Unterlassen zu verlangen, was der Pflicht der anderen Person zu dieser Handlung, Duldung oder Unterlassung entspricht.[35] Oder, um es kurz in den Worten von Rudolf von Jhering zu sagen: Subjektive Rechte schützen das „Interesse" des Berechtigten.[36] Ein Wesensmerkmal der subjektiven Rechte ist es dabei, dass es auch in der Hand des Berechtigten liegt, ob und inwieweit er von ihnen in ihrem Rahmen Gebrauch macht.[37]

Obwohl sich die subjektiven Rechte zunächst im Privatrecht entwickelt haben, findet man sie ebenfalls im öffentlichen Recht, etwa in Gestalt der Grundrechte im Verhältnis zwischen Staat und Bürger oder als verfassungsrechtlich garantierte Rechte zwischen am Verfassungsleben beteiligten Organen.

IV. Die Grammatik des Gesetzes

Ein subkutanes Thema dieser Studie, das Spannungsverhältnis zwischen dem Singulären und dem Allgemeinen, hat seinen Anlass in der grammatikalischen Form des Gesetzes. Rechtsnormen sind grundsätzlich *allgemein* formuliert. Bei ihrer Bildung wird von dem mannigfaltig Besonderen abstrahiert. Stattdessen soll sich das Konkrete im Allgemeinen der Norm wiederfinden lassen.[38] Zweck der Abstraktion ist die generelle Anwendbarkeit

---

32 *Aristoteles*, Nikomachische Ethik, 1132a, 15.
33 Ebd., 1132a, 30.
34 *Luhmann*, Das Recht der Gesellschaft, S. 291.
35 *Weber*, Wirtschaft und Gesellschaft. Recht, S. 307 f.; *Alexy*, Theorie der Grundrechte, S. 171 f., S. 171 Fn. 48.
36 *Jhering*, Geist des römischen Rechts auf den verschiedenen Stufen seiner Entwicklung, Dritter Teil, S. 339.
37 Vgl. *Kelsen*, Allgemeine Theorie der Normen, S. 269.
38 *Aristoteles*, Nikomachische Ethik, 1135a, 5-10.

der Norm. Darin drückt sich die im Recht enthaltene und im Begriff des „Gesetzes“ präzisierte Idee der Gleichberechtigung aus.[39] Um der Willkür vorzubeugen, ist der Adressat eines Gesetzes somit immer ein namentlich unbestimmter Personenkreis. Demnach soll sich niemand der Anwendung des Rechts aufgrund von besonderen Merkmalen entziehen können oder bevorzugt werden.

Ein bereits von Aristoteles[40] diskutiertes Problem, das sich aus der Allgemeinheit des Gesetzes ergibt, ist allerdings seine Interpretationsbedürftigkeit durch den Richter. Soweit Richter einen gewissen Entscheidungsspielraum für sich in Anspruch nehmen, kommt es de facto schnell zu einer Machtverschiebung oder besser gesagt zu einer Machtaufteilung zwischen dem gesetzgebenden Organ und dem Rechtsanwender. Schon Justinian antwortete auf diese Entwicklung mit einem Kommentierungsverbot.[41] In der Zeit des aufgeklärten Absolutismus wurde mit dem Preußischen Allgemeinen Landrecht von 1794 sogar der Versuch unternommen, in 19.194 Paragraphen nahezu alle Rechtsfragen kasuistisch, also fallbezogen, zu kodifizieren, um so unter anderem der richterlichen Interpretation und der Kommentierung des Rechts Einhalt zu gebieten. Selbstverständlich musste dieser vom Naturrecht beeinflusste Versuch scheitern. Weil ständig neue und vom Gesetzgeber unvorhergesehene Fälle auftraten, wurde bereits nach wenigen Jahren das Verbot der Auslegung durch Präjudizien und Kommentare gekippt.[42]

Für die Überschaubarkeit, Berechenbarkeit und Praktikabilität des Rechts wie auch der Gesellschaft scheint es also, dass die Abstraktion vom Besonderen und die Generalisierung des Rechts, etwa in Gestalt von Rechtsinstituten,[43] keine unwesentlichen Bedingungen sind.

V. Zur Bewertung von Gewalt durch das Recht und ihrer Rechtfertigung

Das Verhältnis von Recht und Gewalt zueinander ist, wie Niklas Luhmann das einmal festgestellt hat, „symbiotisch“[44]. Nicht nur das antike und mittelalterliche Recht stehen im Zeichen der Gewalt. Auch in den staats-

39 *Habermas*, Faktizität und Geltung, S. 110.
40 *Aristoteles*, Rhetorik, 1,7.
41 Constitutio Tanta, 21.
42 *Meder*, Rechtsgeschichte, S. 279-283, 303; *Luig*, AcP 1994, S. 521 (521).
43 Vgl. *Luhmann*, Das Recht der Gesellschaft, S. 274 f.
44 *Luhmann*, Rechtszwang und politische Gewalt, S. 170.

und rechtstheoretischen Abhandlungen der Neuzeit bildet die Vorstellung einer Verzahnung von Recht und Gewalt einen elementaren Bestandteil. Zu sehen war das bereits bei Kant, bei dem es in der Überschrift zu § D in „*Die Metaphysik der Sitten*" heißt: „Das Recht ist mit der Befugnis zu zwingen verbunden (i. Orig. in Majuskeln, C.K.)". Das Innovative an den modernen staats- und rechtstheoretischen Abhandlungen ist gegenüber dem archaischen Recht jedoch die vernünftige Begründung der Anwendung von Gewalt. Dabei ist der Rechtfertigungsdiskurs zu ihrer Anwendung – in dessen Tradition auch Kant steht – und die Vorstellung eines staatlichen Gewaltmonopols das geistesgeschichtliche Produkt der Lehren, die Thomas Hobbes aus den Gräueln des Dreißigjährigen Krieges gezogen hat.[45] Wenn man also das Verhältnis von Recht und Gewalt verstehen möchte, und zwar in Hinblick darauf, wie das Recht Gewalt situiert, muss man auch diesem „Gewaltrechtfertigungsdiskurs" in seinen Grundzügen nachgehen, dessen Ideengeschichte sich in den zeitgenössischen Verfassungen und den normativen Erwartungen an die politische Tradition niederschlägt.[46]

Den Hintergrund dieses Diskurses bildet Hobbes' Konzept des „Leviathan". Dieses beruht auf der Supposition eines vorstaatlichen Naturzustands, in dem sich die Menschen in einem nicht enden wollenden Krieg „eines jeden gegen jeden" befinden und in dem für jedermann die „ständige Furcht und die Gefahr eines gewaltsamen Todes" herrscht.[47] In diesem Naturzustand gibt es zwar kein „Gesetz", weil ein solches nur von einer „öffentliche[n] Macht" erlassen werden könnte, wohl aber das „Naturrecht" eines jeden, die jeweiligen Fähigkeiten zur Erhaltung des „eigenen Lebens" einzusetzen.[48] Um nicht ständig in der Angst des eigenen Todes leben zu müssen, übertragen die Menschen durch Zustimmung zu einem gegenseitigen Vertrag dem „Gemeinwesen" bzw. dem „Leviathan" ihr natürliches Recht, das zu tun, was sie am Leben hält, auf dass sie von nun an von ihm regiert werden.[49] Der Zweck des Vertrages soll darin liegen, ein Leben in „Frieden und Sicherheit" zu gewährleisten.[50] Mit der

45 Vgl. zum Gewaltrechtfertigungsdiskurs: *Hirsch*, Recht auf Gewalt?

46 Vgl. für eine kritisch-anarchistische Rekonstruktion: *Loick*, Kritik der Souveränität, S. 29-143.

47 *Hobbes*, Leviathan, S. 104 f.

48 Ebd., S. 106 f.

49 Ebd., S. 145. Dass die Motivation zum Vertrag gerade auf „Furcht" beruht, ist explizit kein die Gültigkeit des Vertrages hemmender Umstand, vgl. a.a.O. S. 107, 116.

50 Ebd., S. 150.

Übertragung seiner Rechte auf den Leviathan erhalte der Einzelne aus dem Vertrag einen Anspruch gegenüber dem Gemeinwesen auf die Erfüllung jenes Zweckes. Reziprok dazu schulde das Gemeinwesen gegenüber dem Einzelnen die Gewährleistung eines friedlichen und sicheren Lebens. Das Gemeinwesen und derjenige, der das Gemeinwesen vertritt, sei souverän und übe entsprechend eine „souveräne Macht“ aus.[51] Die souveräne Macht ist unterdessen das Konzentrat der Summe der auf das Gemeinwesen übertragenen natürlichen Rechte.

Mit der Installation einer souveränen Macht ist schließlich die Idee des Gewaltmonopols geboren. Denn der Souverän „entscheidet über alles, was für Frieden und Verteidigung seiner Untertanen nötig ist (i. Orig. in Majuskeln, C.K.)“.[52] Zu diesem Zweck wird die souveräne Macht „absolut“[53] gesetzt. Hiernach sei sie dazu gehalten, konkurrierende Mächte, die ihr zur Gefahr werden könnten, zu unterdrücken. Von daher steht ihr auch das Recht zu, über Leben und Tod ihrer Untertanen zu entscheiden, was Hobbes noch einmal darin betont, dass er die souveräne Macht der *patria potestas*, dem altrömischen Recht des Hausherrn, über das Leben der Hausangehörigen zu entscheiden, annähert.[54] Die Furcht vor dieser Gewalt, so Hobbes‘ Gedanke, werde die Menschen schlechterdings bändigen.[55] Andererseits finden die Macht des Souveräns und die Entsagung des natürlichen Rechts der Selbsterhaltung ihre Schranken im Vertragszweck. Gewährleistet der Souverän diesen nicht mehr oder pervertiert er ihn gar, hat er sein Recht verwirkt und das natürliche Recht des Einzelnen lebt wieder auf.[56]

Die Pointe des Naturzustands liegt in einer Kontrastierung, die über seine Fiktion möglich wird. Gegenüber den in ihm vorherrschenden Verhältnissen kann sich nämlich das Gemeinwesen als rettende „Antwort“ gerieren.[57] Die Gegenüberstellung von Naturzustand und Gemeinwesen, souveräner Macht und Untertan zeichnet zudem eine Differenzierung zwischen legitimer und illegitimer Gewalt vor.[58] Gewalt ist unter diesen Prämissen folglich dann legitim, wenn sie zum Schutz von Frieden und

51 *Hobbes*, Leviathan, S. 150.
52 Ebd., S. 150.
53 Ebd., S. 173.
54 Ebd., S. 144-146, 176. Genau genommen stammen jene Merkmale der Souveränität bereits von Jean Bodin, vgl. *Schmitt*, Politische Theologie, S. 17.
55 *Hobbes*, Leviathan, S. 145.
56 Ebd., S. 187.
57 *Menke*, Recht und Gewalt, S. 105 Fn. 11.
58 Vgl. *Hirsch*, Recht auf Gewalt?, S. 65.

Sicherheit ergeht. Gewalt, die dagegen den Errungenschaften des Gemeinwesens zur Gefahr wird, ist nicht legitim, weshalb dann auch zu ihrer Abwendung die Anwendung einer durch den Souverän verübten „Gegen-Gewalt“[59] gerechtfertigt erscheint. Hierbei nimmt die Unterscheidung wie auch die Rechtfertigung der Anwendung von Gewalt mehr und mehr arithmetische und geometrische Züge an.[60] Das Gemeinwesen erhält, wie Alfred Hirsch schreibt, die Gestalt einer künstlich erschaffenen gewaltfreien Ordnung, wogegen das „Andere der Ordnung“, das Unordentliche mit der Gewalt in eins gesetzt wird.[61] Im Verhältnis von Gewalt und Gegen-Gewalt bekommt die gerechtfertigte Gewalt so selbst einen ordnenden, „instrumentalen Charakter“[62]. Was hierbei allerdings meist ausgeblendet wird ist, dass logischerweise auch erst mit der Ordnung die Unordnung entsteht.[63]

Die im Zuge der Aufklärung aufkommende Begeisterung für Formen demokratischer Herrschaft löst sich von Vorstellungen einer Herrschaft Weniger über Viele, hält aber insgesamt am Prinzip der Souveränität fest. Die souveräne Macht wird nun nicht mehr in einem Monarchen personifiziert und durch ihn vererbt, sondern, bei Jean Jaques Rousseau, permanent in Abhängigkeit von einem den Bürgern des Gemeinwesens gebildeten „*Gemeinwillen*“ gesetzt, an dem jeder in gleicher Weise partizipiere.[64] Dadurch bekommt auch die Rechtfertigung souveräner Gewalt in ihrer Anwendung gegenüber dem Einzelnen eine andere Tiefe. Denn sämtliches Handeln der Regierung und die Inhalte der vom Gemeinwesen erlassenen und demnach auch zwangsweise durchsetzbaren Gesetze werden an einen Gemeinwillen rückgekoppelt, dessen Teil auch der Adressat jener souveränen Akte ist. Wenn nun der Einzelne dem Gemeinwillen zuwiderhandelt, sei es dem Gemeinwesen nicht nur aus einem eigenen Recht gestattet, den Einzelnen zu zwingen, dem Gemeinwillen zu folgen; die Berechtigung dazu folge dann schon aus dem eigenen Recht des Einzelnen: man „zwingt“ ihn nun lediglich dazu, „frei zu sein“.[65]

Kant gibt der von Hobbes und Rousseau kommenden Staatstheorie zu guter Letzt eine konsequente, positive Rechtsform. Allerdings begründet er die Notwendigkeit des Staates aus dem Privatrecht heraus. Der Hinter-

---

59 *Hobbes*, Leviathan, S. 12.
60 Vgl. *Hobbes*, Leviathan, S. 177; *Hirsch*, Recht auf Gewalt?, S. 230-233.
61 *Hirsch*, Recht auf Gewalt?, S. 76.
62 *Arendt*, Macht und Gewalt, S. 47.
63 *Hirsch*, Recht auf Gewalt?, S. 76.
64 *Rousseau*, Du contrat social ou principes du droit politique, S. 35, 37, 39.
65 Ebd., S. 43.

gedanke ist dabei, dass nur im Staate die Möglichkeit besteht, Eigentum dauerhaft zu erwerben, wohingegen im Naturzustand lediglich tatsächliche Besitzverhältnisse zu verzeichnen sind, in denen die Zuordnung von Rechten mitunter unklar und infolge vielfältiger Rechtsauffassungen konfliktträchtig ist.[66] Kant intendiert, den Rechtszustand und den Staat weder empirisch noch quasiempirisch über eine Fiktion zu begründen, sondern apriorisch. Obgleich auch bei ihm der Staat die rechtlich begründete Institution ist, die die Gewalt ausübt, folge das Recht zu zwingen nicht erst aus der souveränen Gewalt, sondern schon aus dem *Begriff* des Rechts. Das „Recht" ist, wie Kant definiert, „der Inbegriff der Bedingungen, unter denen die Willkür des einen mit der Willkür des andern nach einem allgemeinen Gesetze der Freiheit zusammen vereinigt werden kann."[67] Für Kant ist Freiheit nämlich nur im Rechtszustand objektiv existent, indem das allgemeine Gesetz in seiner Normativität positiv angibt, wie die Bedingungen einer gleichen Freiheit für alle lauten. Wenn das Kriterium der Freiheit das Recht ist, ist darin ebenfalls negativ ausgesagt, dass im Unrecht die Unfreiheit vorherrsche. Da es für Kant beim Recht, wie bereits erwähnt, nicht auf die innere Motivation des Handelnden ankommt, darf der Rechtszustand deshalb auch durch äußere Einwirkung auf das Individuum, durch Zwang, hergestellt werden. Entsprechend wird die „Befugnis zu zwingen" logisch aus der praktischen Vernunft begründet. Sie folgt schlichtweg aus „dem Satze des Widerspruchs", sodass sie dann erlaubt ist, wenn jemand im Unrecht ist.[68] Hiernach lässt sich das Recht, ist es erst einmal mit der „Zwangsbefugnis analytisch verknüpft"[69], auch als geometrische Zwangsordnung vorstellen, die positive Freiheitssphären schafft: Der „Begriff des Rechts" ist insoweit auch der „unter allgemeine Gesetze gebrachte, mit ihm zusammenstimmende durchgängig wechselseitige und gleiche Zwang".[70]

Der Schritt vom Recht zum Staat ist sonach das deduktive Ergebnis einer logischen Operation. Es bedarf schließlich sowohl einer Instanz, die den Zwang tatsächlich durchsetzt, als auch eines Rahmens, in dem sich die allgemeinen Gesetze der Freiheit und Zuordnung vernünftig bilden lassen, die für den Rechtszustand erforderlich sind.[71] Die Grundstruktur eines

66 Vgl. *Kant*, Die Metaphysik der Sitten, A 162-165.
67 Ebd., A 33.
68 Ebd., A 35.
69 *Kersting*, Wohlgeordnete Freiheit, S. 11.
70 *Kant*, Die Metaphysik der Sitten, A 37.
71 Ebd., A 161-165, 73.

Staates, der Kants apriorischem Anspruch genügt, soll dabei auf der Trias der Gewalten des Politischen beruhen. Darin schließt er an Rousseau an. Diese sind „die Herrschergewalt (Souveränität), in der des Gesetzgebers, die vollziehende Gewalt, in der des Regierers (zu Folge dem Gesetz) und die rechtsprechende Gewalt (als Zuerkennung des Seinen eines jeden nach dem Gesetz), in der Person des Richters (potestas legislatoria rectoria et iudiciaria)“.[72] Nur ihre funktionale Trennung und ihr Zusammenspiel ermöglichen die Verwirklichung von Recht.[73] Bemerkenswert ist hierbei, dass für Kant lediglich der Gesetzgeber und nicht die Regierung oder ein sonstiges Exekutivorgan souverän ist. Dieser Gesetzgeber muss außerdem demokratisch verfasst sein: „Die gesetzgebende Gewalt kann nur dem vereinigten Willen des Volkes zukommen. Denn, da von ihr alles Recht ausgehen soll, so muß sie durch ihr Gesetz schlechterdings niemand unrecht tun können. Nun ist es, wenn jemand etwas gegen einen anderen verfügt, immer möglich, daß er ihm dadurch unrecht tue, nie aber in dem, was er über sich selbst beschließt (denn volenti non fit iniuria). Also kann nur der übereinstimmende und vereinigte Wille aller, sofern ein jeder über alle und alle über einen jeden ebendasselbe beschließen, mithin nur der allgemein vereinigte Volkswille gesetzgebend sein.“[74] Die demokratische Verfassung verlangt demzufolge bereits der Begriff des Gesetzes. Denn nur auf ihrer Grundlage könne sich unter den Bedingungen von Freiheit und Gleichheit ein allgemeiner Wille in Vereinigung der Willkür aller konstituieren, die von dem Gesetz adressiert werden.[75] Anders als Rousseau, der der Vertretung des Volkes in Parlamenten nichts abgewinnen konnte,[76] präferiert Kant dazu eine repräsentative Demokratie, in der das stimmberechtigte Volk im Wege einer freien Wahl parlamentarische Vertreter bestimmt, die den Gemeinwillen widerspiegeln.[77] Die Partizipation des Staatsbürgers an der Erzeugung der Gesetze wird so mittelbar verwirklicht. Und die unmittelbare demokratische Legitimation des Gesetzgebers und dessen in Gesetz gegossener Wille sollen wiederum das Handeln der exekutiven und legislativen Gewalt legitimieren.

Im Gegensatz zu Hobbes ist es bei Kant weniger das Gewaltmonopol des Staates, das die Befriedung unter den Menschen erzeugt, sondern

---

72 *Kant*, Die Metaphysik der Sitten, A 165.

73 Ebd., A 170 f.

74 *Kant*, Die Metaphysik der Sitten, A 165 f.

75 Ebd., A 166 ff.

76 Vgl. *Rousseau*, Du contrat social ou principes du droit politique, S. 209-215.

77 *Kant*, Über den Gemeinspruch: Das mag in der Theorie richtig sein, taugt aber nicht für die Praxis, A 248.

eher die Ordnung des zwischenmenschlichen Verkehrs, die von einem objektiven Rechtszustand ermöglicht wird, in dem eine Instanz definitiv bestimmt, wer welche Rechte hat.[78] Kant hatte insofern die Vision, dass mit der vernunftrechtlich begründeten Gehorsamspflicht des Einzelnen gegenüber Gesetzen[79], denen er vernünftigerweise zustimmen könnte[80], und der strikten Gesetzesbindung der ausführenden Gewalten ein Zustand „wohlgeordneter Freiheit" [Kersting] geschaffen wird, in dem das Recht die Grenze der Gewalt darstellt.[81] Dem von Hobbes begründeten Rechtfertigungsprinzip wird hier aber grundsätzlich gefolgt. Es bekommt nur durch das Recht eine Verfeinerung, so dass die Anwendung von Gewalt dann gerechtfertigt ist, wenn ein „Grenzfall"[82] vorliegt, der sich präzise am Recht unterscheiden lässt. Das gilt im Übrigen auch für den Staat. Über die analytische Verknüpfung von Recht und Gewalt wird es nämlich möglich zu bestimmen, wann die staatliche Ausübung von Gewalt ihre Berechtigung verliert, da eine Schwelle übermäßiger Zwangsausübung überschritten wurde, was bei Hobbes zuvor noch undenkbar war.[83]

Aus der Perspektive des Rechts ist demnach Gewalt nur das, was sich außerhalb seiner Ordnungsstruktur abspielt und gegen sie gerichtet ist. Zwar ist es dem Recht gestattet, Gewalt zur Durchsetzung seiner Gehalte zu gebrauchen, ebenso wie es in seiner Erzeugung und Anwendung auf Gewalten beruht, jedoch handelt es sich bei dieser Gewalt stets um eine gerechtfertigte Gegengewalt, die aus diesem Grund einen anderen Status erhält. Das Rechtfertigungsnarrativ bedient sich hierbei der Metapher des staatlichen Gewaltmonopols. Im demokratisch organisierten Rechtsstaat hat sich jene Metapher in die in Gesetz gegossenen Grenzen verschoben. Von daher geht die Rechtfertigung der Gewalt, die das Recht zur Verwirklichung seiner selbst im Falle eines Dissenses einsetzt, sogar von ihrem Adressaten aus. Sie genießt im Wege des normativ konstruierten Demokratieprinzips die autonome Zustimmung ihrer Betroffenen.[84]

---

78 *Kersting*, Wohlgeordnete Freiheit, S. 216.
79 Vgl. *Kant*, Die Metaphysik der Sitten, A 37, 44.
80 Vgl. ebd., A 34.
81 *Hirsch*, Recht auf Gewalt?, S. 136.
82 *Luhmann*, Rechtssoziologie, S. 7.
83 Vgl. *Hirsch*, Recht auf Gewalt?, S. 137.
84 Vgl. *Habermas*, Faktizität und Geltung, S. 50-52.

VI. Funktionen des Rechts

Unter den bisher geschilderten Bedingungen lassen sich verschiedene Funktionen des Rechts ausmachen, die das Recht in der Gesellschaft erfüllt. Ganz allgemein kann man, wie Luhmann schreibt, seine Funktion in der Schaffung von „Erwartungssicherheit" zusammenfassen.[85] Was ist darunter zu verstehen? Komplexe Gesellschaften zeichnen sich dadurch aus, dass in ihnen eine Vielzahl von Individuen miteinander interagieren. Bestimmte Routinen setzen ab einem gewissen Komplexitätsgrad diverse Beiträge unterschiedlicher Akteure voraus, um ihr Glücken zu garantieren. Wie der Begriff „Individuum" schon andeutet, müssen sich die vereinzelten Akteure für das routinierte Zusammenspiel aufeinander abstimmen. Die passende Aktion des Anderen für ein Zusammenspiel kann insoweit nicht immer kontrolliert, sondern meistens nur erwartet werden. Kommt der Andere der Erwartung nicht nach und scheitert damit die Routine, wird die Erwartung enttäuscht. Mit der Steigerung von Komplexität steigert sich genauso die Varietät möglicher Interaktionsformen und damit auch das, was vom Anderen erwartet und ebenso enttäuscht werden kann. Ein probates Mittel zur Stabilisierung dessen, was erwartet werden kann, ist deshalb die Normierung. Normen reduzieren Komplexität und steigern die Erfolgsaussichten von Kommunikation, indem sie als teilbares Zeichen festlegen, wie etwas in Zukunft sein soll – und eben nicht anders.[86] Soweit sie mit einer gewissen Autorität[87] auftreten, entziehen sie die der Routine zu Grunde liegende Informationslage ihrer Problematisierung.[88] Die für die Routine erforderliche Verständigung kann so auf einem gefestigten Fundament aufbauen. Gerade Rechtsnormen symbolisieren hierbei Erwartungen für eine unbestimmte Zukunft und einen unbestimmten Adressatenkreis.[89] An ihnen lässt sich auch dann festhalten, wenn die Erwartung im Einzelfall enttäuscht wird.[90] Dieser Effekt, zu wissen, was man von

---

85 *Luhmann*, Das Recht der Gesellschaft, S. 132.

86 Vgl. *Luhmann*, Das Recht der Gesellschaft, S. 128; *ders.*, Rechtssoziologie, S. 99 f.

87 Ich gebrauche den Begriff „Autorität" im Folgenden wie ihn Hannah Arendt, in: *Arendt*, Macht und Gewalt, S. 46, gebraucht: „Ihr [die Autorität] Kennzeichen ist die fraglose Anerkennung seitens derer, denen Gehorsam abverlangt wird; sie bedarf weder des Zwangs noch der Überredung. [...] Autorität bedarf zu ihrer Erhaltung und Sicherung des Respekts entweder vor der Person oder dem Amt."

88 *Habermas*, Faktizität und Geltung, S. 55.

89 *Luhmann*, Das Recht der Gesellschaft, S. 130.

90 Vgl. *Luhmann*, Die Funktion des Rechts: Erwartungssicherung oder Verhaltenssteuerung?, S. 84.

anderen erwarten kann, wird maßgeblich von ihrer positiven Verfassung gewährleistet.[91] Aus soziologischer Perspektive kann also Kants Ansinnen, über das Recht die Gesellschaft zu ordnen, durchaus zugestimmt werden. Im Wege der positiven Normierung schränkt das Recht aber nicht nur „Verhaltensmöglichkeiten" ein, in gleicher Weise befähigt es zu Verhaltensweisen, indem es, etwa durch die Normierung bestimmter Institute, wie beispielsweise dem Eigentum, zu entsprechenden Handlungen berechtigt.[92]

Voraussetzung für die Vermittlung von Erwartungssicherheit ist allerdings die Durchsetzbarkeit der Normen. Damit sich eine gesicherte Erwartung hinsichtlich des normgeleiteten Verhaltens des Anderen ausbilden kann, muss zumindest die Chance bestehen, dass seinerseits normwidriges Verhalten sanktioniert wird, um der Norm zumindest nachträglich zur Anerkennung zu verhelfen. Andernfalls steht es schlecht um die Stabilität der Erwartung.[93]

Die Vermittlung von Erwartungssicherheit wird außerdem dadurch ermöglicht, dass das Recht in der Gesellschaft sowohl als Wissens- wie auch als Handlungssystem[94] in Erscheinung tritt. Normen haben ja nicht nur eine normative, sondern ebenso eine deskriptive Seite. Rechtsnormen transportieren für denjenigen, der sich an ihnen orientiert, verbindliche Informationen darüber, wie zu handeln ist. Unter linguistischen Gesichtspunkten lässt sich sohin jede Rechtsnorm als universeller Satz mit Weltbezug verstehen. Es ist ein Satz, der auf die Welt referiert und darüber Auskunft gibt, wie etwas zu sein hat. Darin übermittelt die Norm ein für alle einsehbares Wissen über Gepflogenheiten oder Sachlagen. Dabei kann das Wissen allgemein verpackt, etwa als Tötungsverbot, oder konkret, in Form von normkonkretisierenden Verwaltungsvorschriften mit Außenwirkung, wie der TA-Luft[95], transportiert werden, die etwa detaillierte Anforderungen zur Genehmigung von emittierenden Anlagen aufstellt. Anders als unter den Bedingungen der Moral werden die handelnden Subjekte in einer auf dem Recht basierenden Informationenvermittlung so von „ko-

---

91 *Luhmann*, Positivität des Rechts als Voraussetzung einer modernen Gesellschaft, S. 127-131.

92 *Luhmann*, Das Recht der Gesellschaft, S. 136.

93 Darin übereinstimmend: *Luhmann*, Rechtssoziologie, S. 219; *ders.*, Das Recht der Gesellschaft, S. 135 und *Habermas*, Faktizität und Geltung, S. 56, 168.

94 *Habermas*, Faktizität und Geltung, S. 106.

95 Die Technische Anleitung Luft (TA-Luft) ist eine Verwaltungsvorschrift des Bundesministeriums für Umwelt, Naturschutz und Reaktorsicherheit zum Bundesimmissionsschutzgesetz.

gnitiven", „motivationalen" und „organisatorischen Anforderungen [...] *entlastet*", wie Jürgen Habermas schreibt.[96] Das sei möglich, weil erstens aufgrund der institutionellen Zuständigkeit der Normsetzung und -interpretation den Handelnden die Definitionshoheit über Recht und Unrecht entzogen ist. Von daher müsse das handelnde Subjekt auch keine Überlegungen dazu anstellen, welcher unter verschiedenen, möglicherweise in Betracht kommenden Normen der Vorzug zu gewähren und wie sie zu interpretieren sei. Durch Verweis auf das Recht und seine zur Entscheidung berechtigten Institutionen sei klar, was de facto Recht sei.[97] Zum Zweiten sei das Subjekt davon befreit, im Falle von moralischen Handlungskonflikten, die sich aus der Kollision verschiedener Handlungsgebote ergeben, Entscheidungen darüber treffen zu müssen, ob es überhaupt und falls ja, welcher Norm es konkret folge. Das Recht stelle es von einer Reflexion über die Motive der Handlung frei, weil es schlechterdings nur der Aussicht auf Zwang nachgeben und dazu lediglich „Klugheitserwägungen" anstellen müsse.[98] Und drittens „konserviert" das Recht Ordnungsstrukturen, für die sich einmal entschieden worden ist.[99] Darüber lassen sich stabile Organisationsformen ausbilden, indem über seine Bande die Zurechnung von Kompetenzen und Verpflichtungen arrangiert werde.[100] Mithin ermöglicht das Recht infolge der positiven Verfassung und seines allgemeinen Gültigkeitsanspruchs ein gesteigertes Interaktionsniveau, weil unter Verweis auf dieses nicht erst darüber gestritten werden muss, wie etwas zu sein hat und wer für was zuständig bzw. verantwortlich ist.

Seine Funktion als Wissens- und Handlungssystem erklärt auch die schon mehrfach implizit angesprochene, befriedende Wirkung des Rechts. Die Zentralisierung von Normsetzungs- und -interpretationsbefugnissen reduziert das Konfliktpotential, indem sie das voneinander rechtlich Erwartbare durch die prozessuale Struktur des Gerichtsverfahrens mit abschließender gerichtlicher Entscheidung umstrukturiert. Die Delegation an ein Gerichtsverfahren kanalisiert so die Ausbildung von singulären Weltbildern mit Absolutheitsanspruch und ihrer eigenmächtigen Durchsetzung und schafft dadurch Rechtsfrieden.[101] Jedoch lässt sich die konfliktlösende Funktion des Rechts nicht uneingeschränkt behaupten. Kon-

96 *Habermas*, Faktizität und Geltung, S. 146.

97 Ebd., S. 147.

98 Ebd., S. 148.

99 *Rüthers/Fischer/Birk*, Rechtstheorie, § 3 Rn. 80.

100 *Habermas*, Faktizität und Geltung, S. 148 f.

101 Vgl. z.B. *Ostendorf*, Strafprozessrecht, § 2 Rn. 12 f.; *Luhmann*, Legitimation durch Verfahren, S. 39; vgl. hier insb. S. 102, 119.

flikte entstehen schließlich auch durch Verweis auf das Recht.[102] Mit der Ausdifferenzierung des Rechts multiplizieren sich dann genauso die Rechtspositionen, auf denen sich verharren lässt und damit die Anzahl potenzieller Konflikte. So gesehen ist das Recht selbst zu einer „Konfliktquelle ersten Ranges“[103] geworden. Überdies lassen sich durch das Recht nur solche Konflikte lösen, die in justiziablen Ansprüchen ihren Ausdruck finden. Die Konsequenz ist, dass insbesondere Konflikte auf der Beziehungsebene, mangels juristischer Relevanz, meist unausgesprochen bleiben und weiter schwelen.[104]

In Zusammenhang mit der Funktion des Rechts als Wissenssystem steht auch seine Eigenschaft als „Transformator“ verschiedener gesellschaftlicher Kommunikationssysteme. In komplexen Gesellschaften differenzieren sich typischerweise die Hintergründe der einzelnen Akteure von Routinen aus. Das bringt die Schwierigkeit einer konsensuellen Kommunikation oder Verständigung mit sich. Die vielseitig anschlussfähige Rechtssprache ermöglicht dagegen die Integration der Kommunikation unterschiedlicher funktionaler Subsysteme einer Gesellschaft in ein „Netz [...] gesamtgesellschaftliche[r] Kommunikation“.[105]Beobachtbar ist das beispielsweise wieder anhand der TA-Luft, die die administrative Genehmigung bestimmter Anlagen von ihrer Einhaltung spezifischer Messwerte abhängig macht, die ihrerseits dem Stand der Wissenschaft entsprechen. Das Recht fungiert darin als Scharnier zwischen dem Wissenschaftssystem und der staatlichen Verwaltung, wenn darüber technische Standards in Entscheidungskriterien für die Exekutive verwandelt werden.

Die transformative Funktion des Rechts beruht vornehmlich auf seiner sozial-integrativen Kraft. Diese wird nicht nur durch die Möglichkeit, zu seinem Inhalt gezwungen werden zu können, erzeugt, sondern ebenso durch seine Legitimität. In dem Gedanken, der in der Legitimität des Gesetzes seinen Ausdruck findet, wiederholen sich nämlich, so jedenfalls Habermas, minimale Bedingungen, denen jeder an Verständigung orientierte Akteur zustimmen könnte, wenn es um die Erzeugung von Normen des gemeinsamen Zusammenlebens geht. Diese Bedingungen manifestieren sich geradewegs im Begriff des Gesetzes, wie ihn Kant und Rousseau definiert haben und wie er auch im Grundgesetz niedergelegt ist. Bekanntlich muss sich im *Gesetz* der Wille aller zu einem Gemeinsamen vereinigen, um

---

102 *Luhmann*, Das Recht der Gesellschaft, S. 139.
103 Ebd., S. 282.
104 *Montada/Kals*, Mediation, S. 34.
105 *Habermas*, Faktizität und Geltung, S. 78.

allgemeine Freiheit gewährleisten zu können. Laut Habermas verlangt dies nach einem demokratisch organisierten Gesetzgebungsprozess, in dem die Adressaten des Gesetzes zugleich seine Urheber sind. Soweit diese Bedingungen einer Verständigung im Gesetzgebungsprozess eingehalten wurden, könne demnach auch dem erzeugten Gesetz eine „rational motivierte Anerkennung“[106] durch seine Adressaten gezollt werden, die zu seiner selbstbestimmten Befolgung anhält. Das Recht wirke dabei sozialintegrativ und gesellschaftsstabilisierend, weil es in seinen Erzeugungsregeln mit zwanglos gebildeten, intersubjektiv geteilten Überzeugungen aufwarte, denen man vernünftigerweise zustimmen könne, und die wiederum die Karkasse für die gesetzlichen Normen bilden, die die soziale Wirklichkeit prägen.[107] Das ermöglicht es, Rechtsnormen als kommunikative Ausgangsbasis zu nehmen, von der aus sich, in konkreten sozialen Kämpfen, universale Geltungsansprüche artikulieren lassen, wobei diesen das Privileg zukommt, dass sie dank ihrer institutionellen Fixierung mit Mitteln institutionalisierter Macht durchgesetzt werden können.

Der Legitimitätsdruck des Gesetzes ist es endlich, der der staatlichen Herrschaft einen Rahmen setzt. Wie schon im vorhergehenden Kapitel beschrieben, fungiert das Recht nicht nur als Quelle, sondern auch als eine Schranke staatlicher Herrschaft und ihrer Ausübung von Zwang. Soziale Anerkennung erfährt die Herrschaft nämlich nur, solange die zu Grunde liegenden Gesetze legitim sind. Die Legitimität des Gesetzes wirkt so zugleich beschränkend. Ermöglicht wird diese Funktion wiederum von der positiven Verfassung des Rechts, über die sowohl das Gesetzgebungsverfahren als auch der Gesetzesinhalt, an den das staatliche Handeln gebunden ist, für alle Adressaten gleichermaßen nachvollziehbar und entsprechend kontrollierbar werden.[108]

---

106 *Habermas*, Faktizität und Geltung, S. 47.

107 Ebd., S. 41-60.

108 *Rüthers/Fischer/Birk*, Rechtstheorie, § 3 Rn. 83 f.; vgl. dazu auch kritisch *Habermas*, Faktizität und Geltung, S. 59 f.

C. Über die Möglichkeit, Recht und Gewalt einer Kritik zu unterziehen

Benjamin war sich jener Ideengeschichte der Gewaltrechtfertigung bewusst, als er seine Kritik der Gewalt abfasste. Auch wenn er ihn nicht explizit zitiert, spricht dafür Hobbes Metaphorik aus dem Leviathan, die in der Passage zu Spinoza zwischen den Zeilen durchscheint.[109] Und er hat eine begründete Skepsis ob der Arithmetik, die der Gewaltrechtfertigungsdiskurs proklamiert, und ob des Verschwindens von Gewalt mit dem Erreichen des Rechtszustands.

Allerdings ist im Anschluss an die Ideengeschichte der Gewaltrechtfertigung eine Kritik des Rechts und der Gewalt kein einfaches Unterfangen. Allzu leicht endet eine solche in einem „kindischen Anarchismus", der „keinerlei Zwang der Person gegenüber anerkennt, und erklärt ‚Erlaubt ist was gefällt'"[110]. Eine derart regressive Kritik verkennt vor allem das von Kant artikulierte Potenzial des Rechts, Freiheit positiv ausgestalten zu können.[111] Um nicht diesem Fehler aufzusitzen, weitet Benjamin den Fokus, um das Phänomen Gewalt besser bewerten zu können. Er betrachtet es entsprechend als „Aufgabe" einer Gewaltkritik, Gewalt in ihrem „Verhältnis zu Recht und Gerechtigkeit"[112] darzustellen, weil sich, so seine These, das Phänomen Gewalt nur in ihrer relationalen Betrachtung zum Recht und zur Gerechtigkeit wirklich einsehen lässt. Nichtsdestotrotz wartet auch eine solch relationale Betrachtung mit Schwierigkeiten bei der Wahl des Bewertungsmaßstabs auf: Eine Kritik der Gewalt unter Zugrundelegung des Maßstabs ihrer positiv-rechtlichen Legitimation lasse sich lediglich als Frage nach der Berechtigung verwandter „Mittel" stellen.[113] Eine Kritik der Gewalt, die sie unter ihrer naturrechtlichen Rechtfertigung in den Blick nehmen möchte, könne dies wiederum nur nach Maßgabe der Heiligkeit ihrer „Zwecke" tun[114] oder sie verstrickt sich in logische Wi-

109 *Benjamin*, Zur Kritik der Gewalt, GS II.1, S. 180; *Bredekamp*, DZPhil 1998, S. 901 (907).
110 *Benjamin*, Zur Kritik der Gewalt, GS II.1, S. 187.
111 *Kant*, Die Metaphysik der Sitten, A 33.
112 *Benjamin*, Zur Kritik der Gewalt, GS II.1, S. 179.
113 Ebd., S. 180.
114 Ebd., S. 180.

dersprüche. Für Benjamin mündet somit jedwede Kritik, die unter naturrechtlichen oder unter positiv-rechtlichen Kriterien erfolgt und Gewalt wie „Mittel und Werkzeuge" begreift, die von einem „Zweck" abhängig sind, der sie „dirigiert und ihren Gebrauch rechtfertigt"[115], in ein zirkuläres „Grunddogma", nach welchem „[g]erechte Zwecke durch berechtigte Mittel erreicht, berechtigte Mittel an gerechte Zwecke gewendet werden"[116] könnten. In diesem instrumentellen Gewaltverständnis wird für ihn das nicht näher fundierte Axiom unterstellt, wonach Zweck und Mittel einander antagonistisch gegenüber stünden.[117] Diesbezüglich vermutet er, wie Derrida nachträglich feststellt, dass bereits die Frage, ob Gewalt ein Mittel zu einem gerechten Zweck sein könne, ein Hindernis sei, Gewalt in ihrem „Wesen"[118] beurteilen zu können, da das Kriterium „Gewalt als Mittel zu gerechten Zwecken" den Fokus immer nur auf die Gewaltanwendung, nicht aber auf die Gewalt selbst lege.[119] Hinzu kommt, dass weder die Kategorie des Zweckes noch die des Mittels innerhalb einer Zweck-Mittel-Relation darüber Auskunft geben können, ob Gewalt berechtigt ist oder nicht. Als Kriterium sind sie ambig, da jedes Mittel immerzu zugleich auch Zweck eines anderen Mittels sein kann, was sich durch keinen „übergreifenden Endzweck" abschließen lasse.[120]

Aus diesem Grund muss eine Kritik der Gewalt, die den ganzen „Rechtskörper" und nicht nur einzelne Ausprägungen anficht[121], noch grundsätzlicher und von einem anderen Standpunkt als dem natur- oder positivrechtlichen ansetzen. Benjamin nimmt deshalb zur Beurteilung von Gewalt bzw. der Relation von Recht und Gerechtigkeit eine „geschichtsphilosophische" Perspektive[122] ein, worin ihm die anderen Autoren ebenfalls methodisch folgen. Allesamt betrachten sie das Recht als Abbild seines Werdens[123] im „Auf und Ab in den Gestaltungen […] [seines] geschicht-

115 *Arendt*, Macht und Gewalt, S. 52.

116 *Benjamin*, Zur Kritik der Gewalt, GS II.1, S. 180.

117 Ebd., S. 181.

118 Ebd., S. 181.

119 *Derrida*, Gesetzeskraft, S. 70 f.

120 *Khatib*, „Teleologie ohne Endzweck", S. 372; *Hamacher*, Afformativ, Streik, in: Hart Nibbrig (Hg.), Was heißt „Darstellen"?, S. 340 (341).

121 *Derrida*, Gesetzeskraft, S. 88.

122 „Die Kritik der Gewalt ist die Philosophie ihrer Geschichte.", *Benjamin*, Zur Kritik der Gewalt, GS II.1, S. 182, 202; vgl. dazu auch: *ders.*, Theologisch-politisches Fragment, GS II.1, S. 203.

123 *Adorno*, Negative Dialektik, S. 62: „Lesen des Seienden als Text seines Werdens"; *Menke*, DZPhil 2018, S. 143 (151).

liche[n] Zeitalter[s]"[124]. Dieser epistemologische Zugang tritt dann nur unter verschiedenen Etiketten auf. Bei Agamben erfolgt er soweit im Wege einer paradigmenbasierten transhistorischen Untersuchung[125] des *„homo sacer"*, bei Derrida lautet er „Dekonstruktion" und bei Menke passiert er im Zuge einer „(form-)genealogische Kritik"[126].

I. Zur Genese des Rechts

Um also das Phänomen der Gewalt einer Beurteilung unterziehen zu können, nimmt kritische und poststrukturale Rechtskritik die Ursprünge des Rechts zum Ausgang ihrer Überlegungen. Der erkenntnistheoretische Zugang zu diesen erfolgt hierbei über die Sprache. Diesbezüglich stehen die Überlegungen der Autoren in einer Tradition, die bei Aristoteles ihren Ausgang nimmt und über Johann Georg Hamann und Wilhelm von Humboldt[127] hin zu Martin Heidegger reicht. Sprache, so die übergreifende Annahme, ist kein externes Werkzeug, das sich der Mensch ausgedacht hat, um mit ihr die Welt begreifen zu können. Sprache geht vielmehr dem Denken der Subjekte voraus, weshalb auch das Sein in ihrem „Bann"[128] steht, so dass der Sinn des Gedachten nur unter ihren Bedingungen zu verstehen ist. Freilich gilt das auch für das Recht. Auch dieses kann nur in der Sprache vorgefunden und unter ihren Bedingungen erklärt werden. Der gemeinsame Nenner ihrer sprachphilosophisch fundierten Rechtsbegründung ist hierbei die Betrachtung der Worte als Zeichen, die von der Welt entkoppelt sind. Dies wird bei Benjamin und mehr noch bei Derrida explizit. Die epistemologische Grundierung dafür findet sich insbesondere in Derridas zeichentheoretischen Ausführungen zur „Iteration" und *„différance"*.

Vor diesem Hintergrund machen Benjamin und Agamben das Aufkommen und die Tradition des Rechts in einer Krise sprachlicher Bezeichnungsmacht aus. Agamben greift dafür John L. Austins Einsicht auf, dass sich mit Sprache die Welt nicht nur beschreiben, sondern auch verändern

---

124 *Benjamin*, Zur Kritik der Gewalt, GS II.1, S. 202; *Honneth*, „Zur Kritik der Gewalt", in: Lindner (Hg.), Benjamin-Handbuch, S. 193 (195).

125 *Marchart*, Zwischen Moses und Messias, in: Böckelmann/Meier (Hg.), Die gouvernementale Maschine, S. 10 (12).

126 *Menke*, DZPhil 2018, S. 143 (151); *ders.*, Kritik der Rechte, S. 11.

127 Zum Einfluss von Hamann und Humboldt auf Benjamins Sprachphilosophie, *Menninghaus*, Walter Benjamins Theorie der Sprachmagie, S. 9-50.

128 *Agamben*, Homo sacer, S. 61.

lasse. Derrida ergänzt diesen Aspekt um Ferdinand de Saussures Ansatz, demzufolge Sprache ein differenzielles System der Differenzen sei, um sonach die Begründung des Rechts vollkommen in einer Zeichentheorie zu entschlüsseln. Diese Zeichentheorie ist es auch, die wiederum die spezifische Erkenntnistheorie stiftet, auf der Menkes Lektüre griechischer Tragödien beruht, welche ihm etwas über die Einsetzung des Rechts verraten.

1. Der Sündenfall (Benjamin)

Damit die Bedingungen, unter denen Benjamin das Recht aufkommen sieht, vollumfänglich erfasst werden können, ist es erforderlich, seinen Gewaltaufsatz im Gesamtzusammenhang seines Œuvres lesen. Dies verlangt schon seine Entstehungsgeschichte. Wie sich nämlich Benjamins Briefen[129] entnehmen lässt, plante er, auf seine Berner Zeit folgend, eine größere Studie zur Politik, die so zwar nie erschienen ist, von der allerdings die *„Kritik der Gewalt“* eines der wenigen Fragmente darstellt.[130] Sein Rechtsbegriff erhellt sich daher nur, wenn man seine Schriften von 1916 an heranzieht, in denen einige Aspekte, die schließlich im Gewaltaufsatz angesprochen werden, veranlagt sind oder weitergedacht werden. Im Wesentlichen sind das die Aufsätze *„Über Sprache überhaupt und über die Sprache des Menschen“*[131] (1916), *„Schicksal und Charakter“*[132] (1919), das *„Theologisch-politische Fragment“*[133] (1920/1921) und *„Über den Begriff der Geschichte“*[134] (1940).

Ausgehend von seinem Sprachaufsatz ist es der „Sündenfall“, wie ihn die Tora und das Alte Testament ausbuchstabieren, in dem Benjamin im Anschluss an die kabbalistische Sprachtheorie seines Studienfreundes Ger-

129 *Benjamin*, Gesammelte Briefe, Bd. 3, S. 9 f.

130 *Steiner*, Walter Benjamin, S. 77.

131 *Benjamin*, Über Sprache überhaupt und die Sprache des Menschen, GS II.1, S. 140-157.

132 *Benjamin*, Schicksal und Charakter, GS II.1, S. 171-179.

133 *Benjamin*, Theologisch-politisches Fragment, GS II.1, S. 203-204.

134 *Benjamin*, Über den Begriff der Geschichte, GS I.2, S. 691-704.

shom Scholem[135] den „mythischen Ursprung des Rechts" erblickt.[136,137] Die biblische Erzählung vom Sündenfall wird von ihm dabei nicht unbedingt als Offenbarungsquelle herangezogen, die es zu interpretieren gilt. Sie fungiert für ihn eher als eine Projektionsfläche für seine Sprachphilosophie, als sich in der Geschichte vom Sündenfall etwas von der „Natur der Sprache"[138], wie auch von der geschichtsphilosophischen Bedeutung des Rechts, auffinden lasse.[139] Anhand der Geschichte des Sündenfalls führt Benjamin also vor, wie die Sprache und die Struktur des weltlichen Rechts in einer indirekten Beziehung zueinanderstehen. Im übrigen bildet die hier skizzierte Sprachphilosophie die Basis für seine Kritik an der Zweck-Mittel-Relation.[140]

Die Bibelgeschichte handelt davon, dass der Mensch nach dem Verzehr des Apfels vom *„Baum der Erkenntnis des Guten und des Bösen"* und dem Verstoß gegen das Verbot, von diesem Baum zu kosten, durch das „richtende Wort" Gottes aus dem Paradies verbannt wurde.[141] Laut Benjamin und Scholem zog der Verweis aus dem Paradiese für den Menschen neben seiner lokalen Veränderung, die er zur Folge hatte, auch einen Verlust sprachlicher Befähigung nach sich. Die kabbalistische Sprachtheorie geht diesbezüglich davon aus, dass der Mensch vor dem Sündenfall, ähnlich der göttlichen Namenssprache, die Dinge bei ihrem Namen „vollkommen" erkennen konnte.[142] Was Gott geschaffen hatte, war dem Menschen möglich, unmittelbar bei seinem Namen zu erfahren. Das ließe sich etwa in der Genesis daran festmachen, dass es der Mensch war, der den Tieren, die

135 *Scholem*, Der Name Gottes und die Sprachtheorie der Kabbala, Judaica 3, S. 7-70; *Agamben*, Das Sakrament der Sprache, S. 65.

136 *Benjamin*, Über Sprache überhaupt und die Sprache des Menschen, GS II.1, S. 154.

137 Auch auf einer Bronze über der Tür, durch welche die Zeugen den berühmten Saal 600 des Nürnberger Justizpalastes betreten, befindet sich eine Abbildung des Sündenfalls, die auf den Ursprung des Rechts verweist.

138 *Benjamin*, Über Sprache überhaupt und die Sprache des Menschen, GS II.1, S. 147.

139 Die von Benjamin praktizierte literaturtheoretische Vorgehensweise wird insbesondere von Menke aufgegriffen und weiter vertieft, weshalb die hier zu Grunde liegende Epistemologie erst an späterer Stelle (Kap. C.4.a.) rekonstruiert werden soll.

140 Vgl. dazu Kap. C.III.2.

141 Vgl. Gen. 3; *Benjamin*, Über Sprache überhaupt und die Sprache des Menschen, GS II.1, S. 153.

142 *Benjamin*, Über Sprache überhaupt und die Sprache des Menschen, GS II.1, S. 152.

Gott geschaffen hatte, ihre *Namen* gab.[143] Mit dem Moment der Verköstigung des Apfels bzw. der Stellung der Frage nach dem Bösen und Guten geriet allerdings diese Identität aus Schöpfung und Wort aus den Fugen. Die Kabbalisten interpretieren die Szene nun so, dass der Mensch, indem er sich wider die göttliche Bestimmung des Guten[144] darin versuchte, das Böse zu erkennen, um hierin Gottes schöpferische Tätigkeit zu imitieren, das erkennende Stadium der Sprache verließ.[145]

In diesem Sinne allegorisiert der Sündenfall für Benjamin die „Geburtsstunde des *menschlichen Wortes*“[146]. Auch das menschliche Wort ahmt die Namenssprache auf eine ebenso defizitäre Weise nach. Im Gegensatz zum Namen teile das menschliche Wort nichts an sich selbst mit. Vielmehr sind die menschlichen Worte in den Augen Benjamins nur Zeichen, die das Bezeichnete mitteln:[147] Sie bleiben dem bezeichneten Ding äußerlich. Demzufolge vermittle die wortfundierte Sprache in ihren Bezeichnungen auch keine unmittelbare Erkenntnis über das Konkrete. Die einzige Erkenntnis, die in einer äußerlichen Zuwendung an die Dinge, wie bei Fragen nach dem Guten und dem Bösen, beigestellt sei, ist, wie Benjamin mit Sören Kierkegaard sagt, das „Geschwätz“[148]: Für ihn führe die zeichenbasierte Sprache zu einer „Überbenennung“[149], zu einem Übermaß an Bedeutungsfülle, was die wahre Erkenntnis von Singularität verdeckt. Diese Überbenennung, die sich für ihn insbesondere in der Ausdifferenzierung der menschlichen Sprachen widerspiegelt,[150] komme dadurch zustande, dass an der menschlichen Wort-Sprache lediglich die „Abstraktion“ unmittelbar sei. Mitteilbar werde die Abstraktion jedoch nur durch ein „Urteil“.[151] Denn zu seiner Mitteilbarmachung verlange das Wort immer erst eines prädikativen Urteilsaktes, der zwischen ihm und dem Bezeichneten eine Verbindung herstellt.[152] Im Vergleich zur göttlichen Namenssprache werde die Sprache dadurch zu einem bloßen Instrument degradiert. Statt

---

143 Gen. 2,20.

144 Vgl. Gen. 1,31: „Und Gott sah an alles, was er gemacht hatte, und siehe, es war sehr gut.“

145 *Benjamin*, Über Sprache überhaupt und die Sprache des Menschen, GS II.1, S. 152 f.

146 Ebd., S. 153.

147 Ebd., S. 153.

148 Ebd., S. 153.

149 Ebd., S. 155.

150 Ebd., S. 152.

151 Ebd., S. 154.

152 *Steiner*, „Über Sprache überhaupt und die Sprache des Menschen“, in: Lindner (Hg.), Benjamin-Handbuch, S. 592 (600).

eindeutiger und unmittelbarer Erkenntnis lassen diese Urteile vielmehr nur weitere Abstrakta entstehen, die zu ihrer Mitteilbarkeit auf weitere Urteile angewiesen sind und so bloß Verwirrung stiften.[153]

Am Ur-Urteil in Gottes Gericht über den sündigen Menschen wird zudem eine „urbildliche Form" „mythische[r] Gewalt"[154] manifest. Diese schafft Schuld und Sühne und begründet darin das geschichtliche Zeitalter des Rechts als einer Ordnung des Mythos.[155] Recht wird für Benjamin hier insoweit durch das richtende Wort gesetzt, als die mythische Gewalt Gottes in ihrer Machtvollkommenheit den Menschen, in Ansehung der Übertretung des Verbots, vom Baum der Erkenntnis zu essen, aus dem Paradies verstößt. Auf diese Weise verschuldet sie ihn, da sie auf die Übertretung reagiert und die Vergeltung des Verbots folgen lässt, worüber sie einen Sinnzusammenhang von Übertretung und Vertreibung herstellt. Danach ist der Mensch Schuldiger, als er gesündigt hat, weshalb er vertrieben wurde. Die Begründung von Recht wird von Benjamin demgemäß auf einen Akt der Gewalt reduziert, der zu einem bestimmten Zweck erfolgt und in Abhängigkeit zu diesem Zweck tatsächliche Anerkennungsverhältnisse schafft.

Obwohl der thematische Aufgriff des Sündenfalls ein wenig den Anschein macht, ist Benjamin hinsichtlich der Entstehung des Rechts selbst kein Anhänger des Naturrechts. Seine Ausführungen zur Entstehung des Rechts erweisen sich vielmehr als dazu diametral positioniert. Obschon auch er geschichtsphilosophisch das Zeitalter des Rechts mit der Vertreibung aus dem Paradies anbrechen sieht, sieht er den Menschen nicht in der Verantwortung, Gottes richtendes Wort in Eigenregie fortzusetzen, obgleich es der Mensch zur Wiederherstellung der durch das Verbrechen gestört geglaubten göttlichen Ordnung tut.[156] Genauso wenig hält Benjamin mit seiner Problematisierung abstrakter Sprache etwa ein kasuistisch verfasstes Recht für einen praktikablen Ausweg. Mit seiner Kontrastierung

153 *Benjamin*, Über Sprache überhaupt und die Sprache des Menschen, GS II.1, S. 154.

154 *Benjamin*, Zur Kritik der Gewalt, GS II.1, S. 197.

155 *Benjamin*, Über Sprache überhaupt und die Sprache des Menschen, GS II.1, S. 153 f.; *Hartung*, Der Mythos in Benjamins Philosophie, in: Garber/Rehm (Hg.), Global Benjamin, Bd. 1, S. 56 (64).

156 „Dieses richtende Wort verstößt die ersten Menschen aus dem Paradies; sie selbst haben es exzitiert, zufolge einem ewigen Gesetz, nach welchem dieses richtende Wort die Erweckung seiner selbst als die einzige, tiefste Schuld bestraft – und erwartet.", *Benjamin*, Über Sprache überhaupt und die Sprache des Menschen, GS II.1, S. 153.

von Namensprache und instrumentellem Sprachgebrauch denkt er viel radikaler als die Vertreter des aufgeklärten Absolutismus, die sich zu ihrem Vorhaben aufgrund einer vermeintlichen Lebensfremdheit des abstrakt-logisch konstruierten Rechtssystems bemüßigt fühlten. Diese Radikalität wird in seiner Kritik am prädikativen Urteil deutlich. Wie sich am richtenden Urteil Gottes zeigt, verläuft die Struktur des richtenden Urteils parallel zur Struktur des sprachlichen Urteilsaktes, wenn zum Zwecke der Kommunikation zwischen Sender und Empfänger eine Verbindung von Wort und Ding geschaffen wird. Entsprechend gilt seine Kritik am prädikativen Urteil für alle richtenden, d.h. auch für rechtliche Urteile.[157] So wenig die Worte des Menschen eine unmittelbare Erkenntnis über die Dinge vermitteln, so wenig lässt sich von einer rechtlichen Norm auf ihren Anwendungsfall schließen, geschweige denn eine wahre Identität zwischen Norm und Sachverhalt durch einen Urteilsakt herstellen. Der Vergleich von Namenssprache und menschlichem Wort weist stattdessen darauf hin, dass Gottes schöpferisches Wort jeder Schöpfung einen einmaligen und eindeutigen Namen verleiht, anhand dessen sie erkannt werden kann. Angesichts dieser Einmaligkeit der Dinge und Situationen, die durch kein äußerliches, menschliches Wort abgebildet werden kann, verbietet sich für Benjamin die Bewertung einer Situation am Maßstab verallgemeinernder Normen, die ähnliche Lagen miteinander kommensurabel machen sollen.[158] Seine Kritik lässt sich damit sowohl auf ein Recht beziehen, das prinzipiell aus abstrakt-generellen Rechtsnormen besteht, als auch auf eines, das kasuistisch aufgebaut ist. In beiden Rechtssystemen geht die Rechtsfindung nicht vom Einzigartigen des Falles aus, sondern von einem der Norm vorstehenden Normalfall, zu dem die konkrete Sache in eine willkürliche Beziehung gesetzt wird.

In seiner geschichtsphilosophischen Verurteilung eines Rechts, das der Singularität und Inkommensurabilität der Lage nicht gerecht werde, blendet Benjamin allerdings den funktionalen Aspekt seiner Existenz komplett aus. Für die Schaffung von Erwartungsstabilität ist es nicht unbedingt erforderlich zu wissen, was in jeder einzelnen Situation konkret und definitiv rechtlich gilt.[159] Eine Komplexitätsreduktion oder die Möglichkeit,

---

157 „Der Baum der Erkenntnis stand nicht wegen der Aufschlüsse über Gut und Böse, die er zu geben vermocht hätte, im Garten Gottes, sondern als Wahrzeichen des Gerichts über den Fragenden. Diese ungeheure Ironie ist das Kennzeichen des mythischen Ursprungs des Rechtes.“, *Benjamin*, Über Sprache überhaupt und die Sprache des Menschen, GS II.1, S. 154.

158 Vgl. *Benjamin*, Zur Kritik der Gewalt, GS II.1, S. 196.

159 So auch *Ladeur*, Die Textualität des Rechts, S. 43.

sich aufeinander einzustellen und abzustimmen, lässt sich sehr viel zielführender auf der Grundlage von Normen erreichen, die Situationen abstrahieren und verallgemeinern und auf dieser Ebene vergleichbar machen.[160] In einem System konkreter einzelfallbezogener Normen wäre dementsprechend der entlastende Charakter des Rechts perdu, wenn erst aus einer schier unendlichen Summe an Rechtsnormen die für den Fall passende herausgesucht werden muss und man sich für die Rechtsfindung nicht mehr tastend über das Ähnliche an der Sache ihrer Entscheidung nähern kann.

Andererseits muss sich Benjamin auch nicht unbedingt mit einem auf seiner Sprachphilosophie aufbauenden, dysfunktionalen Rechtsbegriff auseinandersetzen, weil er, wie sich im Verlaufe der Arbeit noch zeigen wird, geschichtsphilosophisch denkt und mit dem Recht überhaupt schlussmachen möchte. Dazu veranlasst ihn die geschichtsphilosophische Bedeutung des Rechts. Der Schlüsselbegriff ist hierbei die „Schuld". „Das Recht", schreibt er in „*Schicksal und Charakter*", „verurteilt nicht zur Strafe, sondern zur Schuld."[161] Die Kategorie der Schuld ist bei Benjamin jedoch nicht im streng juristischen Sinne als persönliche Verantwortlichkeit des Handelnden[162] zu lesen, sondern wird von ihm, wie dies Werner Hamacher herausgearbeitet hat, als eine historische Kategorie verstanden: Schuld könne es demnach nur geben, wo es Geschichte gibt. *Geschichte* aber gebe es einzig und allein dort, wo ein Übergang in den Beziehungen einzigartiger Geschehnisse stattfinde.[163]

Ein zentraler Gedanke in Benjamins geschichtsphilosophischem Denken ist dabei die Annahme einer Verantwortung der gegenwärtigen Generation für die Zuversicht der vergangenen, wenn sie auf die Zukunft gerichtet handelt.[164] Er unterstellt darin ein Bewusstsein für den praktischen Erwartungshorizont vergangener Generationen, dessen Wirkungen in die Verhältnisse des Gegenwärtigen nachreichen und die Positionen der gegenwärtigen Generation insoweit noch prägen, was sich im Erinnern bewusst zu machen sei. Dieses Geschichtsdenken steht konträr zu dem

---

160 Vgl. Kap. B.IV.

161 *Benjamin*, Schicksal und Charakter, GS II.1, S. 175.

162 *Roxin*, Strafrecht, § 19 Rn. 1.

163 So *Hamacher*, Schuldgeschichte, in: Baecker (Hg.), Kapitalismus als Religion, S. 77 (81); vgl. auch *Benjamin*, Fragment 65, GS VI, S. 92: „Die höchste Kategorie der Weltgeschichte, um die Einsinnigkeit des Geschehens zu verbürgen ist die Schuld. Jedes weltgeschichtliche Moment verschuldet und verschuldend."

164 *Benjamin*, Über den Begriff der Geschichte, GS I.2, II. These, S. 694; *Habermas*, Der philosophische Diskurs der Moderne, S. 24 f.

in seiner Zeit vorherrschenden, bloß kausalistischen Geschichtsdenken eines „sture[n] Fortschrittsglaube[ns]“[165], dem es gerade an einem solchen Bewusstsein mangelt. Und in diesem Aspekt liegt die Verbindung zum Sündenfall und zum Recht. In einem solch kausalistischen Geschichtsdenken sieht Benjamin nämlich das Recht verhaftet. So richte sich das Recht nach dem Prinzip der Setzung durch Verschuldung, indem es auf die Tat die Sanktion folgen lässt. Die Schuld, die das Recht produziere – das zeigt sich für ihn paradigmatisch am Sündenfall –, ist eine artifiziell-kausale „Verkettung“[166] eines an sich zufälligen Geschehens zu einem einheitlichen Sinnganzen[167]. Diese Verkettung diene wiederum nur dazu, die Tat gemäß dem Talionsprinzip in ein äquivalentes Verhältnis ihrer Vergeltung setzen zu können, die dem Täter einen gleichwertigen Schaden zufügt.[168] Dabei wird allerdings die einzigartige historische Bedeutung des spezifischen Geschehens außer Acht gelassen. Hierbei handelt es sich eigentlich nur um eine Katachrese des instrumentellen Sprachgebrauchs: Wie die menschliche Wortsprache den Eigennamen ihres Objekts verfehlt, lenkt das Talionsprinzip von der Singularität des zu beurteilenden Geschehens ab. Benjamin führt diesen Zug des Rechts, über die Verkettung divergenter Geschehen zu vergelten, auf einen heidnischen Sühnegedanken zurück, dem es im Richterurteil nacheifert.[169] Ironischerweise kann dem Recht auf diesem Wege gerade keine Entsühnung gelingen, da es aufgrund seiner schicksalhaften Struktur immerfort Schuld produziert, wenn es sich, bis auf Fälle der Verjährung,[170] mit seinem Strafanspruch in den geschichtlichen Verlauf hineinzwängt, wodurch es mit der Vergeltung neue Beziehungen zu vergangenen Taten und damit Verantwortlichkeit gegenüber diesen vergangenen Geschehnissen für die Zukunft herstellt.[171] Kurzum: Das Recht als Medium der Konfliktlösung betrachtet den Menschen zu

---

165 *Benjamin*, Über den Begriff der Geschichte, GS I.2, S. 698.

166 *Benjamin*, Schicksal und Charakter, GS II.1, S. 175.

167 *Loick*, DZPhil 2012, S. 725 (726).

168 *Hamacher*, Schuldgeschichte, in: Baecker (Hg.), Kapitalismus als Religion, S. 77 (78); *Loick*, DZPhil 2012, S. 725 (726); siehe auch *Kant*, Die Metaphysik der Sitten, A 197 f.; ebenso Luhmann bezeichnet das Talionsprinzip als einen fundamentalen Rechtsgedanken, *Luhmann*, Rechtssoziologie, S. 156 f.

169 *Benjamin*, Schicksal und Charakter, GS II.1, S. 175.

170 So auch schon *Khatib*, „Teleologie ohne Endzweck“, S. 359.

171 „Der Richter kann Schicksal erblicken wo immer er will; in jeder Strafe muß er blindlings Schicksal mitdiktieren.“, *Benjamin*, Schicksal und Charakter, GS II.1, S. 175.

einseitig und reduziert ihn nur auf sein „bloße[s] Leben“[172].[173] Über seine Vergeltungsökonomie schneidet es die Möglichkeit einer anderen Handhabung der Untat, eines Ablaufs, der gerade nicht im Bann der Schuld steht, ab.[174] Hierdurch verstellt es wiederum den Fluchtpunkt des „Glücks“, von dem einzig Erlösung aus dem „Schuldzusammenhang“ zu erwarten wäre.[175] Dieses scheinbare Unvermögen, die eigenen Geschicke aus der Schuldkette zu brechen und in die eigenen Hände zu nehmen (genau das zu können, meint „Glück“ bei Benjamin), dieses Nicht-anders-handeln-können als es die Prädeterminationen des Rechts vorgeben, machen das Recht stattdessen selbst zu einer schicksalhaften Angelegenheit.[176] Alle Handlungsweisen, die zu dieser Verkettung beitragen, gehören für ihn entsprechend der Kategorie des Mystischen an. Und der Urtyp dieser Handlungsweisen ist der instrumentelle Sprachgebrauch, der im Urteil aus dem Wort zum Zwecke der Kommunikation eine Einheit mit dem Ding herstellt und es dadurch nur entstellt.

Entsühnung und Freiheit im Sinne von anderen als den rechtlichen Konnexionen garantiere dagegen bloß die Zeit, die einen Keil zwischen die Abfolge der Geschehnisse treibe und einen „Aufschub“ erzeuge, wodurch sie die Verbindungen der rechtsetzenden Gewalt verhindere.[177] Praktisch gibt dieser Aufschub aber auch alternativen Konfliktlösungsstrategien eine echte Chance.[178]

Aus einer rechtstheoretischen Perspektive erscheint das Rechtsbild, von welchem Benjamin in seiner geschichtsphilosophischen Betrachtung aus-

172 Ebd., S. 175.

173 *Khatib*, „Teleologie ohne Endzweck“, S. 355.

174 Vgl. *Hamacher*, Schuldgeschichte, in: Baecker (Hg.), Kapitalismus als Religion, S. 77 (82 f.).

175 *Benjamin*, Schicksal und Charakter, GS II.1, S. 174 f.; vgl. in diesem Zusammenhang auch *ders.*, Über den Begriff der Geschichte, GS I.2, S. 693: „in der Vorstellung des Glücks [schwingt] unveräußerlich die Erlösung mit“.

176 *Benjamin*, Schicksal und Charakter, GS II.1, S. 174 f.; Auch wenn es auf den ersten Blick nicht so scheinen mag, nimmt Benjamin hier einen Gedanken vorweg, den einige Jahre später Max Horkheimer und Theodor W. Adorno in ihrer „Dialektik der Aufklärung“ entfalten. Das Recht ist mythisch, weil sein Bannkreis kein Naturprodukt, sondern bloßer „Schein von Notwendigkeit und Unausweichlichkeit“ ist; es ist nur die „‚Wiederholung der Natur‘ im Geist“ der Menschen. Vgl. *Menke*, Autonomie und Befreiung, in: Khurana/Menke (Hg.), Paradoxien der Autonomie, S. 149 (173), der auf diese Beziehung aufmerksam macht; *Horkheimer/Adorno*, Dialektik der Aufklärung, S. 27.

177 *Hamacher*, Schuldgeschichte, in: Baecker (Hg.), Kapitalismus als Religion, S. 77 (116).

178 Vgl. zu diesen Mitteln, *Benjamin*, Zur Kritik der Gewalt, GS II.1, S. 191.

geht, wiederum etwas einseitig. Denn sein Fokus liegt ausschließlich auf dem Straf- und Deliktsrecht. Es ist zwar richtig, dass das Recht zunächst als Medium der Konfliktlösung entstand,[179] seine funktionale Evolution blieb aber nicht in diesem Stadium stehen. Gerade das Zivilrecht lässt sich als funktional-ausdifferenzierter Bereich anführen, in welchem das Talionsprinzip nicht das ausschließlich strukturprägende Rechtsprinzip darstellt. Zu denken sei beispielsweise an Rechtsinstitute wie das Eigentum, über die ein Handlungsspektrum möglich wird, dessen rechtlich ermöglichte Handlungen nicht allesamt dem Zweck des Austauschs dienen müssen, wie das beispielsweise die Verwendungsfreiheit der Sache beweist. Darüber hinaus geht es etwa bei der prozessualen Durchsetzung von Ansprüchen aus gewillkürten Vertragsverhältnissen weniger um die Konnektion voneinander an sich unabhängiger Geschehen durch ein Urteil als vielmehr um die Durchsetzung, Feststellung oder Gestaltung von Ansprüchen, die schon im Vorfeld zwischen den Streitenden angebahnt wurden. Die Verurteilung eines säumigen Vertragspartners ist dann nicht unbedingt ein schicksalhafter Zusammenhang von einander kontingenten Geschehen, sondern ein für alle Parteien vorhersehbares und mitunter abwendbares Ereignis.

2. Der Eid (Agamben)

Analog zur Differenz sprachlicher Befähigung im Verhältnis von adamitischer Namenssprache und menschlichem Wort, rekonstruiert auch Agamben die Entstehung des Rechts aus einer Krise sprachlicher Bezeichnungsmacht, die für ihn aus ihrer „inhärente[n] Gebrechlichkeit“[180] resultiert. Konkret wird für ihn diese Fragilität der Sprache von der Institution des Eides indiziert. Warum gerade der Eid? Eide bestehen typischerweise in einer Anrufung höherer Mächte – man denke exemplarisch an den hippokratischen Eid oder den Eid des Bundespräsidenten[181]. Funktional soll dies die Wahrhaftigkeit und Realisierung der Sprache garantieren.[182] Um

---

179 Vgl. dazu Kap. C.I.4.

180 *Agamben*, Das Sakrament der Sprache, S. 14.

181 „Ich schwöre, daß ich meine Kraft dem Wohle des deutschen Volkes widmen, seinen Nutzen mehren, Schaden von ihm wenden, das Grundgesetz und die Gesetze des Bundes wahren und verteidigen, meine Pflichten gewissenhaft erfüllen und Gerechtigkeit gegen jedermann üben werde. So wahr mir Gott helfe.“, Art. 56 S. 1 GG.

182 *Agamben*, Das Sakrament der Sprache, S. 10.

herauszufinden, warum es einer Institution bedarf, die die Wahrhaftigkeit von Aussagen auf so umständliche Weise gewährleisten soll, muss man, so Agamben, seine Funktion etwas genauer in den Blick nehmen. Demnach verwiesen Eide auf eine „Kluft“[183], die die Worte von den Dingen, die sie bezeichnen, trenne. Was einmal so gesagt wurde, bindet schließlich noch lange nicht den Sprecher dieser Aussage. Um also Lügen zu vermeiden und eine Verwirklichung der Worte zu versichern[184], soll die Anrufung der Gottheit im Eid eine „*Beziehung* [...] zwischen dem ausgesprochenen Wort und der angerufenen Macht her[stellen]“[185]. Dieser Vorgang wird in der Ethnologie häufig so gedeutet, dass die Anrufung allein deshalb passiere, damit die Gottheit den Eid bezeuge und bei Meineid, also der vorsätzlichen Beschwörung des Unwahren (d.h. das Auseinanderfallen von Wort und Ding), die Strafe übernehme.[186] Entgegen dieser magisch-religiösen Interpretation streitet Agamben für eine linguistische Erklärung des Instituts. Eine Archäologie[187] des Eides zeige für ihn nämlich eine institutionelle Verwandtschaft nicht nur mit der Religion, sondern auch mit dem Recht an, da er dort oftmals zur Anwendung kommt.[188] Dies aber mache es theoretisch erforderlich, die Stellung der Gottheit im Eid nicht allein auf eine Zeugenfunktion zu reduzieren. Mit der Nennung des göttlichen Namens im Sprechakt, so Agambens These, werde vielmehr ein „Band“ zwischen Sprecher, Wort und Tatsache geknüpft.[189] Für diese These spreche dabei der Gebrauch der Götternamen in einem frühen Stadium des Polytheismus. Zu dieser Zeit waren die Götternamen Bezeichnungen für

183 *Agamben*, Das Sakrament der Sprache, S. 70.

184 Vgl. ebd., S. 30.

185 *Benveniste*, „L'expression du sement dans la Grèce ancienne“, in: Revue de l'histoire des religions, 134/I, 1947/48, S. 81 (81 f.), zit. nach: *Agamben*, Das Sakrament der Sprache, S. 10.

186 So z.B. *Durkheim*, Physik der Sitten und des Rechts, S. 257.

187 *Agamben*, Das Sakrament der Sprache, S. 15-18; „Die *arche* ist vielmehr eine in der Geschichte wirksame Kraft – wirksam in derselben Weise, wie die indoeuropäischen Wörter vor allem ein Beziehungssystem zwischen den historisch zugänglichen Sprachen ausdrücken, so wie das Kind in der Psychoanalyse eine Kraft ist, die im psychischen Leben des Erwachsenen weiterwirkt, und genauso wie der *big bang*, von dem man annimmt, er habe das Universum hervorgebracht, etwas ist, das uns seine fossile Strahlung weiterhin unaufhörlich entgegenschickt. [...] [D]ie *arche* ist weder ein Datum noch eine Substanz, noch ein Ereignis, sondern ein Feld historischer Ströme, das ausgespannt liegt zwischen der Anthropogenese und der Gegenwart, der Ultrageschichte und der Geschichte.“, a.a.O. S. 17 f.

188 Ebd., S. 26-29, 40-42.

189 Ebd., S. 44 f., 48.

Aktivitäten oder Situationen.[190] So schützte beispielsweise der italienische Feldgott „*Conditor*“ das Wachstum und die Ernte.[191] Der Name dieses Gottes, auf den das spätere lateinische Wort *condere* (dt. *gründen*) zurückgeht, wäre damit der vergöttlichte Name für die Aktivität oder Situation, die er patronisiert. Der Eigenname der Gottheit koinzidiere dergestalt mit der bezeichneten Situation: Sie sind eins. Hieraus schließt Agamben, dass der Gott, der im Eid angerufen wird, eigentlich nicht als Zeuge fungiere, sondern die Vertretung seines Namens für die Aktivität das Wort mit dem Ding als „Sprachereignis“ in sich vereine.[192] Der göttliche Name, der im Eid noch heute aufgerufen werde, solle damit einen Zustand repräsentieren, der in einer früheren Epoche göttlicher Namenssprache tatsächlich der Fall war: Wort und Ding sind in ihm identisch.

Agamben bringt nun den Eid mit einem weiteren „Sprachereignis“ in einen historischen Zusammenhang. Zeitgleich mit dem Eid sei nämlich auch der Fluch entstanden.[193] Der Fluch ist nicht einfach nur die Bestrafung des Meineidigen durch die Gottheit, wie es eine klassische Deutung nahelegt.[194] Im Fluch drücke sich, kohärent zum Gottesnamen im Eid, ein Auflösen der Übereinstimmung zwischen Wort und Ding aus.[195] Diese Annahme begründet für Agamben die Gotteslästerung, bei der der Gottesname gerade *„sinnleer, unabhängig von einem semantischen Gehalt“* ausgesprochen werde.[196] Dagegen nun sei der Fluch positioniert, indem er das Auseinanderdriften von Wort und Ding sanktioniere, deren Zusammenhalt der Eid besorgte.[197]

Die Ergebnisse seiner historischen Analysen bringt Agamben in einen linguistischen Kontext. In der neueren Sprachwissenschaft hat der Philosoph und Linguist John L. Austin in seiner Theorie der „performativen Sprechakte“ die sprachwissenschaftliche Kategorie der Performativität ausgemacht. Für Austin gibt es neben deskriptiven sprachlichen Äußerungen eine weitere grammatikalische Kategorie. Während deskriptive, oder wie er sie nennt: „konstative“ Aussagen Feststellungen über Tatsachen treffen, also einen Sachverhalt als wahr oder falsch diagnostizieren (z.B. „Das Auto ist rot“, „Berlin ist nicht die Hauptstadt von Schweden“), lasse sich dane-

---

190 Ebd., S. 59.
191 *Arendt*, Über die Revolution, S. 261.
192 *Agamben*, Das Sakrament der Sprache, S. 59 f.
193 Ebd., S. 53.
194 Ebd., S. 48.
195 Ebd., S. 55.
196 Ebd., S. 53.
197 Ebd., S. 55 f.

ben eine Kategorie von Äußerungen aufmachen, die nichts behaupten, sondern reale Tatsachen hervorbringen (z.B. „Ich schwöre", „Ich gratuliere Dir").[198] Derartige Sprachspiele, auf die das Attribut, wahr oder falsch zu sein, nicht zutrifft, tauft er performative Äußerungen (von engl. *to perform*; dt. *vollziehen, ausführen, durchführen*).[199] Charakteristisch für solch performative Äußerungen sei, dass sie selbst der Vollzug der Handlung sind.[200] Wo konstative Aussagen etwas beschreiben, das außerhalb der Sprache liegt, haben demgegenüber performative ihren „Referenten [...] vor sich"[201]: Performative Aussagen „schaffen soziale Tatsachen"[202]. Sie realisieren, was sie bedeuten.[203]

Wie bereits Austin bemerkt hat, findet sich speziell in der Rechtssprache eine Häufung an Performativen.[204] Zu denken sei etwa an folgende Spruchformel, wie sie aus dem Tenor eines Strafurteils stammen könnte: *„Im Namen des Volkes in der Strafsache gegen Peter Müller [...] hat das Gericht [...] für Recht erkannt: Der Angeklagte Müller wird wegen Betruges in zwei Fällen zu einer Gesamtfreiheitsstrafe von sieben Monaten verurteilt*". In dieser Sentenz wird keine Aussage über die Realität getroffen, die wahr oder falsch sein kann. Allein ihr Ausspruch durch eine zu ihr autorisierte Person[205] bewirkt aber eine Veränderung der Welt, und zwar, dass das Subjekt ‚Peter Müller' nunmehr als Verurteilter dasteht, was unter anderem eine Reihe negativer Konsequenzen für seinen sozialen Status mit sich bringt.

Unter die Kategorie performativer Sprechakte ordnet nun Agamben seine Archäologie des Eides. Hierbei rekonstruiert er performative Äußerungen als Relikte eines sprachlichen „Stadiums" bzw. einer sprachlichen „Struktur", in welchem sich, wie beim Eid, Wort und Ding, Sprechakt und Sein, in Einem realisieren.[206] Dass performative Äußerungen funktional die „Wirkmächtigkeit einer Tatsache" annehmen können, resultiert für

198 *Austin*, Zur Theorie der Sprechakte, S. 27-34.

199 Ebd., S. 27, 29 f.

200 Vgl. *Austin*, „Performative und konstatierende Äußerungen", in: Bubner (Hg.), Sprache und Analysis, S. 140 (141); *Posselt/Flatscher*, Sprachphilosophie, S. 159.

201 *Derrida*, Signatur Ereignis Kontext, S. 340.

202 *Wirth*, Der Performanzbegriff im Spanungsfeld von Illokution, Iteration und Indexikalität, in: Wirth (Hg.), Performanz, S. 9 (11).

203 *Agamben*, Das Sakrament der Sprache, S. 69.

204 *Austin*, Zur Theorie der Sprechakte, S. 41; *Agamben*, Die Zeit, die bleibt, S. 147.

205 Auf dieses Erfordernis weist *Wirth*, Der Performanzbegriff im Spanungsfeld von Illokution, Iteration und Indexikalität, in: Wirth (Hg.), Performanz, S. 9 (11), hin; vgl. auch zum Versagen performativer Sprechakte, *Austin*, Zur Theorie der Sprechakte, S. 35-45.

206 *Agamben*, Das Sakrament der Sprache, S. 70.

ihn dabei aus einer ganz bestimmten Struktur, die ihnen zugrunde liegt. Die Identifikation von Sprache und Wirklichkeit gelänge in performativen Aussagen nämlich durch eine Selbstbezüglichkeit der Aussage im Wege einer Aufhebung des normalen Weltbezugs des tatsachenbezogenen Satzteils.[207]

Diese Behauptung soll wieder anhand eines Beispiels veranschaulicht werden: Die wahrheitsfähige, also konstative Aussage „*Peter Müller sitzt eine Freiheitsstrafe von sieben Monaten wegen Betruges ab*“ wird zu einer performativen, indem sie mit dem Performativ „*Das Gericht* ***verurteilt*** *den Angeklagten zu*“ zu einem Satz zusammengesetzt wird. Die Aufhebung, von der Agamben ausgeht, besteht derweil darin, dass an die Stelle des Wahrheitswertes der konstativen Aussage, samt der Bedeutung der Wörter in ihrer Beziehung zur Wirklichkeit, die Aussage selbst tritt, die in der Welt interveniert. Die Ersetzung der konstativen Aussage durch eine performative habe so eine „reine Form der Beziehung zwischen Sprache und Welt“ in der Realität zum „Effekt“.[208] Auf diese Weise substituiere die Selbstbezüglichkeit der performativen Aussage die eingangs erwähnte „Kluft“ zwischen der Bedeutung des Wortes und der Realität, indem sie selbst die Tatsachen erzeugt.[209]

Performativen Aussagen ist insoweit eine eigene Form der Wahrheit eigen, in der eine Aussage nicht wahr ist, weil sie mit der Welt übereinstimmt, sondern weil in ihnen „das Wort garantiert seine Bedeutung verwirklicht“[210]. Die Aussage „*Im Namen des Volkes in der Strafsache gegen Peter Müller [...] hat das Gericht [...] für Recht erkannt: Der Angeklagte wird wegen Betruges in zwei Fällen zu einer Gesamtfreiheitsstrafe von sieben Monaten verurteilt*“ ist deshalb, aber auch dann erst wahr, weil und wenn sie die Tatsache der Verurteilung mit der Artikulation produziert. Im Unterschied zu konstativen Aussagen, in denen die Wahrheit einer Aussage objektiv bemessen werden kann, zum Beispiel durch eine Untersuchung der äußeren Umstände, auf die die Aussage verweist, bewerkstelligt das sprechende Subjekt einer performativen Aussage erst eine Wahrheit, an die es nicht äußerlich gebunden ist, sondern in der die Wahrheit vollständig im Sprechakt aufgeht. Dass der Name einer Gottheit im frühen Polytheismus mit einer Tatsache oder Aktivität zusammenfällt, ist daher für Agamben auch nur eine Folge performativer Spracherfahrung. Und eben jene

---

207 *Agamben*, Die Zeit, die bleibt, S. 148; *ders.*, Das Sakrament der Sprache, S. 70.
208 *Agamben*, Die Zeit, die bleibt, S. 148.
209 *Agamben*, Das Sakrament der Sprache, S. 70 f.
210 Ebd., S. 71.

Wahrheits-Form soll sich entsprechend in der performativen Artikulation der Gottheit im Eid realisieren.[211]

Nun fragt sich, was dies mit der Genese des Rechts zu tun haben soll. Laut Agamben wurde das Recht als „Sicherungsmittel“ zur Gewährleistung von Wahrheit und Verwirklichung der Sprache „erfunden“, für Fälle, in denen eine, ihrer Form nach performative, Aussage in der gelockerten Wahrheitsbeziehung einer konstativen ausgesprochen wird.[212] Um dem vorzubeugen „vertechnisier[t] [das Recht] diese anthropogenetische Erfahrung des Wortes im Eid und im Fluch als historische Institution, indem [es] [...] die wirksame und die fehlerhafte Formel voneinander trenn[t] und einander gegenüberstell[t].“[213] Deutlich dürfte dies beim *Jawort* der Eheleute auf dem Standesamt werden. Dass sie hierdurch eine Ehe im Sinne des § 1310 BGB schließen, entspringt, so Agamben, keiner Magie, sondern resultiert aus der Erfahrung jener performativen „Kraft“, die dieser Aussage zugrunde liegt, welche das Recht in sich konserviert hat.[214]

Performativen Aussagen liegt allerdings auch eine ganz spezifische Struktur zu Grunde, die sich auch im Recht beobachten lässt, wo sie in den Augen Agambens durchaus bedenkliche Konsequenzen mit sich bringt. Strukturell hebt das Performativ die äußerliche Wahrheitsbeziehung des für sich genommen konstativen Satzteils (die sog. Denotation) auf, um im Ausspruch der Worte mit den Dingen eins zu sein, d.h. als Sprachliches faktisch zu wirken. Genau derselben Struktur unterliege aber auch die juristische Ausnahmesituation.[215] Die Ausnahme ist unter diesem Namen eine juristisch-politische Figur, die häufig nur mit den neuzeitlichen Überlegungen zum Staatsnotstand in Verbindung gebracht wird, deren strukturelle rechtliche Existenz sich aber bereits im römischen Prozessrecht festmachen lasse[216]. Analytisch durchdacht und als staatsrechtliche Theorie expliziert wurde sie von dem Hofjuristen der Nationalsozialisten: Carl Schmitt. Gemäß Schmitts Definition, an welche Agamben anknüpft, wird in einer Ausnahmesituation der normative Bestand einer Rechtsordnung vom Souverän außer Kraft gesetzt, damit er frei von normativen Beschränkungen eine Sachlage erschaffen kann, die für die tatbestandsmäßige Anwendbarkeit von Normen der selbigen Ordnung

---

211 *Agamben*, Das Sakrament der Sprache, S. 73.

212 Ebd., S. 74 f.

213 Ebd., S. 87 f.

214 Ebd., S. 80.

215 *Agamben*, Die Zeit, die bleibt, S. 148; *ders.*, Ausnahmezustand, S. 47; *ders.*, Das Sakrament der Sprache, S. 71.

216 *Agamben*, Homo sacer, S. 32 f.

erforderlich ist.[217] Bevor auf die juristischen Konsequenzen einzugehen ist, die aus der Ausnahmesituation folgen, soll an dieser Stelle zunächst nur ihre Struktur betrachtet werden. Zugegeben, hinter ihrer Analyse steckt auch die epistemologisch-metaphysische Unterstellung – die weder von Schmitt noch von Agamben näher begründet wird –, dass die Analyse der Ausnahme nicht nur über sie als Sonderfall Aufklärung verschaffen könne, sondern vielmehr noch über das Allgemeine aussagekräftig sei.[218] Ihrer Struktur nach ist die „Ausnahme [...] eine Art der Ausschließung. Sie ist ein Einzelfall, der aus der generellen Norm ausgeschlossen ist."[219] Dasjenige, was aus ihr ausgeschlossen ist, ist ihr aber nicht, wie man meinen könnte, einfach äußerlich. Es verhält sich gerade wegen des Ausschlusses genau anders herum. Die „*Norm*", die die Ausschließung nämlich normiert, die also beispielsweise besagt, dass Situation X dem Normalfall Y nicht unterfällt, „*wendet sich auf die Ausnahme an, indem sie sich von ihr abwendet*".[220] Hierfür werde der Geltungsanspruch der allgemeinen Norm, von der man annehmen könnte, sie gelte für alle Situationen, hinsichtlich der Ausnahme „aufgehoben".[221] Die „Regel" zieht sich von der Ausnahme zurück, wodurch sie die Ausnahmesituation einer anderen Handhabung preisgibt. Über den Rückzug, der schließlich auch einen Bereich definiert, in welchem die Regel eben gerade *nicht* gilt, bleibe die normale „Ordnung" so mit dem „Außen in Beziehung".[222] Die Beziehung, die demnach zwischen dem Ausgeschlossenen und der Regel währt, sei also für sich absolut genommen keine Einschließung oder Ausschließung, sondern eine „*einschließende Ausschließung*".[223] Was dabei entstehe, ist, auf das Recht bezogen, eine Situation, die sich weder als eine rein juristische, noch als eine rein faktische charakterisieren lasse, da hier Recht und Tatsache (der Bereich, der durch die Norm von der Geltung der Norm, durch die

217 *Schmitt*, Politische Theologie, S. 18 f.

218 „Das Normale beweist nichts, die Ausnahme beweist alles; sie bestätigt nicht nur die Regel, die Regel lebt überhaupt nur von der Ausnahme.", *Schmitt*, Politische Theologie, S. 21; laut *Agamben*, Homo sacer, S. 26, bezieht sich Schmitt bei dieser Unterstellung auf Sören Kierkegaard.

219 *Agamben*, Homo sacer, S. 27.

220 Ebd., S. 27.

221 Ebd., S. 28.

222 Ebd., S. 28.

223 *Agamben*, Homo sacer, S. 31; *ders.*, Die Zeit, die bleibt, S. 118; *ders.*, Was ist ein Lager?, S. 45.

Anwendung der Norm befreit wurde) ineinander übergehen und soweit ununterscheidbar werden.[224]

Genau die gleiche Situation der „Ununterschiedenheit“[225] existiere in der Wahrheitsbeziehung performativer Sprechakte, wo sich die Sprache nicht wie bei konstativen Aussagen äußerlich auf die Welt bezieht, sondern die Wahrheit, die sie als Aussage bedeuten, mit dem Sprechakt schaffen, weshalb Sprachliches und Faktisches nicht mehr voneinander unterschieden werden können.[226] Es scheint demnach so, als stünden das Wesen der Sprache und das der rechtlichen Ausnahme in einer direkten Beziehung zueinander.[227] Analog zum sprachlichen Urteil bei Benjamin legt auch Agambens Archäologie des Eides vor dem Hintergrund der Ununterscheidbarkeit nahe, dass ein und dieselbe sprachliche Struktur nicht nur für die Existenz von Recht verantwortlich sei; sie schreibe sich auch im Recht, in der juristisch-politischen Figur der Ausnahme, fort.[228] Umgekehrt markiert die Ortung der Ausnahmestruktur außerhalb des Rechts, dass sie nicht nur situativ an eine juristisch-politische Lage gebunden ist, sondern eine genau definierte „Logik“ einer spezifischen „*Beziehungsform*“[229] darstellt, die sich in diversen Zusammenhängen auffinden lässt.[230]

3. Iteration und *différance* (Derrida)

Derrida bringt die sprachlich bedingte Genese des Rechts in seiner Dekonstruktion noch einmal auf ein höheres Abstraktionsniveau, indem er dessen Entstehung unter den Parametern seiner Zeichentheorie aufschlüsselt.

Wie vor ihm bereits Benjamin führt auch er die Entstehung des Rechts auf Gewalt zurück. Diesbezüglich spielt er mit einer Metaphorizität des *Gewalt*begriffs, die zumindest die deutsche Sprache durchzieht. Abgesehen von der ganz offensichtlich verübten Gewalt in Kriegen, Genoziden, Exterminationen, Revolutionen, mit der die Einsetzung von Rechtsordnungen

224 *Agamben*, Homo sacer, S. 28; *ders.*, Ausnahmezustand, S. 35.
225 *Agamben*, Homo sacer, S. 42.
226 Ebd., S. 32.
227 Ebd., S. 30.
228 Vgl. ebd., S. 35 f.
229 *Geulen*, Giorgio Agamben zur Einführung, S. 73.
230 „Unser gegenwärtiges Denken sieht sich in allen Bereichen mit der Struktur der Ausnahme konfrontiert.“, *Agamben*, Homo sacer, S. 35.

häufig einhergeht, liegt für ihn allen rechtsstiftenden Akten eine ursprünglichere Gewalt zugrunde, die er als performative Gewalt qualifiziert.[231]

Nachdem im vorhergehenden Kapitel Performativa als linguistische Kategorie beschrieben wurden, muss die Begründung des Rechts aus performativen Akten, die noch dazu gewaltvoll sein sollen, erst einmal verwundern. Diese von Derrida bewusst veranlasste Irritation hat zwei Ursachen, eine begriffliche und eine funktionale, wobei an dieser Stelle zunächst nur auf erstere eingegangen werden soll.[232] Der Anlass für die Schaffung der Kategorie performativer Akte war ja Austins Einsicht, dass Sprache nicht nur deskriptiv funktioniert, sondern in der Form von Sprechakten, die den Status von Handlungen annehmen, in die Welt hineinwirkt und Situationen verwandelt.[233] In der englischen Originalausgabe von *„Zur Theorie der Sprechakte“* (*„How to do Things with Words“*), spricht Austin bei der Explikation dieser Kategorie der Sprechakte angesichts ihres Vermögens, Wirkungen zu erzeugen, von einer *„performative force“*[234]. *„Force“* wird ins Deutsche mit Kraft, Gewalt, Macht und Stärke übersetzt; Bedeutungen, die das Deutsche aber auch allesamt im Begriff *Gewalt* vereint. Dass Akten der Staats- und Rechtsgründung Gewalt zugrunde liegt, lässt sich also so verstehen, dass sie nicht nur auf Gewalttätigkeiten (in engl. *violence*) beruhen, sondern ihnen oberflächlich performative Akte vorausgehen, die sie bewirken.

Die „Kraft“ performativer Akte, Situationen zu verwandeln und etwa Recht zu setzen, umfasst laut Derrida Deutungen, die mit den Akten vollzogen werden.[235] Die Wirkung der „deutende[n] Kraft“[236] in gelingenden performativen Akten bestehe dabei in der Etablierung konventioneller „Interpretationsmodelle“, die sich zu einer „rückwirkenden Lektüre“ der ihnen vorausgehenden Deutung eignen.[237]

Die Entwicklung des Rechts aus der Deutung steht dabei in einem Zusammenhang mit Derridas metaphysikkritischer „Grammatologie“. Metaphysikkritisch deshalb, weil er mit dieser mentalistischen Kommunikationstheorien eine Absage erteilt.[238] Letztere unterstellen Kommunikationsmitteln, wie zum Beispiel Wörtern, einen feststehenden Sinn, der durch

---

231 *Derrida*, Gesetzeskraft, S. 77, 79, 15.
232 Vgl. zur zweiten Ursache: Kap. C.II.3.a.
233 *Derrida*, Signatur Ereignis Kontext, S. 340.
234 *Austin*, How to do things with words, S. 78.
235 *Derrida*, Gesetzeskraft, S. 27.
236 Ebd., S. 27.
237 Ebd., S. 79.
238 Vgl. *Wolf*, Gerechtigkeit als Dekonstruktion, S. 98.

das Zeichen zwischen den Kommunizierenden transportiert werde und vom Empfänger nur zu suchen sei. Aufgrund der Tatsache von Polysemien, also Wörtern, die mehrere Bedeutungen aufweisen (siehe im Deutschen beispielsweise das Wort „Gewalt"), hält Derrida die Unterstellung eines eindeutigen Sinns jedoch für problematisch.[239] Stattdessen entwickelt er ein Modell des Sinnverstehens, die sog. „*différance*", das an der materiellen Form von Zeichen anknüpft.

Die „*différance*" ist ein von ihm geschaffener Neologismus, mit dem er die „Bewegung"[240] des Verstehens zu beschreiben sucht. Dabei lässt sich diese Bewegung selbst am Begriff „*différance*" vorführen, was der Autor in dem gleichnamigen Aufsatz illustriert. Im Gegensatz zum französischen Verb „*différence*" schreibt Derrida die „*différance*" nämlich mit „a" anstelle von „e" und damit orthographisch falsch. Allerdings ist dieser Unterschied in der Schreibweise zwischen „*différance*" und „*différer*" in der französischen Sprache nur visuell, nicht aber auditiv vernehmbar. Wann immer also über die „*différance*" gesprochen wird, braucht es erst noch einer Erläuterung, dass von der „*différance*" mit „a" und nicht von der „*différence*" die Rede ist. Zudem bedarf es zur Kenntlichmachung dieses Unterschieds, obschon er gedacht werden kann, in jedem Fall der Wiederholung.[241] Dieser Unterschied in der Schreibweise, der im Falle seiner akustischen Verdeutlichung nur kognitiv und im Falle seiner visuellen Wahrnehmung sinnlich rezipierbar ist, soll die in der abendländischen Metaphysik proklamierte „Opposition zwischen dem Sensiblen und dem Intelligiblen" unterlaufen und demgegenüber eine Legierung aus Sinnlichkeit und Intelligiblem bei der Wahrnehmung von Sinn indizieren.[242] Darin begründet er insoweit einen fundamental anderen kommunikationstheoretischen Ansatz.

Mit dem Begriff „*différance*" wird außerdem auf die beiden Bedeutungen des französischen Verbs „*différer*" verwiesen. „*Différer*" bedeutet sowohl *unterscheiden* als auch *auf einen späteren Zeitpunkt verschieben*,[243] wobei vorerst nur die erste Bedeutung von Interesse ist. Mit dem Verweis auf seine erste Bedeutung greift Derrida einige Gedanken aus de Saussures strukturlinguistischer Sprachwissenschaft auf. Dieser hatte einen Zeichenbegriff konzipiert, der sich aus drei Bestandteilen zusammensetzt: Ein Zeichen besteht sonach aus einem Zeichenkörper (Signifikant), dem Zeicheninhalt

239 Vgl. *Derrida*, Signatur Ereignis Kontext, S. 326.
240 *Derrida*, Die Différance, S. 41.
241 *Wolf*, Gerechtigkeit als Dekonstruktion, S. 91; *Derrida*, Die Différance, S. 34.
242 *Derrida*, Die Différance, S. 34.
243 Ebd., S. 36.

oder besser gesagt seiner Bedeutung (Signifikat) und dem realexistierenden Gegenstand, auf den die Einheit von Signifikant und Signifikat verweist.[244] Entgegen der mentalistischen Annahme, nach der ein Signifikant ein Signifikat repräsentiere, indem der Signifikant auf das Signifikat verweise und es so vergegenwärtige, wies de Saussure nach, dass die Verbindung zwischen Signifikant und Signifikat, und damit das Zeichen an sich, keinen spezifischen, unabänderlichen Bedeutungsgehalt hat, sondern vielmehr *„arbiträr"* ist.[245] Die Bedeutung eines Zeichens ist deshalb beliebig, weil Signifikanten genauso wie Signifikate nur negativ im Unterschied zu anderen Signifikanten bzw. Signifikaten identifizierbar werden.[246] Sie bestimmt sich damit allein aus der „Nachbarschaft" eines Zeichens zu anderen Zeichen in einem „strukturellen", „topologischen Raum".[247] Derrida dehnt dieses Modell, das von de Saussure ursprünglich nur für die gesprochene Sprache entwickelt wurde, auf alle Zeichensysteme aus. Auch Phoneme, Alphabete, Piktogramme, Hieroglyphen oder Wertzeichen[248] sind allein dann identifizierbar und bekommen einen Erklärungswert, wenn und soweit sie sich von anderen Zeichen unterscheiden.

Derridas Argument dafür, weswegen die Sinnkonstitution bei allen Zeichensystemen gleich sei, ist auf seine Dekonstruktion des Verhältnisses zwischen gesprochener Sprache und schriftlichen Zeichen zurückzuführen. In der abendländischen Philosophie sei dieses durch eine Deklassierung des Schriftzeichens geprägt gewesen.[249] Die Abwertung des Schriftzeichens als geeigneter Träger von Sinn und Wahrheit des eigentlich Gemeinten wäre insbesondere damit begründet worden, dass hier der Empfänger des Zeichens abwesend sei.[250] Dagegen wendet Derrida nun ein, dass diese Annahme auf Voraussetzungen beruhe, die zwar herkömmlich der Schrift angelastet werden, die sich so aber auch an der gesprochenen Sprache feststellen lassen. Seine Beweisführung stützt sich diesbezüglich auf die Prämisse, nach der Schriftzeichen, trotz der Abwesenheit des Empfängers im Moment des Verfassens, von Empfängern gelesen werden können, weil sie sich wiederholen lassen. Das Zeichen ist „iterierbar",

---

244 *Saussure*, Cours de linguistique générale, S. 106.
245 Ebd., S. 106.
246 Ebd., S. 138-146.
247 *Deleuze*, Woran erkennt man den Strukturalismus?, S. 15.
248 Aufzählung angelehnt an *Derrida*, Signatur Ereignis Kontext, S. 333; vgl. auch *ders.*, Die Différance, S. 38.
249 *Derrida*, Grammatologie, S. 11 f.; vgl. *Aristoteles*, Lehre vom Satz, 16a.
250 *Derrida*, Signatur Ereignis Kontext, S. 332.

wie es Derrida zu sagen pflegt.[251] Damit einem Schriftzeichen die Qualität der Lesbarkeit zukomme, so die Überlegung, müsse es sich nämlich auch im Falle des Todes des bestimmten Empfängers von unbestimmten Empfängern lesen lassen. Voraussetzung dafür könne nur seine „Wiederholbarkeit“ sein, was wiederum seine Bildung nach allgemeinen Kriterien voraussetze.[252] Ein weiteres Merkmal der Lesbarkeit von Schriftzeichen, das ihre Unabhängigkeit von dem Moment ihrer „Produktion“ unterstreiche, sei ihre Zitationsfähigkeit. Jedes geschriebene Wort könne aus seinem ursprünglichen Kontext gebrochen werden, um es in einem anderen zu rezitieren.[253] All diese Eigenschaften treffen aber ebenfalls vollumfänglich auf gesprochene Zeichen zu. Genauso wie sich Schriftzeichen nur in ihrer Differenz zu anderen Zeichen konstituieren und ihnen insoweit kein intendierter Sinn innewohnt, was ihre Niederschrift impliziert, konstituieren sich stimmliche Laute im Unterschied zu anderen Lauten als „Verräumlichung“, wenn sie sich als „Schallwelle“ räumlich ausbreiten.[254] Und auch Gesprochenes kann aus seinem ursprünglichen Kontext gerissen werden, wenn man zum Beispiel Zitate eines Films aus seinem Filmkontext herauslöst, um sie ohne jeglichen Filmbezug in eine alltägliche Konversation einfließen zu lassen. Wie sich zeigt, können sie genauso von dem Signifikat, auf das sie im Moment des Films vermeintlich verweisen, abgeschnitten werden. Damit gelte für alle Zeichen, dass sie nicht einfach mit sich selbst identisch sind, sondern sich durch ihre Iteration konstituieren: durch eine Wiederholung ihrer Form, die ihrem Ebenbild gleichkomme.[255] Die Unterscheidung zwischen Sprache und Schrift ist für Derrida damit hinfällig.[256]

Auch wenn es zunächst etwas widersprüchlich anmutet: Gerade weil sich Zeichen wiederholen lassen, unterliegen sie mit der Zeit einer Verän-

---

251 *Derrida*, Signatur Ereignis Kontext, S. 333; „Iteration“ leitet sich von iter, „von neuem“ ab und kommt aus dem Sanskrit von itara, „anders“, a.a.O.

252 Ebd., S. 333.

253 Ebd., S. 335.

254 *Derrida*, Signatur Ereignis Kontext, S. 336 f.; *Posselt/Flatscher*, Sprachphilosophie, S. 221 f.

255 *Derrida*, Grammatologie, S. 165.

256 Der Unterschied in der Schreibweise zwischen *„différence“* und *„différance“*, der, soweit man ihn artikuliert, nur unter den Bedingungen der Supplementarität vernehmbar ist, die ein typisches Merkmal der Schrift darstellt, soll noch einmal die Hinfälligkeit des Unterschieds zwischen Schrift und Sprache ausdrücken, *Derrida*, Die Différance, S. 33.

derung.[257] Jeder Akt, in welchem eine Differenzierung wiederholt wird, ist für Derrida singulär, weil er sich als an sich spezifischer Akt von früheren und späteren Wiederholungsakten unterscheidet.[258] Und dies unterstellt die Wiederholung denklogisch einer Veränderung. Beispielsweise variiert bei Sprech-Handlungen die Anspannung der Gesichtsmuskulatur, wodurch es zu einer (minimalen) Veränderung in der Intonation des Wortes kommt.

Innerhalb des Rechts lässt sich die Iteration anhand der normativen Ausgestaltung der Wirkungsweise von Willenserklärungen illustrieren, was dafür spricht, dass es auch im Rechtsverkehr eigentlich weniger auf den Willen des Rechtssubjekts, sondern vielmehr auf objektive Umstände ankommt, wenn es darum geht, ein Verhalten als rechtserhebliche Willenserklärung zu qualifizieren. Nach den Vorschriften des Bürgerlichen Gesetzbuches (BGB) über Willenserklärungen hat eine Willenserklärung nämlich nur dann einen Erklärungswert, wenn sie vom Erklärungsempfänger als eine solche aufgefasst wird. Dabei ist es gleichgültig, ob sie durch mündliche Erklärung, schriftlich oder mit Handzeichen erfolgt, solange sich ihre spezifische Form in der Struktur bereits vergangener Willenserklärungen bewegt. Hat sie dagegen eine Gestalt wie noch keine Willenserklärung vor ihr, wird sich in Ermangelung eines Wiedererkennungswertes bei ihrem Empfänger kein Erklärungserfolg einstellen.[259] Auf die Intention ihres Sprechers kommt es dabei gerade nicht an, wie es die Unbeachtlichkeit von Willenserklärungen mit geheimem Vorbehalt beweisen.[260] Eine Willenserklärung ist nicht deshalb unwirksam, weil der Erklärende sich insgeheim vorbehält, das Erklärte nicht zu wollen. Lässt sich eine Äußerung aufgrund von objektiven Merkmalen als Willenserklärung identifizieren, wird die Kraft ihrer Äußerung nicht durch die Intention ihres Sprechers gehemmt, soweit diese nicht durch anderweitige identifizierbare Zeichen

---

257 *Derrida*, Signatur Ereignis Kontext, S. 333; *Posselt/Flatscher*, Sprachphilosophie, S. 223.

258 *Khurana*, Sinn und Gedächtnis, S. 77; *Derrida*, Gesetzeskraft, S. 83 f.

259 Vgl. § 126 BGB, der die Schriftform als Sonderfall normiert, was im Umkehrschluss bedeutet, dass der Gesetzgeber für die Wirksamkeit von Willenserklärungen grundsätzlich von keiner bestimmten Form ausgeht. In diesem Zusammenhang ist auch der § 133 BGB von Relevanz, der hinsichtlich der Auslegung von Willenserklärungen auf den wirklichen Willen des Erklärenden abstellt. Bei empfangsbedürftigen Willenserklärungen ist für die Auslegung von dieser insbesondere der „Horizont des Erklärungsempfängers" maßgeblich, *Busche*, Münchener Kommentar zum Bürgerlichen Gesetzbuch, § 133, Rn. 12.

260 § 116 BGB.

zum Ausdruck gebracht und diese vom Erklärungsempfänger als solche erkannt wurden.

In der Indetermination der Zeichen von der Intention ihrer Urheber[261] artikuliert sich zudem eine radikale Metaphysikkritik. Dies legt jedenfalls die Iteration nahe. Diese Metaphysikkritik gilt dabei dem im abendländischen Denken manifesten Axiom, wonach für die Unmissverständlichkeit einer Bedeutung ein „absolutes Verankerungszentrum“ an einem außersprachlichen Ort existieren müsse, das deshalb gerade nicht dem Spiel der Differenzen und der Unendlichkeit der Bedeutungen unterliege.[262] Dieser *„Logozentrismus“*[263], wie Derrida ihn nennt, unterstellt für die Sinnhaftigkeit eine ursprüngliche Bedeutung (z.B. *eidos*, Transzendentalität, Bewusstsein, Gott, Mensch), welche für die Sinnkonstitution zu einem späteren Zeitpunkt sprachlich bloß zu ihrer Vergegenwärtigung aufgerufen werde.[264] Im Rechtsdiskurs zirkuliert so etwa als transzendentales Zentrum für die Legitimation und Geltung des Grundgesetze der Beschluss des Grundgesetzes durch den Parlamentarischen Rat vom 8. Mai 1949 und seine Annahme von mehr als zwei Dritteln der Volksvertretungen der Länder am 23. Mai 1949[265]. Dieses transzendentale Zentrum wird beispielsweise immer dann angerufen, wenn bei der Auslegung eines Artikels auf den „Willen der Mütter und Väter des Grundgesetzes“ argumentativ abgestellt wird, um ihn mit seiner Zitation präsent zu machen. Wenn

---

261 *Derrida*, Limited Inc a b c . . ., S. 102 f.

262 *Derrida*, Die Struktur, das Zeichen und das Spiel im Diskurs der Wissenschaften vom Menschen, S. 424; *ders.*, Signatur Ereignis Kontext, S. 339; *Posselt/Flatscher*, Sprachphilosophie, S. 218.

263 Der „Logozentrismus“ bezeichnet eine Herrschaft der Präsenz in der Metaphysik abendländischen Denkens. Er unterstellt eine Privilegierung des Seins als eine „lebendige Gegenwart“, *Derrida*, Grammatologie, S. 530. Phänomenologisch resultiert der Logozentrismus aus einem sog. *„Phonozentrismus“*. Dass das Sein als Anwesendes gedacht wird, folgt für Derrida nämlich aus einer Selbstpräsenz der „stimmliche[n] Verlautbarung“ im gesprochenen Wort, dem Klang der Stimme in der Echokammer des eigenen Gehörs, das dem Sprecher eine Selbstaffektion durch das Wort suggeriert und für ihn so eine Illusion des Gesagten als das Am-Wesen-seiende, das Anwesende, erzeugt, a.a.O. S. 26, 497. Dieser Eindruck ist für Derrida daher auch die Ursache für die Deklassierung der Schrift gegenüber dem gesprochenen Wort, die das gesamte abendländische Denken durchzieht, weshalb Wahrheit, Logos und Vernunft auch dem präsenten, gesprochenen Wort zugeschrieben wird, weil dieses näher am Äußernden sei, *Derrida*, Grammatologie, S. 11 f.

264 *Derrida*, Grammatologie, S. 26; *ders.*, Die Struktur, das Zeichen und das Spiel im Diskurs der Wissenschaften vom Menschen, S. 424.

265 So die Verkündungsformel des Grundgesetzes.

sich jedoch jedes Zeichen aus seinem ursprünglichen Kontext reißen und in unendlich vielen neuen Kontexten kontextualisieren lässt, führt das für Derrida die Supposition transzendentaler Zentren, die den Sinn des Zeichens versichern sollen, ad absurdum.[266]

Obwohl die Existenz außersprachlicher, transzendentaler Zentren widerlegt ist, höre deswegen die Struktur des Sinnverstehens noch nicht auf, nach derartigen Zentren zu streben.[267] Dies zeigt sich, wenn sich – wie beispielsweise bei der genealogischen Auslegung eines Gesetzes – auf den „Willen des Gesetzgebers" berufen wird, um ihn im Wege der Auslegung zu präsentieren. Um dies zu erläutern, kommt nun die zweite Bedeutung des französischen Verbs *„différer"* ins Spiel, auf das die *„différance"* rekurriert, in der sie so viel wie *auf einen späteren Zeitpunkt verschieben* heißt.[268] Die konstitutiven Unterscheidungen der Zeichenform unterscheiden sich nicht nur als Zeichen von anderen Zeichen, sondern auch in ihrer geschichtlichen Verwendung dieses „Gewebe[s] von Differenzen"[269] von der geschichtlichen Verwendung anderer Differenzierungen, indem sie mit jedem wiederholenden Vollzug auf ihre früheren Vollzüge verweisen.[270] Dabei reiche die „Kette"[271] der eigenen Verwendungen nicht nur zurück, sondern verweise auch auf zukünftige Vollzüge im Sinne einer potenziell unendlichen „Spur"[272]. Jede gegenwärtige Verwendung eines Zeichens suggeriert zwangsläufig, es handele sich bei seiner aktuellen Realisierung um die ideale[273] Realisierung der Bedeutung, auf die das Gewebe der Differenzen verweist. Im Falle einer Gesetzesauslegung bedeutet dies, dass also genau jetzt der absolute Wille des Gesetzgebers, so wie er beschrieben wird, hier seinen Ausdruck findet. Wenn sich aber Zeichen geradewegs auf „Spuren" ihrer geschichtlichen Verwendung bewegen, ist es nicht mehr so, dass das Zeichen auf eine sprachunabhängige Bedeutung referiert, sondern dass auch die Bedeutung durch dieses Gewebe der Differenzen strukturiert wird. Die ideale Vergegenwärtigung werde sonach von der

266 *Derrida*, Signatur Ereignis Kontext, S. 339.
267 *Derrida*, Die Différance, S. 38.
268 Ebd., S. 36.
269 Ebd., S. 41.
270 Dieser Umstand legt nahe, dass auch Zeichen eine zeitliche Dimension haben: Sinn soll sich damit zeitlich lokalisieren lassen, vgl. *Khurana*, Sinn und Gedächtnis, S. 32.
271 *Derrida*, Die Différance, S. 40.
272 Ebd., S. 41.
273 *Derrida*, Die Stimme und das Phänomen, S. 92 f.

zukünftigen Realisierung der Spur ausgehöhlt.[274] Dies macht sich immer dann bemerkbar, wenn es trotz eines vermeintlichen „Willens des Gesetzgebers" unterschiedliche Auffassungen zur Auslegung einer Norm gibt. Die „*différance*" – als Bewegung des Bedeutens – verlangt und zerstört also zugleich die Idee transzendentaler Zentren, auf die mit einem Sprechakt verwiesen wird.[275] Auf diese Weise generiere der Verweisungszusammenhang immer einen „Überschuß an Sinn"[276], der sich für seine zukünftigen Wiederholungen wiederaufgreifen lässt, ihn also für mögliche zukünftige Verwendungen öffnet.[277] So kann es dann beispielsweise dazu kommen, dass es bei ein und derselben Norm unterschiedliche Auffassungen zu ihrer Auslegung gibt, wo doch der „Wille des Gesetzgebers" so klar zu sein scheint.

Wie bereits vielfach angedeutet wurde, hat Derridas Grammatologie radikale Auswirkungen auf die überkommenen, klassischen rechtspositivistischen Denkweisen, die schließlich auch nicht von jener subjektzentrierten metaphysischen Axiomatik befreit sind. Abschließend soll daher untersucht werden, was sie für die Legitimation von Recht bedeutet.

Die Voraussetzung höchster Rechtsnormen oder zumindest die Antizipation einer hypothetisch zu unterstellenden Grundnorm, aus der sich die Geltung aller positiven Normen ableitet,[278] genauso wie die Ableitung der Legitimation aus einer feierlichen Einsetzung, erweisen sich demnach als eine unzutreffende Beschreibung für die Konstitution des Rechts. Iteration und *différance* signalisieren einen hierzu beinahe diametral positionierten Begründungsansatz, der seine Legitimation *von unten* aus seinem Vollzug begründet. Vor dem Hintergrund des Performativitäts-Ansatzes veranlasst die Kraft der Deutung in performativen Sprechakten Differenzierungen – Differenzierungen wie zwischen Recht und Unrecht.[279] Recht ist sonach nur als Recht identifizierbar, weil man es vom Unrecht unterscheidet, genauso wie Unrecht nur als Unrecht erscheint, wenn man es vom Recht abgrenzt. Die Legitimation eines Sachverhalts als rechtlichen wird dann durch den zurück gerichteten Blick des Vollziehenden erzeugt, der mit

274 *Derrida*, Die Différance, S. 42.

275 *Derrida*, Die Différance, S. 42; *ders.*, Grammatologie, S. 38; *ders.*, Die Struktur, das Zeichen und das Spiel im Diskurs der Wissenschaften vom Menschen, S. 423; *Wolf*, Gerechtigkeit als Dekonstruktion, S. 94.

276 *Lévi-Strauss*, Einleitung in das Werk von Marcel Mauss, S. 39.

277 *Derrida*, Die Struktur, das Zeichen und das Spiel im Diskurs der Wissenschaften vom Menschen, S. 437; *Khurana*, Sinn und Gedächtnis, S. 32.

278 Vgl. *Kelsen*, Reine Rechtslehre, S. 66.

279 Vgl. *Derrida*, Gesetzeskraft, S. 15, 29.

seiner Wiederholung überkommener Differenzierungen diese nachträglich autorisiert, wenn er sie im „[H]ier und [J]etzt“[280] fortschreibt.[281] Die Autorisierung ist dabei nur ein anderer Ausdruck für das Gelingen performativer Akte, die hierin jene Konventionen, die ihr Gelingen versichern,[282] erneuern oder aber neu hervorbringen. Die Differenzierung, ob etwa eine Handlung rechtmäßig bzw. unrechtmäßig oder eine Norm in diese oder jene Richtung aus diesen oder jenen Gründen auszulegen ist, wird dergestalt über eine zirkuläre Serie von Rechtsakten, die auf ihre vergangenen Verwendungen verweisen, versichert. Sie wird dadurch versichert, dass jeder neue Rechtsakt in seiner Wiederholung die ihm vorausgehenden Verwendungen nachträglich legalisiert, weil sie ja *„noch immer“* oder *„immer schon“* so gebraucht werden. Die Autorität eines gerichtlichen Urteils ist damit das Produkt einer ganzen Palette iterierter Performativa, die vom Gericht als Institution über seine Besetzung und die Ausbildung der Richter hin zu seinem Verfahrensgang und der Erneuerung ständiger Rechtsprechung zu Sachen dieser Art reichen. Weil sich der Sinn rechtlicher Verfahren nur aus ihrer Wiederholung speist, vermittelt es in gewissem Maße Erwartungsstabilität, da mit der Orientierung an vergangenen Realisierungen die Wahrscheinlichkeit relativ hoch ist, dass auch die aktuelle Realisierung denselben Verlauf nehmen wird. Insofern aber *gründet* die Anwendungen von Recht für Derrida lediglich auf einer „Selbst-Ermächtigung“[283], die sich über „[p]erformative[n] Tautologie[n]“[284] vollzieht. Dies aber bedeute, dass die begründenden Akte im Anbeginn ihres Vollzugs weder recht- noch unrechtmäßig seien und dies auch gar nicht sein könnten, sondern dass sie dieses situative Prädikat erst mit ihrem Gelingen bekämen, mit der Installierung oder Erneuerung konventioneller Interpretationsmodelle, die eine entsprechende Deutung erlaubten.[285] Von daher könne die Legitimation von Recht auch nicht mit irgendwelchen Gründen, die aus einer anderen, zum Beispiel älteren, Ordnung herrühren oder irgendwelchen großen Stiftern oder Führern einer anderen Zeit begründet oder in Frage gestellt werden.[286] Das Recht gilt laut Derrida, obgleich

---

280 *Wolf*, Gerechtigkeit als Dekonstruktion, S. 98.

281 Vgl. zu diesem Gedanken: *Derrida*, Unabhängigkeitserklärungen, in: Wirth (Hg.), Performanz, S. 121 (121-128).

282 Vgl. zum Verunglücken von Äußerungen: *Austin*, Zur Theorie der Sprechakte, S. 41.

283 *Derrida*, Gesetzeskraft, S. 31.

284 Ebd., S. 73.

285 Ebd., S. 29.

286 Ebd., S. 28.

für seine Geltung kein allgemein verständlicher bzw. absoluter Grund angeführt werden kann.[287] Vor dem Hintergrund der Anforderungen, die die Transzendentalphilosophie an die vernünftige Begründung des Rechts stellt oder besser gesagt, vorgibt zu stellen, hafte dem „Grund" seiner „Autorität" so gesehen ein „mythische[r]" Beigeschmack an, der sich zumindest immer dann besonders deutlich manifestiere, wenn neue Rechtsordnungen geboren werden.[288] Außerordentlich markant wird das Mythische beispielsweise während politischer Revolutionen. Hier wird sich üblicherweise im Futurperfekt auf noch zu errichtende Ordnungen berufen, um bereits im Präsens Taten einer Rechtfertigung unterziehen zu können.[289] Das liegt daran, dass sich diese Taten im Moment ihres Vollzugs mangels einer präsenten Ordnung auf keine solche Ordnung stützen lassen, sondern erst, nachdem die Revolution geglückt ist, unter der Maßgabe der nun neuen Ordnung in ein rechtes Licht rücken lassen.

4. Tragödie und Genealogie (Menke)

Im Vergleich zu Derridas Dekonstruktion liest sich Menkes Genealogie der Form des Rechts um einiges plastischer. Die Anschaulichkeit ergibt sich dabei im Wesentlichen aus dem von ihm herangezogenen Quellenmaterial. Über die Entstehung des Rechts lässt er nämlich Aischylos' *„Orestie"* und Sophokles' *„König Ödipus"* berichten,[290] deren Aussagen sich größtenteils mit Niklas Luhmanns *„Rechtssoziologie"* decken[291]. Nichtsdestotrotz muss die Qualität zweier literarischer Werke als Quelle, die der Gattung der Tragödie angehören und gerade in dieser Eigenschaft ganz bewusst von Menke zum Zwecke seiner Studien einer *Lektüre* unterzogen werden, zunächst einmal verwundern. Solange man kein Anhänger des Naturrechts ist, gesteht man doch üblicherweise nur historischen und philosophischen Traktaten die notwendige Autorität zu, über Entwicklungszusammenhänge aufklären zu können. Hinter Menkes Auswahl verbirgt sich jedoch ein epistemologisches Programm. Dieses soll daher in einem ersten Schritt kurz Erläuterung erfahren, bevor im zweiten auf die Herausbildung des Rechts nach der Tragödie eingegangen wird.

---

287 *Derrida*, Gesetzeskraft, S. 30.
288 Ebd., S. 28, 78.
289 Ebd., S. 77.
290 *Menke*, Recht und Gewalt, S. 15 ff.
291 *Luhmann*, Rechtssoziologie, vgl. insb. S. 132-205.

a. Das Verhältnis von Literatur und Philosophie

Menkes epistemologische Programm besteht darin, einen literarischen Text wie einen philosophischen zu lesen, um an ihm die ontologische Entstehungsgeschichte des beschriebenen Phänomens kritisieren zu können.[292] Diese Methode geht zum einen auf Nietzsches „Genealogie" und zum anderen auf Derridas Verfahren der Dekonstruktion, welches ursprünglich aus der Literaturtheorie stammt,[293] zurück. Die Genealogie fragt nach der Historie eines Phänomens, nach seiner Entstehungsgeschichte und seinen Ursprüngen.[294] Demgegenüber versteht sich die Dekonstruktion komplementär zur Genealogie, als Abrissunternehmen für die „ontologischen *Gerüste*, die die Philosophie im Laufe ihrer subjektzentrierten Vernunftgeschichte errichtet hat"[295].[296] Diese ontologischen Gerüste persistieren dergestalt in axiomatischen Dualismen und Hierarchien wie Mann und Frau, Schrift und Sprache, Natur und Kultur, Mensch und Tier, Innen und Außen, und schließlich auch im „Begriffspaar" Logik und Rhetorik.[297] In der abendländischen Metaphysik wird typischerweise der Logik, etwa der Philosophie, und nicht rhetorisch-literarischen Werken die Kompetenz zugestanden, wahre Aussagen über die Wirklichkeit treffen zu können. Derrida gelingt jedoch in einer minutiösen Lektüre von Edmund Husserl, de Saussure und Rousseau, die diese Unterschiede behaupteten, eine Destabilisierung jener Wertopposition.[298] Hierbei weist er in ihren vermeintlich „logischen" Texten den Gebrauch literarischer Stilmittel nach, deren Verwendung ja eigentlich ausgeschlossen sein müsste. Infolge dieses Erweises, der für ihn den eingangs postulierten Gattungsunterschied aufhebt, begreift Derrida alle sprachlichen „Verwebung[en]"

292 Vgl. *Menke*, Kritik der Rechte, S. 11.

293 *Habermas*, Der philosophische Diskurs der Moderne, S. 223; *Derrida*, Gesetzeskraft, S. 19.

294 Vgl. die Vorrede, in: *Nietzsche*, Zur Genealogie der Moral, insb. S. 253 f.

295 *Habermas*, Der philosophische Diskurs der Moderne, S. 223.

296 *Derrida*, Gesetzeskraft, S. 42.

297 *Habermas*, Der philosophische Diskurs der Moderne, S. 221.

298 Vgl. hierzu: *Derrida*, Grammatologie; vgl. zur Vorgehensweise der dekonstruktiven Lektüre von Texten: *ders.*, Gesetzeskraft, S. 42, 44 und *Kern/Menke*, Einleitung: Dekonstruktion als Philosophie, in: Kern/Menke (Hg.), Philosophie der Dekonstruktion, S. 7 (8-10).

ganz allgemein nur noch als „Text“[299]. Und so auch den philosophischen als literarischen.[300]

Menke ist demgegenüber mit Blick auf die Nivellierung des Gattungsunterschiedes etwas zurückhaltender. Er erkennt zwar eine Differenz zwischen Philosophie und Literatur infolge ihres divergierenden Weltbezugs an, hält sie aber für paradoxal ineinander verschlungen, da beide Gattungen Anteile der je anderen in sich tragen.[301] Eine dieser Gemeinsamkeiten, dem gleichfalls ein Unterschied immanent sei, ist bei Menke die Verfahrensweise ihres Weltbezugs, der sich als „Textbezug“ erweist.[302] Von diesem aus „*reflektieren*“ sie die Wirklichkeit[303] zwar in unterschiedlichen Modi, der Zugang zu ihrem jeweiligen mittelbaren Weltbezug sei aber infolge ihrer textlichen Verfasstheit der gleiche: Zugang zu ihm bekomme man nur über ihre Lektüre.[304] Der Weltbezug literarischer Texte geschehe dabei selbstreferenziell in Gestalt von Figuren, die die Möglichkeiten der Welt fiktional verhandeln.[305] Das Wissen von der Wirklichkeit, das in der Literatur steckt, drücke sich dabei in ihrer „Form“ aus.[306] Die Formen, in denen sich das literarische Wissen im Besonderen artikuliert, sind ihre Gattungen: Drama, Komödie, Autobiographie, Tragödie, etc. Liest die Philosophie nun einen „welthaltige[n] Text“, so rekurriere sie gerade auf dessen „Form“ und reflektiere das darin liegende Wissen von der Wirklichkeit unter philosophischen Parametern.[307]

Die literarische Gattung, die Menke wegen ihres Wissens um das Recht einer philosophischen Lektüre unterzieht, ist die Tragödie. Die Tragödie ist für ihn die „Darstellungsform des Rechts“.[308] Ihr Vermögen, das Recht darzustellen, hängt dabei insbesondere mit dem Zeitpunkt ihres Aufkommens zusammen, da sie als Gattung und das Recht als Institution zu einer ähnlichen Zeit die Weltbühne betraten und strukturelle Parallelen aufwei-

299 *Derrida*, Die Form und das Bedeuten, S. 181; vgl. zu Derridas Betrachtung des Rechts als „Text“, *ders.*, Gesetzeskraft, S. 30.

300 *Habermas*, Der philosophische Diskurs der Moderne, S. 223. Zur Kritik an der Aufhebung dieses Gattungsunterschiedes, a.a.O. S. 232 ff.

301 *Horn/Menke/Menke*, Einleitung, in: Horn/Menke/Menke (Hg.), Literatur als Philosophie – Philosophie als Literatur, S. 7 (8, 10 f.).

302 Ebd., S. 7 (11 f.).

303 Vgl. *Menke*, Recht und Gewalt, S. 14.

304 *Horn/Menke/Menke*, Einleitung, in: Horn/Menke/Menke (Hg.), Literatur als Philosophie – Philosophie als Literatur, S. 7 (12).

305 Vgl. ebd., S. 7 (12).

306 Ebd., S. 7 (12).

307 Vgl. ebd., S. 7 (12, 11).

308 *Menke*, Recht und Gewalt, S. 13.

sen sollen.[309] Für diese These gibt es mehrere Gründe: Für Menke hat das Recht als Institution unabweisbar einen aufklärerischen Impetus.[310] Die Weise, wie das Recht aufklärend wirkt, wiederhole sich ebenfalls im dramaturgischen Aufbau und in den Handlungen klassischer tragischer Werke.[311] Ob ihrer Struktur wird die Tragödie so selbst zum aufklärerischen Medium.[312] Gemäß ihrer „gattungsspezifische[n]“[313] Form artikuliert sie für Menke dabei „die Erfahrung eines unausweichlichen, ‚schicksalhaften‘ Scheiterns in unauflösbaren Kollisionen“[314]. Die „tragische Erfahrung“, die die Tragödie in ihrer Rekonstruktion des Rechts am Recht spiegelt, „entdeckt in der Herrschaft des Rechts eine Gewalt, die sich auch dann nicht auflöst, wenn die politische Entmächtigung der Bürger überwunden ist und sie zu den Autoren des Rechts geworden sind. Das ist die Gewalt, die die Herrschaft des Rechts nicht gegen die Bürger ausübt – indem sie sie politisch entmündigt –, sondern gegen die Individuen –, indem sie die Möglichkeit ihres Lebens einschränkt und begrenzt: indem sie sie [durch Autonomisierung[315]] *normalisiert*.“[316]

b. Die Entstehung des Rechts nach der Tragödie

Von den historischen Erfahrungen, die mit der Einsetzung des Rechts als Institution verbunden waren, berichten im Speziellen die *„Orestie“* und die *„Eumeniden“* von Aischylos.[317] So legt die Lektüre der *„Orestie“* für Menke die Etablierung des Rechts in der frühgriechischen Polis als eine politische Antwort auf die sippenbezogene Rache nahe. Die Rache darf man sich dabei nicht als einen chaotischen Vorgang vorstellen, da auch

---

309 *Menke*, Recht und Gewalt, S. 13.
310 *Menke*, DZPhil 2018, S. 143 (146).
311 *Menke*, Recht und Gewalt, S. 13.
312 Vgl. bereits *Benjamin*, Schicksal und Charakter, GS II.1, S. 174 f.: „denn in der Tragödie wird das dämonische Schicksal durchbrochen“; ähnlich auch *Meier*, Die Entstehung des Politischen bei den Griechen, S. 154-158, der hier die Reflexions-Funktion der Tragödie für die attische Polis betont.
313 *Menke*, Recht und Gewalt, S. 13.
314 *Menke*, Tragödie im Sittlichen, S. 19.
315 *Menke*, Recht und Gewalt, S. 14 f.
316 *Menke*, Tragödie im Sittlichen, S. 11.
317 Zu ihrer Lektüre: *Menke*, Recht und Gewalt, S. 15-34. Dass die *„Orestie“* und die *„Eumeniden“* von der Entstehung des Politischen und des Rechts zeugen, vertritt auch der Historiker Christian *Meier*, Die Entstehung des Politischen bei den Griechen, S. 144-246.

sie strengen Regeln unterlag. Ihr Regelungsdickicht erlaubt es, sie daher auch als „normative Ordnung"[318] zu qualifizieren. Von diesem Standpunkt aus erscheint entsprechend das Recht als „Einsetzung" einer normativen Ordnung gegen die ihm vorgängige normative Ordnung der Rache.[319]

Die normativen Umstrukturierungen, die mit der Einsetzung des Rechts zur Verhinderung von Gewalt verbunden waren, hatten für Menke ihren negativen Fluchtpunkt im Gerechtigkeitsverständnis der Rache.[320] Gerechtigkeit bedeutet in der Normativität der Rache: äquivalente Vergeltung für einmal erfahrene Gewalt. Die Rache ist insoweit durch das Talionsprinzip definiert und sucht Gleiches durch Gleiches zu sühnen. Auf der Äquivalenz beruhe ihre Rechtfertigung, eben „zweite Tat" zu sein, was sie als Tat gegenüber der Grundlosigkeit der ersten als gerechte Reaktion erscheinen lasse, eben gegenüber demjenigen, „der es verdient".[321]

Die Art und Weise, wie die Rache die Gerechtigkeit ausgestaltet, mache sie aber zu dem gemeingefährlichen Unterfangen, das sie ist.[322] Der Rächende denke sich schließlich immer vom gerechten Zustand der Welt her, den er mit seiner Tat nur repariere.[323] In seiner monolithischen Perspektive verkenne der Rächende dabei aber die Ambiguität der Tat. Es sei bei ihr nämlich immer eine Frage des Standpunkts, ob ein und dasselbe Ereignis als Vergeltung *oder* als Wiederholung eines Verbrechens – als Gerechtigkeit oder als Gewalt – erscheine.[324] Wegen der Unfähigkeit ihrer Agenten, von ihrem absoluten Standpunkt zu abstrahieren[325], bestehe bei jeder Vergeltungshandlung die akute Ansteckungsgefahr[326], dass die heterogene Vielheit perspektivisch bedingter „singularer"[327] *Gerechtigkeiten* in einem „unendliche[n] Zirkel der Gewalt"[328] aus Gerechtigkeit ende.[329]

Für Menke ist das Recht nun dazu angetreten, einen Keil in den Kreislauf der Rache zu treiben, weil und indem es gerade an der perspektivischen Divergenz zwischen dem, der die Gerechtigkeit vollstreckt und

318 *Menke*, Recht und Gewalt, S. 16.
319 Ebd., S. 15 f., 30.
320 Vgl. ebd., S. 23.
321 Ebd., S. 16 f.
322 Ebenso betont auch schon *Luhmann*, Rechtssoziologie, S. 110, das gemeinschaftsgefährdende Potenzial der Rache.
323 Vgl. *Menke*, Recht und Gewalt, S. 35.
324 Vgl. ebd., S. 18.
325 Vgl. *Menke*, Tragödie im Sittlichen, S. 90.
326 *Girard*, Das Heilige und die Gewalt, S. 50.
327 *Menke*, Tragödie im Sittlichen, S. 211.
328 *Menke*, Recht und Gewalt, S. 19.
329 Ebd., S. 18-20, 29.

demjenigen, der durch die maßlose Untat getroffen wird, ansetzt. Hierzu degradiere es den Gewaltrechtfertigungsdiskurs der in das Geschehen Verwickelten zu einer bloß perspektivisch eingefärbten, subjektiven „Erzählung“[330], in dem Wissen, dass es von ein und demselben Ereignis definitiv auch eine andere Version gibt. Die Entschärfung der Gerechtigkeit der Rache vollziehe das Recht so im Wege eines Verfahrens, welchem ein unparteiischer Richter vorsteht, der die beiderseitige Anhörung der Parteien und ihrer Perspektiven garantiert, indem er beide vor ihm „gleichermaßen zu Wort kommen“[331] lasse. Das Spezifikum der verfahrensförmigen Gerechtigkeit des Rechts, die die Gerechtigkeit der Rache ersetzt, liegt für Menke demnach in der Produktion einer „Wahrheit“ – in der Ergründung des „Sinn[es]“ des Geschehens, der für beide Parteien nachvollziehbar ist.[332] Dadurch und im Vergleich zur Gerechtigkeit der Rache sei die des Rechts nicht egozentrisch, sondern hermeneutisch-distanziert bzw. abstrakt verfasst.[333]

In dieser aufklärerischen Funktion ist das Recht im Gegensatz zur Gewalt der Rache, die die bloße „Vollstreckung eines Schicksals oder Fluchs [ist], den die erste Untat bereits selbst über sich verhängt hat“[334], tatsächlich emanzipativ.[335] Und es entfaltet über die Einbeziehung der Beteiligten in das Verfahren auch noch eine sozialintegrative Kraft.

Neben dieser objektiv-relationalen Umstrukturierung von einer dualen Beziehung zwischen Rächer und Verletztem hin zu einer triangulären zwischen Richter, Partei eins und Partei zwei betont Menke das Vorhandensein einer subjektivierenden Seite, die mit der Rechtspraxis einhergehe. Diese soll zum einen in der Hervorbringung eines Richter-Subjekts, das durch seine Unparteilichkeit und ein „Verfahren des Untersuchens und Urteilens“ konstituiert wird, liegen.[336] Zum anderen drücke sie sich darin aus, dass das Rechtsverfahren für seinen reibungslosen Ablauf den Parteien eine „doppelte Dezentrierung“[337] abverlange, wie Menke es in Anlehnung an Jean Piaget schreibt. Im Vergleich zum rächenden Urteil, zu dem jeder fähig ist, der einer Untat entsprechen möchte, beanspruche das Recht von

---

330 *Menke*, Recht und Gewalt, S. 20.
331 Ebd., S. 30.
332 Ebd., S. 20-23.
333 Vgl. *Menke*, DZPhil 2018, S. 143 (146); *ders.*, Recht und Gewalt, S. 21.
334 *Menke*, Recht und Gewalt, S. 18.
335 Diese These teilt Menke mit dem Kulturanthropologen René *Girard*, Das Heilige und die Gewalt, S. 38 f.
336 *Menke*, Recht und Gewalt, S. 27, 22.
337 Ebd., S. 24.

jedem, sich aktiv von seiner egozentrischen Weltsicht zu distanzieren und darauf zu verzichten, Herr über die Deutung, *die* Wahrheit in ihrer Totalität, zu sein.[338] Jeder, der eine streitbeteiligte Partei eines Rechtsverfahrens ist, habe dazu, ob er will oder nicht, die Symmetrie des Verfahrens zu akzeptieren: Er müsse sich und alle anderen Streitbeteiligten als gleichberechtigte Parteien anerkennen.[339] Und er müsse es verinnerlichen, dass keine dieser beiden Seiten die Kompetenz besitzt, ein die Rache durchbrechendes, gerechtes Urteil über die strittige Sache zu sprechen, sondern vielmehr, dass ein solches nur von einem unparteilichen „Anderen" – dem Richter – zu erlangen ist, dessen „Urteilsmacht" alle Parteien unterstehen.[340] Insoweit geht Menke davon aus, dass alle am Prozess beteiligten Subjekte notwendig sind, um durch ihr rollenspezifisches Agieren das Recht als Praxis zu bewerkstelligen.

Aufgrund der Beziehungsweisen, die das Rechtsverfahren strukturieren – einer Gleichordnung zwischen den Parteien und einer Über- bzw. Unterordnung zwischen Parteien und Richter – behauptet der Autor, dass es sich beim Rechtsverfahren um etwas Politisches handelt, da sich in ihm insoweit nur die beiden grundlegenden politischen „Relationen der Gleichheit und der Herrschaft" wiederholen.[341] Hierin folgt Menke, wie er schreibt, der „Grundthese"[342] des Historikers Christian Meier über die Entstehung des Politischen bei den Griechen.[343] Die Äquivalenz des Rechts zeige sich zuvörderst in der prozessualen Gleichbehandlung der Parteien, die verlangt, dass sie in einem ausgewogenen Verhältnis vor dem Richter zu Wort kommen. Darin komme ihre „politische Gleichheit" als „Bürger" zum Ausdruck.[344] Umgekehrt bedeute dies, dass nur Partei eines Rechtsverfahrens sein könne, wer als Bürger dieser Gemeinschaft teilhaftig ist.[345] Hieraus leitet Menke wiederum ab, wo das Recht gelte bzw. nicht

338 Vgl. *Menke*, Tragödie im Sittlichen, S. 102.

339 So auch schon *Luhmann*, Legitimation durch Verfahren, S. 103 f. Diese Anerkennungsprozedur ist laut Menke, der sich hierbei auf Hegel bezieht, erforderlich, damit das Recht nicht einfach nur als „schicksalhafte[r] Zustand" von den Beteiligten erfahren wird, indem sie sich als Autoren des „Anerkennens " begreifen, *Menke*, Tragödie im Sittlichen, S. 228.

340 *Menke*, Recht und Gewalt, S. 23 f.

341 Ebd., S. 25.

342 Ebd., S. 106 Fn. 17.

343 *Meier*, Die Entstehung des Politischen bei den Griechen, S. 144-246.

344 *Menke*, Recht und Gewalt, S. 26.

345 Menke stimmt darin auch mit Aristoteles' Definition des Rechts überein, vgl. *Aristoteles*, Nikomachische Ethik, 1134a, 25-30.

gelte: Demnach herrsche es nur zwischen den Bürgern *innerhalb* ihres Zusammenschlusses, nicht aber zwischen den Poleis und im Oikos.[346]

Ungeklärt bleibt bei dieser Feststellung aber, ob Menke jene Strukturbedingungen nur für das attische oder aber auch für das gegenwärtige Recht als geltend wissen möchte. Wäre Letzteres der Fall, stünden dem eine Reihe von Tatsachen entgegen, wie etwa, dass heutzutage auch Ausländer, denen der Bürgerstatus – in Ermangelung des Wahlrechts – abgeht, trotzdem Partei eines Rechtsverfahrens sein können oder dass das Recht nicht ausschließlich *innerhalb* politischer Gemeinschaften Geltungskraft besitzt, sondern als Völkerrecht auch politische Gemeinschaften respektive Staaten untereinander bindet. Ebenso stellt das Häusliche, Private, keinen rechtsfreien Raum mehr dar.[347] Wegen dieser einigermaßen offensichtlichen Einwände liegt es etwas näher, Menkes genealogische Demarkierungen an dieser Stelle normativ zu verstehen, in dem Sinne, dass das Recht zwischen politischen Gemeinschaften und im Privaten nichts zu suchen habe. Dann aber neigt seine genealogisch verfasste Kritik in Idealismus und Metaphysik abzugleiten.

Jedenfalls vermöge dem Verfahren wegen seiner politisch-egalitären Dimension auch nur ein Richter vorzustehen, der selbst Bürger dieser Gemeinschaft ist. Dabei vereine der unparteiliche Richter in sich als symbolische Figur die Gleichheit unter den Bürgern. Durch sein rechtsbündiges Urteil, das „im Namen des Volkes"[348] ergeht[349], „spricht die politische Einheit der Bürger"[350] zu den Parteien. In seinem Urteil richte damit die „Bürgerschaft als Ganze über einzelne Bürger".[351] Für diese These lässt sich dementsprechend eine gewisse Insignien-Fixierung bei Gerichtsprozessen

---

346 *Menke*, Recht und Gewalt, S. 25 f.

347 Um nur ein paar Beispiele zu geben: So waren bis noch vor wenigen Jahren (nicht-reproduktive) homosexuelle Handlungen bei Strafe verboten, vgl. § 175 StGB in seiner Fassung bis 1969, der bis dahin homosexuelle Handlungen unter Männern gänzlich unter Strafe stellte, ab 1969 die Bestrafung an bestimmte Altersregelungen knüpfte und erst seit 1998 gänzlich weggefallen ist (vgl. BGBl. I S. 1168). Ebenso ist mittlerweile die Vergewaltigung in der Ehe unter Strafe gestellt. Und auch Kinder werden ausdrücklich durch das Recht vor körperlicher Züchtigung in der Erziehung geschützt. Das Gesetz zur Ächtung von Gewalt in der Erziehung vom 2.11.2000 (vgl. BGBl. I S. 1479) wurde wiederum im Nachgang der Kinderrechtskonvention der Vereinten Nationen aus dem Jahr 1989 vom Bundesgesetzgeber erlassen.

348 Vgl. § 311 Abs. 1 ZPO, § 268 Abs. 1 StPO, § 117 Abs. 1 S. 1 VwGO.

349 Vgl. *Menke*, Recht und Gewalt, S. 28.

350 Ebd., S. 29.

351 Ebd., S. 29.

anführen, speziell der Robenzwang, der von den Berufsrichtern und den Prozessvertretungen der Parteien verlangt, ein Gewand zu tragen. Vor dem Hintergrund von Menkes Genealogie ließe sich das dann damit erklären, dass die Robe das bürgerliche Individuum hinter dem Richter neutralisiert, um aus ihm ein Signifikant für die Bürgerschaft zu machen.

Ein weiterer Aspekt, der für die Politizität des Rechtsverfahrens spricht und in der sich eine egalitäre Beziehungsweise spiegelt, ist zudem der Grundsatz der *Öffentlichkeit des Verfahrens*, den die Gerichte mit den Parlamenten gemeinsam haben. Nach diesem Grundsatz sind Debatten und Prozesse für jedermann ohne Ansehung der Person zugänglich.[352] Funktional soll die Öffentlichkeit des Verfahrens übrigens bewirken, dass das Verfahren symbolisch die Züge eines „Dramas" erhält, in dem es um die sachlich richtige und insbesondere gerechte Entscheidung geht.[353]

Die zweite relationale Dimension am Recht, die seine charakteristische Struktur ausmache, sei seine herrschaftliche Verfasstheit. Menke bezeichnet sie in Anlehnung an das altgriechische Substantiv *τό κράτος* (dt. *Stärke, Kraft, Gewalt*)[354] als „kratische" Beziehung, die das Recht gegenüber den Bürgern einnimmt.[355] Die herrschaftliche Ausformung des Rechts drückt sich für den Autor symbolisch in drei Wesenszügen aus: Zunächst existiere eine elitäre Komponente, wonach nicht ein jeder, sondern immer nur die besten Bürger[356] einer Gemeinschaft zum Richteramt taugen.[357] Zum Zweiten manifestiere sie sich, wie Menke unter Verweis auf Robert Cover schreibt[358], in der Verdrängungsleistung des Rechts gegenüber den partikularen und multiplen Gerechtigkeitsansprüchen der Rächenden.[359] (Wie Menke an anderer Stelle schreibt, beruhe der praktische Erfolg dieser Verdrängungsleistung historisch gesehen darauf, dass dem Bürger ein Klagerecht eingeräumt wurde. Mit diesem substituierte der Kläger im altrömischen Formelprozess das Recht für seine „Rache-Zwecke", wodurch er sich zugleich „symbolisch" der „Ordnung und Sprache des Rechts"

352 Vgl. z.B. Art. 42 Abs. 1 S. 1 GG für den Deutschen Bundestag und § 169 S. 1 GVG für die ordentliche Gerichtsbarkeit.

353 *Luhmann*, Legitimation durch Verfahren, S. 124.

354 Jenen Wortstamm enthalten auch die Komposita Aristo*kratie* und Demo*kratie*.

355 *Menke*, Recht und Gewalt, S. 28 f.

356 Die Bestenauslese, die ihre Verankerung in Art. 33 Abs. 2 GG hat, besagt, dass nur die besten Bewerber eines Jahrgangs mit Befähigung zum Richteramt ein Anrecht darauf haben, auch ein Richteramt zu bekleiden.

357 *Menke*, Recht und Gewalt, S. 29.

358 *Cover*, Yale Law School Legal Scholarship Repository 1983, S. 4 (40).

359 *Menke*, Recht und Gewalt, S. 30.

unterstellte.[360]) Und drittens zeige sich die „kratische" Seite am Recht in der Gewalt, mit der es seine Strafen ausrüstet. Subjektiv drücke sich dies in der „Angst" aus, die das Recht seinen Adressaten einflößt.[361,362]

Letztlich sichern damit die herrschaftlichen Komponenten des Rechts wiederum effektiv die von ihm vorausgesetzte rechtliche und politische Gleichheit ab.[363]

5. Zwischenbetrachtung und Überleitung

Nach dieser Lektüre der – in sich durchaus heterogenen geschichtsphilosophischen, paradigmatischen, zeichentheoretischen und genealogischen – *Gründe* des Rechts hat sich dreierlei gezeigt. Zum einen hält die postmoderne Rechtskritik die Ursprünge des Rechts für sein strukturprägendes Moment. Damit geht zweitens einher, dass sie das Recht, verglichen mit der Rechtstheorie, in einem sehr viel längeren und tiefergehenden Entwicklungszusammenhang betrachtet. Auch wenn Benjamins Geschichtsphilosophie dabei in seiner Beschreibung des Rechts zu Verkürzungen neigt, soweit er es nur unter den Bedingungen des Talionsprinzips denkt, geht von seinem Ansatz ein Impuls aus, der insbesondere von Agamben, Derrida und Menke produktiv umgesetzt wird. Das Innovative ihrer Ansätze besteht dabei darin, dass sie im Gegensatz zur rechtstheoretischen Rechtsbeschreibung die Geltungsdimension des Rechts in seinem regelmäßigen Vollzug verankern. Darauf folgt eine dritte Einsicht, nach der das Recht sohin nicht unbedingt gilt, weil es von einer allgemein anerkannten Institution feierlich erlassen worden ist, sondern eher wegen des Umstands, dass es allenthalben vollzogen wird, dass sich bestimmte Praxen auf mehr oder minder ähnliche Art und Weise wiederholen. Gegenüber metaphysisch-idealistischen Begründungsansätzen des Rechts liegt der Fokus bei ihnen damit stärker auf seiner sozialen Einbettung, auf sozialen Positionen und Relationen der an der Rechtspraxis Beteiligten. Der Sinn der Ableitung des Rechts aus der Entstehung der menschlichen Sprache, der

360 *Menke*, Privatrecht, Klagerecht, Grundrecht, in: Breuer/Epiney/Haratsch u. a. (Hg.), Der Staat im Recht: Festschrift für Eckart Klein zum 70. Geburtstag, S. 439 (444).

361 *Menke*, Recht und Gewalt, S. 31-33.

362 Über Menke hinaus lässt sich die „kratische" Relation des Rechts auch in der oftmals erhöhten Sitzposition des Richters gegenüber den anderen Prozessbeteiligten im Gericht beobachten.

363 Vgl. *Menke*, Kritik der Rechte, S. 65.

Krise sprachlicher Bezeichnungsmacht, der Funktionsweise von Zeichensystemen oder der Prozeduralisierung der Gerechtigkeit besteht demzufolge im Aufweis von dem Denken, Sprechen und Handeln vorausgehenden Strukturen, die das Denken, Sprechen und Handeln formen bzw. vorprägen. Namentlich sind das der instrumentale Sprachgebrauch, die Ausnahme, die Iteration und die *différance* und die „doppelte Dezentrierung". Diese, und keine sich selbst durchsichtigen Bewusstseinszustände, bilden entsprechend den Boden, auf dem der individuelle und kollektive Sinnhorizont konkret beruht, der für den Vollzug der Rechtspraxis notwendig ist. Auf Basis dieser sprachlich vermittelten *subjektivierenden* Strukturen wird von den Autoren das Aufkommen und die Funktionsweise des Rechts mithin analysiert. Daneben bleibt für die Annahme einer *Geltung* zeitlos-universaler normativer Werte, die ihre Kraft qua Überzeugung erlangen, wenig Raum.

II. Zur Gewalt des Rechts

Der moderne staatsphilosophische Gewaltrechtfertigungsdiskurs beruht auf der Prämisse, nach welcher mit der Zentralisierung und Monopolisierung von Gewalt das Gewaltausmaß in einer Gesellschaft abnehme. Ein affirmatives Verhältnis besteht danach nur noch gegenüber institutionell gerechtfertigter Gewalt, die sich mit dem Schein von juridischer Messbarkeit und Kontrolle umgeben kann. Dagegen lautet nun der von den postmodernen Philosophen artikulierte Einwand, dass auch der allgemeine Rechtszustand illegitimen Formen der Gewaltausübung verhaftet bleibt. Ja, die Dynamik, die das Recht im Zuge seiner Reproduktion entfaltet, gehe per se mit Gewalt einher. Wie die Autoren entgegen der klassischen staatsphilosophischen Auffassung zu dieser Einsicht gelangen, was die Ursachen, der Wirkungsort, die Manifestationen und der Status dieser *Gewalt des Rechts* sind, ist Gegenstand dieses Kapitels.

1. Das Schwankungsgesetz (Benjamin)

Benjamins Zweifel an der herrschenden Meinung, nach der es mit dem Erreichen des Rechtszustands zu einem allgemeinen Abbau von Gewalt komme, rühren von den Beurteilungskriterien der positiven Rechtslehre. Denn ihr Vexierbild, die Zweck-Mittel-Relation, decke sich nicht mit dem, was Gewalt sei: eine relationale Kausalität, die „sittliche Verhältnisse" verändert[364]. Das zeigt sich für ihn anhand der Kriterien, die der staatsphilosophische Gewaltrechtfertigungsdiskurs, von Hobbes bis Kant, zur Beurteilung, Bewertung und Zügelung der Gewalt entwickelt hat, als diese vom Recht nicht immer konsequent durchgehalten werden. In seinen Augen ist das Recht weder darum bemüht, alle Gewalt als Mittel in den Händen einzelner rückstandslos zu unterbinden, noch vermöge das Recht selbst als Grenze zulässiger Gewaltausübung zu taugen. Im Nachweis der Widersprüchlichkeit der Beurteilungskriterien der positiven Rechtslehre sucht Benjamin stattdessen nach Kriterien, die eine andere Bewertung von Gewalt erlauben.

a. Die rechtsetzende Gewalt

Für den Beweis seiner ersten These führt Benjamin eine Reihe an praktischen und rechtspolitischen Beispielen an. Namentlich sind das das Recht zur „erzieherischen Strafbefugnis"[365], das Notwehrrecht[366] und das Streikrecht der „organisierte[n] Arbeiterschaft"[367]. In all diesen Fällen behaupte das Recht, dem Einzelnen die Anwendung von Gewalt zu gestatten, ohne ihm prinzipiell mit einer Gegengewalt zu begegnen, um sie in manchen Fällen dann doch anzuwenden. Konkret versucht dies Benjamin anhand des Streikrechts zu zeigen.[368]

Da es aber nicht unbedingt auf den ersten Blick einsichtig ist, dass bei einem betriebsbezogenen Streik tatbestandsmäßig Gewalt ausgeübt wird, muss zunächst Benjamins Gedankengang dazu erläutert werden. Dass bei einem Streik gerade keine Gewalt ausgeübt wird, ließe sich von dem Standpunkt begründen, wonach die Niederlegung der Arbeit nur ein Unterlassen darstelle, weshalb sie in Ermangelung von körperlich wirkendem Zwang definitionsgemäß nicht unter den Begriff der Gewalt subsumiert werden könne. Für Benjamin lässt diese Betrachtung aber den Zweck der Arbeitsniederlegung vollkommen außer Acht.[369] Benjamin stellt hier auf den Punkt ab, dass die Niederlegung der Arbeit ohne das Einverständnis des Arbeitgebers geschehe, um als kollektives Druckmittel eine Verände-

---

364 *Benjamin*, Zur Kritik der Gewalt, GS II.1, S. 179.
365 Ebd., S. 182.
366 Ebd., S. 183.
367 Ebd., S. 183.
368 Ebd., S. 183-185.
369 Ebd., S. 183 f.

rung der vertraglich vereinbarten Konditionen zu erreichen, was hierbei aber immer an die „prinzipielle Bereitschaft" geknüpft werde, die Arbeit nach der Einigung wiederaufzunehmen. Indem die Bereitschaft, die Arbeit wiederaufzunehmen, von bestimmten Bedingungen abhängig gemacht wird, fungiere der Streik so als Druckmittel zur Durchsetzung von vertraglich nicht vereinbarten Interessen. In Benjamins Lesart, mit der er teilweise das Ergebnis seiner Kritik vorwegnimmt, ist dies von erpresserischer Art und eben deshalb Gewalt.[370]

Obschon der Staat[371] Gewalt als Mittel während eines betrieblichen Streiks für zulässig erachte, falle seine Reaktion bei dem artverwandten „revolutionären Generalstreik"[372] gänzlich anders aus. Im Vergleich zum betriebsbezogenen Streik geschieht die Arbeitsniederlegung während eines revolutionären Generalstreiks nicht nur in einem Betrieb, sondern ist großflächig angelegt, verbunden mit dem politischen Ziel, soziale Reformen oder gar einen Umsturz der Besitzverhältnisse zu erwirken.[373] Ungeachtet der Tatsache, dass sich die Gewalt, die im Zuge eines revolutionären Generalstreiks ausgeübt wird, ihrer Form nach nicht wesentlich vom berechtigten betriebsbezogenen Streik unterscheidet, begegnet der Staat dem revolutionären mit dem Aufmarsch der Streitkräfte, die dem Treiben unter Anwendung von Gewalt ein Ende bereiten sollen. Im Vergleich zum betriebsbezogenen Streik erfährt also bei einem revolutionären ein und dasselbe Mittel in Abhängigkeit des Zwecks, zu dem es ergeht, eine abweichende rechtliche Bewertung.[374]

Dieser Widerspruch in der rechtlichen Bewertung ein und desselben Gewaltmittels vor seinem Anwendungszweck erklärt sich für Benjamin,

---

370 *Benjamin*, Zur Kritik der Gewalt, GS II.1, S. 184; kritisch dazu: *Honneth*, „Zur Kritik der Gewalt", in: Lindner (Hg.), Benjamin-Handbuch, S. 193 (201), der Benjamin diesbezüglich „Deutungsschwierigkeiten" unterstellt.

371 Die Begriffe „Recht" und „Staat" gebraucht Benjamin synonym.

372 *Benjamin*, Zur Kritik der Gewalt, GS II.1, S. 184. Benjamin hatte hier wohl den Schweizer Generalstreik vom 12. bis 14. November 1918 vor Augen. Für diese These sprechen intensive Beziehungen Benjamins zu dieser Zeit in die Schweiz. So hielt er sich selbst zwischen 1917 und 1919 mit seinem Freund Gershom Scholem in Bern auf und stand über seinen Aufenthalt hinaus mit ihm brieflich in Kontakt. In einem Brief an Ernst Schoen vom 9. November 1918, vgl. *Benjamin*, Gesammelte Briefe, Bd. 1, S. 487, nimmt Benjamin auf den „vierundzwanzigstündigen" Proteststreik vom 9. November Bezug, der dem eigentlichen Generalstreik voraus ging.

373 Die Theorie des revolutionären Generalstreiks entlehnt Benjamin Georges *Sorel*, Über die Gewalt; vgl. *Benjamin*, Zur Kritik der Gewalt, GS II.1, S. 193.

374 Vgl. *Benjamin*, Zur Kritik der Gewalt, GS II.1, S. 184.

sobald man dem Gedanken des staatlichen Gewaltmonopols wieder mehr Berücksichtigung schenkt und mit in die Bewertung einbezieht und damit die „Kriteriologie“[375] der positiven Rechtslehre, die die Gewalt nur nach der Berechtigung des jeweiligen Gewaltmittels beurteilt, verlässt. In diesem Sinne müsse das Recht immer wieder Zwecke definieren,[376] zu deren Verfolgung die Anwendung von Gewalt legal bzw. illegal ist, weil es auf diese Weise versucht, Gewalt auf sich zu monopolisieren.[377]

Dieses „Interesse des Rechts an der Monopolisierung der Gewalt“[378] zeigt sich für Benjamin noch einmal exemplarisch an der Popularität der „Gestalt des ‚großen‘ Verbrechers“[379]. Große Verbrecher üben bekanntlich seit jeher eine „heimliche“ Faszination beim Volk aus – zu denken sei nur an den Popstatus von Jack the Ripper oder der Baader-Meinhof-Gruppe. Die „Bewunderung“, die Verbrechern entgegengebracht werde, gilt ihnen laut Benjamin nicht unbedingt ihrer Taten wegen, sondern der Gewalt, die sie kühn, dem Gewaltmonopol des Staates und seiner Agenten zum Trotz, exerzieren.[380] Das Unmaß, das sie verwirklichen, symbolisiert repräsentativ ein breit angelegtes Verlangen nach Selbstermächtigung, das sich aus der individuellen Erfahrung der Bewunderer speist, keine Gewalt mehr zu anderen als den rechtlich anerkannten Zwecken ausüben zu dürfen.[381]

Die Ortung von Gewalt im Wege der Monopolisierung der Definitionshoheit über die Zwecke ihrer legalen Anwendung tut das Recht aber nicht, wie Hobbes glaubt, zur allgemeinen Befriedung der Gesellschaft, sondern bloß um sich „selbst zu wahren“[382]. Nach Benjamin „fürchtet“[383] sich das Recht vor Gewalt in den Händen Einzelner, und zwar deshalb, da sie im Stande sei, die „Rechtsordnung zu untergraben“.[384] Das Vermögen, die Rechtsordnung zu untergraben, hat Gewalt, weil sie als ein auf einen

375 *Derrida*, Gesetzeskraft, S. 39.

376 Benjamin legt seinen Untersuchungen die Rechtstheorie von Rudolf von *Jhering*, Der Zweck im Recht zu Grunde; vgl. *Honneth*, „Zur Kritik der Gewalt“, in: Lindner (Hg.), Benjamin-Handbuch, S. 193 (198).

377 *Benjamin*, Zur Kritik der Gewalt, GS II.1, S. 183.

378 Ebd., S. 183.

379 Ebd., S. 183.

380 Ebd., S. 183, 186.

381 Vgl. ebd., S. 186.

382 Ebd., S. 183.

383 *Benjamin*, Zur Kritik der Gewalt, GS II.1, S. 183, 185, 186, 192; vgl. *Lindner*, Derrida. Benjamin. Holocaust, in: Garber/Rehm (Hg.), Global Benjamin, Bd. 3, S. 1691 (1697).

384 *Benjamin*, Zur Kritik der Gewalt, GS II.1, S. 183.

Zweck bezogenes Mittel dazu geneigt ist, Recht zu setzen.[385] Diese rechtsetzende Eigenschaft der Gewalt werde ansatzweise im Streik und vollkommen im Kriegsrecht durchsichtig. Im betriebsbezogenen Streik werde deutlich, wie sich bestehende „Verhältnisse" nachhaltig verändern und neue „begründen"[386] lassen. Und dieses Potential sei es im Übrigen, auf das während eines Generalstreiks gesetzt werde, wenn mit ihm versucht werde, die gesamtstaatliche Ordnung zu modifizieren. Allerdings fehlt es, worauf Axel Honneth hinweist, am Nachweis, dass der Generalstreik auch tatsächlich die Rechtsordnung eines Staates umzustürzen vermag.[387] Den absoluten Beweis für die rechtsetzende Qualität der Gewalt soll für Benjamin deshalb das Kriegsrecht liefern.[388] Sie manifestiere sich am Oktroi, bzw. wie Derrida präzisiert, im „symbolische[n] Phänomen"[389] der Friedenszeremonie, die nach einem Krieg den Anbeginn einer neuen Zeit einläutet, ab der die besiegte Partei dazu gezwungen sei, „die neuen Verhältnisse", die die Gewalt des Krieges geschaffen hat, „als neues ‚Recht'" anzuerkennen.[390] Die „raubende Gewalt"[391] des Krieges versinnbildliche für eine Rechtsordnung kategorisch, am Aufkommen einer Konkurrenzordnung niederzugehen. Aus der Beobachtung dieser Phänomene zieht Benjamin daher den Schluss, dass Gewalt immer dann bedrohlich sei, wenn der Zweck, zu deren Einsatz sie erfolgt, „außerhalb des Rechts" liegt.[392] Aus diesem Grund verbietet das Recht Gewalt als Mittel nicht immer als solches, wohl aber immer in Fällen, in denen ihm die verfolgten Zwecke zuwiderlaufen. Und diese Gefahr der zuwiderlaufenden Zwecke zwingt das Recht regelmäßig zu dem widersprüchlichen Verhalten, sich der Zwecke bestimmter Gewaltmittel zu bemächtigen, um sie so seiner Macht unterstellen zu können. Eben deshalb habe der Staat auch im betriebsbezogenen Streik die prälegale Gewalt des Einzelnen in subjektiv-rechtliche Zwecke umgewidmet. Mit seiner Anerkennung verfolge er lediglich das Ziel, die Bestrebungen des Proletariats, die sonst Gefahr laufen würden, sich in einer Revolution der Verhältnisse zu entladen, in

385 *Benjamin*, Zur Kritik der Gewalt, GS II.1, S. 186.
386 Ebd., S. 185.
387 *Honneth*, „Zur Kritik der Gewalt", in: Lindner (Hg.), Benjamin-Handbuch, S. 193 (202).
388 Vgl. ebd., S. 193 (202).
389 *Derrida*, Gesetzeskraft, S. 85.
390 *Benjamin*, Zur Kritik der Gewalt, GS II.1, S. 185 f.
391 Ebd., S. 185.
392 Ebd., S. 183.

rechtsstaatliche Bahnen zu lenken, um sie so der bourgeoisen Kontrolle zu unterwerfen.[393]

Die vorgenannten Beispiele, über die Benjamin seine These zu belegen sucht, sind jedoch auch für eine andere Interpretation offen, die die Möglichkeit seiner Reduktion aller Rechtsverhältnisse auf Gewalt in Frage stellt. Jene Objektivität, über die er das rechtsetzende Potenzial der Gewalt sowie die Monopolisierungstendenz des Rechts zu beweisen versucht, erreicht er nur dadurch, dass er sich bei der Auslegung dieser Beispiele, ob seiner geschichtsphilosophischen Betrachtungsweise, generell für den Wert der Rechtsinhalte blind macht. Dergestalt verschließt sich Benjamin dem – für die Rechtstheorie wichtigen – Gedanken der Möglichkeit einer Anerkennbarkeit von Normen, die aus ihrer Erzeugung oder aus ihrem Gehalt erwächst. Dass die Anerkennbarkeit von Normen aber keine unwesentliche Bedingung für die Befolgung von Recht und auch für die Stabilisierung von Macht ist, zeigt sich gerade an der Kontinuität von Gesetzen, Prinzipien und Rechtsideen, die die beiden Weltkriege in Deutschland überdauert haben. Obwohl Deutschland in den beiden Kriegen die unterlegene Partei war, zog die raubende Gewalt des Krieges in den Niederlagen keine gänzlich neuen Rechtsordnungen nach sich. Vielmehr blieben Kodifikationen wie das BGB, das Strafgesetzbuch (StGB) und Teile des Verwaltungsrechts in Kraft.[394] Gesetze also, die den Alltag der Menschen berühren, da sie aufgrund ihrer Inhalte die Organisation der Gesellschaft gewährleisten und deshalb eine gewisse Akzeptanz genießen, wodurch sie eine Integration der Gesellschaftsmitglieder erzeugen. Ohne Zweifel bedeutete gerade der Zweite Weltkrieg eine Novellierung der Staatsverfassung, die historisch auf die Macht der Siegerparteien zurückzuführen ist. Das Grundgesetz, das als Verfassung in Kraft trat, entstand jedoch nicht im luftleeren Raum, sondern knüpft zu Teilen inhaltlich in Fragen der Staatsorganisation und mit den Grundrechten an die Weimarer Reichsverfassung und die Paulskirchenverfassung an.[395] Es überdauern also in ihm allgemein akzeptierte und akzeptierbare Gehalte.

---

393 *Honneth*, „Zur Kritik der Gewalt", in: Lindner (Hg.), Benjamin-Handbuch, S. 193 (201); vgl. auch *Benjamin*, Zur Kritik der Gewalt, GS II.1, S. 184.

394 *Meder*, Rechtsgeschichte, S. 348. Wenn man die Bedeutung und den Einfluss des römischen Rechts auf das Zivilrecht mitbedenkt, lassen sich noch größere Kontinuen des Rechts erschließen; das StGB ist ursprünglich am 1. Januar 1872 in Kraft getreten, RGBl. 1871 S. 127; *Maurer*, Allgemeines Verwaltungsrecht, § 2.

395 *Dreier*, Grundrechtsrepublik Weimar, in: Dreier/Waldhoff (Hg.), Das Wagnis der Demokratie, S. 175 (177).

Auch das Recht der elterlichen Erziehung ist eigentlich nur ein Beispiel dafür, dass es im Recht nicht ausschließlich um die Verhinderung des Aufkommens konkurrierender Mächte geht, sondern in ihm vorherrschende Gehalte zur Emanzipation aus der Gewalt entfaltet werden können. Rechtshistorisch geschah die Beschränkung der erzieherischen Strafbefugnis eher nicht aus Angst vor einer konkurrierenden Gewalt, sondern zur Kriminalitätsprävention, der Gewährleistung von sozialer und wirtschaftlicher Potenz und als Nachwirkung der in der Aufklärung begründeten „Persönlichkeitsrechte' des Kindes"[396]. Der aufklärerische Gedanke des Kindeswohls lässt sich auch als die Ausweitung des Anspruchs einer Person auf körperliche Unversehrtheit im Verkehr mit anderen verstehen, der von Erwachsenen auf Kinder in der Beziehung zu ihren Erziehungsberechtigten Geltung beansprucht.[397]

Ebenso wenig gesteht das Recht auf Notwehr dem Einzelnen die Ausübung maßloser Gewalt zu, wie es Benjamin irrig annimmt[398]. Stattdessen unterliegt die Rechtfertigung der Abwehrhandlung dem Gebot der Erforderlichkeit, nach welchem unter mehreren zur Auswahl stehenden Verteidigungsarten das mildeste unter den geeigneten Mitteln zu wählen ist, also dasjenige, welches dem Angreifer den geringsten Schaden zufügt und zugleich für die Abwendung des Angriffs, aus einer ex ante-Sicht, erfolgversprechend ist.[399] Folglich sieht sich das Recht auch hier dem Schutz des Lebens und der körperlichen Integrität des Angreifers verpflichtet und damit der Mäßigung von Gewalt.

b. Die rechtserhaltende Gewalt

Neben der rechtsetzenden Gewalt kategorisiert Benjamin am Recht den Typus einer „rechtserhaltende[n] Gewalt"[400]. Sie bezeichnet die Reaktion eines Staates, wenn er „Gewalt als Mittel zu Rechtszwecken" gebraucht.[401] Die rechtserhaltende Gewalt kommt zum Beispiel zum Zuge, sobald ein Urteil oder ein Verwaltungsakt unter Anwendung von Zwang vollstreckt wird. Auch sie sprengt das Vexierbild der Zweck-Mittel-Relation. Aller-

396 *Zenz*, Kindesmisshandlung und Kindesrechte, S. 48.
397 Vgl. *Locke*, Einige Gedanken über Erziehung, §§ 52, 55, 57, 60.
398 *Benjamin*, Zur Kritik der Gewalt, GS II.1, S. 183.
399 *Roxin*, Strafrecht, § 15 Rn. 42; BGH GA 1956, S. 49.
400 *Benjamin*, Zur Kritik der Gewalt, GS II.1, S. 188.
401 Ebd., S. 186 f.

dings ist es nur auf den ersten Blick einfach, die rechtserhaltende Gewalt einer angemessenen Kritik zu unterziehen. In der bloßen Anwendung von Zwang zu Rechtszwecken könne sie nämlich nicht bestehen, was zumeist von Anarchisten und Pazifisten verkannt werde, wie dies Benjamin hervorhebt.[402] Andernfalls wäre es geradezu unmöglich, Freiheitssphären positiv zu skizzieren, weil es dann nur noch auf das Belieben des Handelnden ankäme.[403] Ebenso erweise sich eine Kritik der Gewalt als Mittel zu Rechtszwecken unter Zugrundelegung des kategorischen Imperativs als stumpfes Schwert, da das positive Recht wie auch der Staat seine Daseinsberechtigung aus dem Schutz des Einzelnen zieht. Demzufolge könne sich der Staat immerzu darauf berufen, dass er mit dieser Gewalt zum Erhalt der Ordnung auch das „Interesse der Menschheit in der Person jedes einzelnen" anerkenne und fördere.[404]

Davon abgesehen sei die rechtserhaltende Gewalt aber auf eine viel fundamentalere Weise kritikwürdig. Der Grund, auf dem sie errichtet ist, beruhe nämlich auf einer „Drohung"[405], die sie dem Menschen gegenüber ausspreche. Dabei bestehe ihre Drohung nicht, wie Vertreter der negativen General-[406] und der positiven Spezialprävention[407] zu glauben meinen, in ihrer abschreckenden Wirkung, da das Recht für eine Drohung, die auf Abschreckung abzielt, wie ein Blick in das StGB nahelegt, viel zu unbestimmt sei. Weil Rechtsfolgen und Strafrahmen sehr weit gefasst sind, sei es für den Täter vor Begehung der Tat relativ unklar, was ihn möglicherweise im Falle einer Verurteilung erwartet. Zudem könne man, so der Gedanke, mit etwas Optimismus damit rechnen, bei Begehung der Tat nicht entdeckt zu werden. Von daher fehle es der bloßen Rechtsfolge einer Norm an dem spezifischen Merkmal der Drohung: dem in Aussicht gestellten Übel nicht entgehen zu können.[408] Die Drohung des Rechts resultiert Benjamin zufolge vielmehr daraus „wie das Schicksal" zu wirken.[409] Die Schicksalhaftigkeit des Rechts – der Grund, weshalb der Autor das Recht auch in der Ordnung des Mythos verhaftet sieht – liege darin, dass die rechtserhaltende Gewalt nicht so, wie sie den Anschein macht,

402 *Benjamin*, Zur Kritik der Gewalt, GS II.1, S. 187.
403 Ebd., S. 187.
404 Ebd., S. 187.
405 Ebd., S. 188.
406 Vgl. *Feuerbach*, Lehrbuch des gemeinen in Deutschland gültigen peinlichen Rechts, §§ 12 ff.
407 Vgl. *Liszt*, ZStW 1883, S. 1 (1 ff.).
408 Vgl. *Benjamin*, Zur Kritik der Gewalt, GS II.1, S. 188.
409 Ebd., S. 188.

rein[410] rechtserhaltend ist.[411] Dies manifestiere sich spürbar in der extremsten Form rechtlichen Strafens: der Todesstrafe. Laut Benjamin besteht die Sinnhaftigkeit der Todesstrafe für das Recht nicht darin, einen Verstoß zu pönalisieren, sondern in einer Selbstbekräftigung, die das Recht mit „der Gewalt über Leben und Tod“ für sich erreicht.[412] Die Exekution des Rechts zulasten des Lebens repräsentiert schlechterdings nur die Einsetzung des Rechts. Demnach geht es dem Recht bei der Anwendung seiner Gesetze primär also nicht darum, deren Gehalt zu verwirklichen, sondern, wie Menke folgert, nur darum, sich in der Rechtserhaltung seiner eigenen „Ursprünge“[413] gewahr zu werden.[414] Folglich ist das Recht, wann immer es Gewalt zu seinen Zwecken gebraucht, zugleich rechtsetzend aktiv. Umgekehrt wohnt ein jeder ursprünglichen Rechtsetzung bereits die eigene Wiederholung inne, um in der Erhaltung wieder rechtsetzend zu sein, was mithin in einen Zirkel der Gewalt mündet.

Diese Wechselwirkung aus Setzung und Erhaltung „kündigt“ für Benjamin etwas „Morsches im Recht“ an.[415] Mit dieser Allegorie ist gemeint, dass „in der Rechtslage“ ein „sachliche[r] Widerspruch“[416] existiere, der die Legitimation seiner Herrschaft diskreditiert. Dabei betreffen diese Legitimationsdefizite weniger Monarchien als rechtsstaatlich verfasste Demokratien. Und diese Defizite zeigen sich in keinem anderen Institut so sehr wie in der Polizei.[417] Obwohl die Polizei definitionsgemäß ein Funktionsorgan der Exekutive ist, somit eigentlich nur Gewalt zu Rechtszwecken verüben dürfte, ist sie trotzdem über unbestimmte Rechtsbegriffe, Ermessensklauseln[418] und Generalklauseln[419] dazu befugt, selbst einzuschätzen, ob und mit welcher Intensität sie in Lebensbereiche interveniert, die ihrer Ansicht nach gefährdet sind. Darüber hinaus ist sie sogar über Generalermächtigungen[420] zum Erlass von abstrakt-generellen Verordnungen

410 Vgl. *Derrida*, Gesetzeskraft, S. 83.
411 Vgl. *Benjamin*, Zur Kritik der Gewalt, GS II.1, S. 188.
412 Ebd., S. 188.
413 Ebd., S. 188.
414 *Menke*, Recht und Gewalt, S. 55.
415 *Benjamin*, Zur Kritik der Gewalt, GS II.1, S. 188.
416 Ebd., S. 185.
417 Ebd., S. 189, 190. Für diese Interpretation des „Morschen im Recht“ spricht Benjamins Kritik an den Parlamenten und sein Verweis auf Monarchien, in denen die Polizei infolge der Vereinigung von Legislative und Exekutive im Monarchen keine solche „Entartung“ darstellt.
418 Vgl. z.B.: § 7 Abs. 1 ThürOBG; § 5 Abs. 1 ThürPAG.
419 Vgl. z.B.: § 12 Abs. 1 HS 1 i.V.m. Abs. 2 ThürPAG.
420 Vgl. z.B.: § 27 ThürOBG.

ermächtigt[421]. Effektiv erwirbt sie durch diese normativen Eigenheiten des Gefahrenabwehrrechts die Kompetenz, eigenständig das Recht zu setzen, zu dessen Zwecken sie ihre Gewalt verübt. Für Benjamin *vermischen* sich insoweit in der Polizei die rechtsetzende und rechtserhaltende Gewalt auf „gespenstische" Weise.[422] Diese Vermischung ist in Monarchien legitimatorisch weniger bedenklich, da dort Legislative und Exekutive miteinander identisch sind. In rechtsstaatlich verfassten Demokratien hingegen sind es die Volksvertretungen, die für die Aufgabe zuständig sind, zu bestimmen, was Recht ist. Wenn nun die Polizei als Organ der Exekutive bei unklarer Rechtslage zur Abwehr einer Gefahr für die öffentliche Sicherheit und Ordnung Eingriffe vornimmt und hierzu selbst rechtsetzend aktiv ist, konterkariert sie jenes der Demokratie eigentümliche Prinzip der Gewaltenteilung.[423] Sie überschreitet damit immerfort die demokratisch legitimierten Zwecke, zu deren Schutz – und nicht weiter! – sie eigentlich nur berufen sein sollte und unterläuft darin das Prinzip der positiv-rechtlichen Gewaltrechtfertigung.

Nun ließe sich gegen diese Analyse einwenden, dass mittlerweile durch eine ausdifferenzierte Rechtsprechung hinreichend geklärt sei, in welchen Fällen eine polizeiliche Maßnahme auf eine Generalklausel gestützt werden könne.[424] Die Tatsache aber, dass derartige Fälle vor Gericht einer Klärung unterzogen und zu Präzedenzfällen wurden, deutet wiederum darauf hin, dass die Polizei in diesen Fällen im Ergebnis doch als rechtsetzende Kraft tätig war, deren Normsetzung nur noch einmal von den Gerichten ihre Bestätigung erhalten hat.

Die Konturlosigkeit der „drohenden Gefahr"[425] und die Palette der Eingriffsbefugnisse in höchstpersönliche Lebensbereiche, die sich wie ein Trend durch die neuen Polizeiaufgabengesetze einiger Bundesländer ziehen, sprechen ebenso für Benjamins Annahmen und machen seine Kritik auch noch nach knapp hundert Jahren aktuell. Die neuen Polizeiaufgabengesetze zeugen davon, wie sich der Staat die Zwitterstellung der Polizei zunutze macht, wenn er angesichts komplexer werdender Sozialstrukturen den Schein einer übersichtlichen Ordnung herzustellen sucht, indem er Trägern exekutiver Gewalt weitreichende Eingriffsbefugnisse einräumt. Statt sich dem Risiko einer Veränderung der gesamtgesellschaftlichen

421 *Götz*, Allgemeines Polizei- und Ordnungsrecht, § 22 Rn. 1.
422 *Benjamin*, Zur Kritik der Gewalt, GS II.1, S. 189.
423 Vgl. ebd., S. 189.
424 BVerfGE 54, 143 (144 f.).
425 Vgl. den Vorreiter § 11 Abs. 3 BayPAG.

Ordnung auszusetzen, kehrt sich die Ordnung konservierend gegen die sozialen Verhältnisse, um sie repressiv nach ihren Bedingungen zu formen.

c. Das Schwankungsgesetz

Für Benjamin manifestiert sich die *Gewalt des Rechts* nun in dem neurotischen Zusammenspiel der rechtsetzenden und der rechtserhaltenden Gewalt, was er geschichtsphilosophisch als „Schwankungsgesetz"[426] deklariert. Die *Gewalt des Rechts* liegt für ihn in der Tendenz des Rechts, Gewalt auf sich monopolisieren zu müssen, weil es erfahrungsgemäß die Ausgeburt von Gewalt als Mittel zum Zwecke seiner Einsetzung ist. Steht es erst einmal, schlägt der Gebrauch von Gewalt dann zu einem Mittel um, das seine Erhaltung besorgen soll.[427] Zu dieser Reaktion sei es bereits ab dem Moment seines Aufkommens gezwungen, will es nicht von der faktischen Einsetzung einer anderen Ordnung verdrängt werden.[428] Aus dieser Erfahrung und aus seinem Anspruch auf Geltung erwachsen seine Furcht vor Gewalt, die nicht von ihm herrührt. Diese bekämpft das Recht, sobald sie nicht seiner Macht untersteht, also bereits dann, wenn sie noch nicht einmal zu illegalen Zwecken ergeht. Gerade um diese Eigendynamik des Rechts hervorzuheben, verleiht Benjamin dem Recht in seinem Text einen Subjekt-Charakter, wenn er etwa von einem „Interesse des Rechts"[429] schreibt.[430]

Der Rechtsbruch durch den Gebrauch von Gewalt gegen Gewalt, die ihrerseits nicht zu ausdrücklich unrechtlichen Zwecken Anwendung findet, ist dem Recht damit wegen dieser Eigendynamik schon von vornherein eingeschrieben. Denn selbst die Institutionalisierung individueller Interessen zu subjektiven Rechten, und damit zu Zwecken des Rechts, kann die überschießende Tendenz der Gewalt im Gebrauch dieser Rechte nicht abschließend einhegen, wie es der revolutionäre Generalstreik hat zeigen sollen. Geschichtsphilosophisch „schwächt" sich das Recht so als transhistorisches Phänomen „indirekt", da es in der „Unterdrückung der feindlichen Gegengewalten" auch die in ihnen repräsentierte rechtsetzen-

---

426 *Benjamin*, Zur Kritik der Gewalt, GS II.1, S. 202.
427 Vgl. ebd., S. 190.
428 Ebd., S. 202.
429 Ebd., S. 183.
430 Diese Einsicht verdanke ich einem Gespräch mit Neela Janssen.

de Gewalt blockiert, die ihm ja an sich zu seiner Existenz gereicht.[431] Eben weil es diesem „Schwankungsgesetz“ nicht entgehen kann, da das Recht immer wieder Gewalt zur Erhaltung seiner selbst gebrauchen muss, nachdem es (wie der liberalphilosophische Diskurs behauptet: gegen Gewalt) eingesetzt wurde, ist Benjamin ein Beleg für den schicksalhaften Charakter des Rechts.[432]

Abgesehen von Benjamins Kritik der rechtsetzenden Gewalt, die etwas verkürzend ist, lässt sich damit doch aus seiner Kritik der rechtserhaltenden Gewalt die Erkenntnis ziehen, dass das Recht entgegen der rechtsstaatlichen Bekundungen die Tendenz aufweist, sich zügellos auszubreiten. Benjamin ist darin zuzustimmen, dass das Verhältnis von Recht und Gewalt ein anderes ist, als es das positive Recht proklamiert: Recht ist insoweit nicht das Andere der Gewalt, das sich ihrer nur zur Durchsetzung seiner Zwecke bedient; Recht und Gewalt sind auf eine subtile Art und Weise miteinander verknüpft, als die Gewalt, die im Dienste des Rechts ergeht, Tatsachen schafft, die nicht immer mit seinen Normen in Einklang stehen.

2. Die souveräne Ausnahme (Agamben)

Agamben schließt mit seiner Theorie zur „Ausnahme“ an Benjamins „Schwankungsgesetz“ an. Dabei denkt er dessen Dialektik unter der Logik von Carl Schmitts Ausführungen zur Souveränität weiter.

An dieser Stelle sind nun auch die Rechtsfolgen der Ausnahme, ausgehend von Schmitt, zu behandeln. Für Schmitt verrät der Ausnahmezustand eine substanzielle Wahrheit über das Prinzip der Souveränität und insofern über Geltungsfragen des Rechts. Nach Schmitts eingängiger Definition ist nämlich „[s]ouverän […], wer über den Ausnahmezustand entscheidet“.[433] Ein Ausnahmezustand wird typischerweise in Situationen ausgerufen, in denen die gesamtstaatliche Ordnung Gefahr läuft, aufgrund von externen oder internen Umständen zugrunde zu gehen.[434] Um diese chaotische Situation zu verhindern, wird dem Souverän das Recht zugestanden, die normale Rechtsordnung innerhalb eines bestimmten Territoriums für eine bestimmte Zeit zu suspendieren, um Verhältnisse schaffen

431 *Benjamin*, Zur Kritik der Gewalt, GS II.1, S. 202; *Derrida*, Gesetzeskraft, S. 110.
432 *Benjamin*, Zur Kritik der Gewalt, GS II.1, S. 202.
433 *Schmitt*, Politische Theologie, S. 13.
434 Ebd., S. 13 f.

zu können, die wieder die Anwendung der normalen Rechtsnormen erlauben.[435] Laut Schmitt gelte während der Ausnahme die „Rechts-Ordnung" als Totalität ihrer Normen zwar weiterhin, nur verlieren ihre spezifischen Gesetze im Einzelfall ihre normierende Kraft, weil sie keine Anwendung mehr finden.[436] De facto erhalten Dekrete und sonstige Erlasse, die nicht unter Zustimmung des Parlaments in einem durch Diskussion und Öffentlichkeit strukturierten Prozess zustande gekommen sind[437], sondern schlechtweg vom Souverän zur Behebung des Notfalls für notwendig erachtet werden, mit ihrer Anwendung die Kraft normaler Gesetze.[438]

Für Schmitt wirkt der Ausnahmezustand auch deshalb wie ein Brennglas, weil in dem Moment der souveränen „Entscheidung" über den Ausnahmezustand „ein spezifisch-juristisches Formelement, die Dezision," transluzent werde.[439] Schmitt leitet hieraus auch für die Rechtswirklichkeit des Normalfalles ab, dass es für die Geltung von Recht zuweilen sogar wichtiger ist, dass die Entscheidung nicht nur normativ richtig ist, sondern auch, von wem sie getroffen wurde.[440] Er spaltet demnach die Rechtmäßigkeit einer Entscheidung in zwei selbstständige Momente auf, und zwar in eine Adäquanz der Situation mit der Norm, wie auch die rechtliche Zuständigkeit des Entscheiders. Hierbei stehen die beiden Momente in einem asymmetrischen Verhältnis zueinander. Dies beweist für Schmitt schon der fehlerhafte Verwaltungsakt, der trotz der Diskrepanz von Norm und Sachverhalt Rechtskraft genießt. Deshalb ergebe sich die Rechtskraft der Entscheidung auch nicht aus der Normativität der Norm, sondern aus der Zuständigkeit des Entscheiders.[441] Die Zuständigkeit für die Entscheidung löst Schmitt dann wiederum im Prinzip der Souveränität auf: „Auctoritas, non veritas facit legem" zitiert er Hobbes.[442] Damit soll die beschränkende Kraft der Norm gegenüber dem staatlichen Aktionismus in den Hintergrund geraten. Wirklich wichtig sei für eine Entscheidung letztlich allein, dass sie von einer zuständigen Person innerhalb des souveränen Ordnungsgefüges getroffen werde.[443]

---

435 Vgl. *Schmitt*, Politische Theologie, S. 19.
436 Ebd., S. 18 f.
437 Vgl. zu den Bedingungen, unter denen normale Gesetze zustande kommen: *Habermas*, Faktizität und Geltung, S. 169.
438 *Agamben*, Ausnahmezustand, S. 47-49.
439 *Schmitt*, Politische Theologie, S. 19.
440 Ebd., S. 37, 40.
441 Vgl. ebd., S. 38 f.
442 Ebd., S. 39.
443 Ebd., S. 40.

Agambens Überlegungen zu Benjamins Schwankungsgesetz nehmen ihren Ausgang nun in der Beobachtung, wonach in extremen Situationen, wie dem Ausnahmezustand, die rechtstaatliche Unterscheidung zwischen Gewalt zu legalen Zwecken und außerrechtlicher Gewalt ziemlich konturlos werde. Der Ausnahmezustand macht zwar den Anschein, nur ein extremer Fall der rechtserhaltenden Gewalt zu sein. Da aber der Gewalt, die während des Ausnahmezustands zur Anwendung komme, die normative Referenz fehle, müsste sie eigentlich unter normalen Gesichtspunkten als außerrechtliche Gewalt qualifiziert werden.[444] Es scheint damit so, als begännen sich an dieser Stelle die Grenzen zu verschieben. Um für diese Grenzverschiebung eine Erklärung zu finden, muss für Agamben die Frage nach der Legitimation von Gewalt grundsätzlicher gestellt werden. Deshalb ist mit ihm zu untersuchen, woher überhaupt die Differenzierung hinsichtlich der Art der Gewalten kommt, wer ihre Entscheidungsträger sind und wen sie letztendlich betrifft.[445]

a. „*Homo sacer*"

Agambens Archäologie der *Gewalt des Rechts* setzt dafür bei der von den Griechen stammenden klassischen Unterscheidung zwischen ζωή und βίος, οἶκος und πόλις an. Jene Dualismen zwischen der Tatsache zu leben, was allen Lebewesen gemein ist (altgr. *ζωή*) und der spezifischen Lebensart und -weise einer Person oder Gruppe (altgr. *βίος*), oder dem reproduktiven, häuslichen Leben (altgr. *οἶκος*) und dem politischen Leben (altrgr. *πόλις*), seien für das abendländische Denken des Politischen kategorial.[446] Zu dieser Unterscheidung sahen sich die Griechen durch die einmalige Befähigung des Menschen zur Sprache veranlasst, die es ihm im Gegensatz zu den Tieren erlaubt, zu einem politischen Lebewesen zu werden.[447] Wegen dieser Kompetenz begriffen sie die entsprechende Lebensform des Menschen, die das Gemeinwesen betrifft, als βίος und eröffneten diese Lebensbereiche dem gemeinschaftlichen Zugriff. Dagegen war diesem Zugriff das häusliche Leben verschlossen. Mit dem Aufkommen der Moderne unterlag jene typische und konstitutive Differenzierung zwischen der Tat-

---

444 Vgl. *Agamben*, Ausnahmezustand, S. 32 f.

445 *Geulen*, Giorgio Agamben zur Einführung, S. 56.

446 *Agamben*, Lebens-Form, S. 13; *ders.*, In diesem Exil, S. 128 f.; *ders.*, Homo sacer, S. 11 f.; *Aristoteles*, Politik, 1252a, 26-32; 1253a, 4.

447 *Aristoteles*, Politik, 1253a, 1-20; *Agamben*, Homo sacer, S. 18.

sache zu leben und dem Leben, das die Gemeinschaft betrifft, jedoch einer steten Pervertierung. Unter der Referenz auf Michel Foucault diagnostiziert Agamben, dass in der Neuzeit das rein zoologische Leben des Menschen mehr und mehr zum Gegenstand politischer Machtmechanismen wurde.[448]

Entlang Agambens Foucault-Rezeption entspannt sich allerdings eine Kontroverse, die ihm von Menke in einer Fußnote den Vorwurf einträgt, mit seiner „Logik der Souveränität" zentrale Thesen aus Foucaults „*Überwachen und Strafen*" zu verkennen, worauf allerdings erst an späterer Stelle einzugehen ist.[449] Im Gegensatz zu Foucault, der sich für seine Analyse der Macht ausdrücklich von einem juristischen Erklärungsmodell verabschiedet,[450] kombiniert Agamben nämlich dessen „biopolitische[s] Modell der Macht" wieder mit einem „juridisch-institutionellen Modell".[451] Anlass dazu gibt ihm die „Struktur der Ausnahme", die so eng mit dem Recht verwoben sei und die, wie oben bereits gesehen, mindestens auch so alt wie das abendländische Politikverständnis sei.[452] Weil sie originär eine sprachlich bedingte Struktur ist, die Sprache aber die Vorbedingung des Menschen zur Politik war, steht die Ausnahme für Agamben nicht zuletzt deshalb auch in Relation zur Politik.[453] Dies beweist für ihn wieder das „fundamentale Kategorienpaar der abendländischen Politik", die Unterscheidung zwischen ζωή und βίος. Seiner Ansicht nach beruht bereits dieser Dualismus auf der Beziehungsform einer einschließenden Ausschließung, da schon die Separierung eines Lebewesens, das anhand seiner sprachlichen Kompetenz zur Politik befähigt ist, in Opposition zu der bloßen Tatsache zu leben gesetzt wird und über die Oppositionierung eine Beziehung aufrecht erhalten wird.[454]

Indessen sei dieses Kategorienpaar „fundamental", weil es für die Idee von Staatlichkeit schlechthin konstitutiv sei. Über die Distinktion zwischen einem Innen und einem Außen lässt sich nicht nur ein Territorium umgrenzen, das einer politischen Macht unterliegt, sie erlaubt ebenso die Bestimmung von Merkmalen, die zu erfüllen sind, um Angehöriger einer Gruppe (der Staatsbürger, der Untertanen) zu sein bzw. um von dieser

---

448 *Agamben*, Homo sacer, S. 12f.

449 *Menke*, Recht und Gewalt, S. 46, S. 107 Fn. 30. Siehe hierzu: Kap. C.II.4.c.

450 Vgl. *Foucault*, Überwachen und Strafen, S. 34ff.; vgl. *ders.*, Dispositive der Macht, S. 79ff.

451 *Agamben*, Homo sacer, S. 16.

452 Ebd., S. 17.

453 Ebd., S. 18.

454 Ebd., S. 18.

ausgeschlossen zu werden.[455] Daraus folgert Agamben, dass die originäre Entscheidung des Souveräns nicht, wie Schmitt meint, die zwischen Recht und Unrecht, sondern die „über die ursprüngliche Einbeziehung des Lebewesens in die Sphäre des Rechts“ sein müsse.[456] Die Frage, die sich hieran nun anfügt, ist die, wie die staatliche Macht genau mit dem Leben umgeht, das keinen Einschluss ins Recht findet, einem Leben also, das ausgeschlossen ist. Wie oben bereits dargestellt, persistiert für Agamben trotz des Ausschlusses eine Verbindung zwischen einem Individuum etc. und der Klasse, aus der es kraft eines Merkmals exkludiert ist, in Gestalt der „Aufhebung“.[457] Agamben nennt diese *„Ausnahme-Beziehung“* zwischen dem nackten Leben, der ζωή, und dem Souverän im Anschluss an Jean-Luc Nancy einen *„Bann“*.[458] Darin spielt er auf eine altertümliche Bedeutung an. Wer gemäß dem germanischen Recht verbannt wurde, indem ihn die Gemeinschaft verstieß, den hatte die Kraft des Gesetzes *„verlassen“*.[459] Das im Bann gehaltene nackte Leben, von dem sich das Recht zurückgezogen habe, ist damit eigentlich noch einmal von der bloßen Tatsache zu leben zu unterscheiden. Denn es ist, wie sich sogleich zeigen wird, speziell durch eine souveräne Ausschließung erzeugt worden, wodurch es sich im Schlaglicht der Souveränität bewegt.[460]

Die im Bann gehaltene ζωή wird für Agamben in der Figur des *„homo sacer“* inkarniert.[461] *„Homo sacer“* ist originär ein Rechtsbegriff des frühen römischen Rechts. Als *sacer* wurde beispielsweise derjenige bezeichnet, der sich von seinem Wort gelöst hat, wodurch sich der Eid in einen Fluch verkehrte.[462] Rechtlich hätte jemand der *sacer*, d.h. heilig, war, umgebracht werden können, ohne dass diese Tat als Mord geahndet worden wäre.[463] Zugleich sei mit der Sakralität das Verbot einhergegangen, den *homo sacer* durch ein Menschenopfer den Göttern zu überantworten.[464] Aufgrund der „doppelte[n] Ausnahme“, d.h. seines doppelten Ausschlusses, sowohl von der profanen als auch von der göttlichen Ordnung, sei der *homo sacer*

---

455 Vgl. *Loick*, Kritik der Souveränität, S. 216; *Geulen*, Giorgio Agamben zur Einführung, S. 59.
456 *Agamben*, Homo sacer, S. 36.
457 Ebd., S. 27.
458 Ebd., S. 28, 39.
459 Ebd., S. 39.
460 Vgl. ebd., S. 39 f.
461 Ebd., S. 93.
462 *Agamben*, Das Sakrament der Sprache, S. 50.
463 *Agamben*, Homo sacer, S. 81.
464 Ebd., S. 91.

schlechthin beiden Gewalten schutzlos ausgesetzt gewesen.[465] Phänomenal steht der *homo sacer* insoweit für einen Menschen, der *„getötet werden kann, aber nicht geopfert werden darf"*.[466] In dieser Eigenschaft, sich in einer Situation des Ausschlusses, des nackten Lebens wiederzufinden, bildet der *homo sacer* für Agamben aber nicht nur einen Typus des archaischen Rechts, sondern einen politischen Archetyp. Er zieht sich für ihn wie ein roter Faden von der Antike bis in die Gegenwart. Konkret soll es für den Autor, trotz all der Einzelschicksale, eine Verbindung der Verfluchten der römischen Gesellschaftsordnung, mit denjenigen, die als vogelfrei galten, hin zu den Insassen deutscher Konzentrationslager, Geflüchteten in Transitzentren, Komapatienten und den in Guantanamo Inhaftierten geben.[467] Sie alle eine, auf einer „Schwelle" zwischen Recht und Nichtrecht angesiedelt worden zu sein, als sich von ihnen das Recht zurückgezogen hat, so dass sie sich in einer Situation des nackten Lebens befänden, wodurch sie für eine straffreie Tötbarkeit exponiert seien.[468]

Offensichtlich neigt hier Agamben teilweise zu Übertreibungen, wenn er Extrembeispiele zu idealtypischen Figuren verallgemeinert, die in dieser Reinheit empirisch nur selten angetroffen werden.[469] Gerade darin lässt sich Agambens Analyse aber auch als ein Versuch verstehen, in dem es

---

465 *Agamben*, Homo sacer, S. 92; *Geulen*, Giorgio Agamben zur Einführung, S. 89.

466 *Agamben*, Homo sacer, S. 18.

467 *Agamben*, Homo sacer, S. 81, 114, 143, 158, 169, 180; *ders.*, Jenseits der Menschenrechte, S. 23-32; Aufzählung angelehnt an: *Loick*, Kritik der Souveränität, S. 216 f.; *ders.*, Rechtsvorenthaltende Gewalt, in: Loick (Hg.), Der Nomos der Moderne, S. 9 (S. 11). Agamben hat die Erscheinung des homo sacer in seinen Studien aus verschiedenen Richtungen untersucht. Neben seiner Betrachtung als juristischer Figur beschäftigt er sich im Rahmen seines homo sacer-Projekts auch eingängig mit dem sog. „Muselmann", *Agamben*, Was von Auschwitz bleibt, S. 36-75. Als Muselmann wurden bestimmte Menschen in den Konzentrationslagern der Nazis bezeichnet, die infolge der Lagerbedingungen kurz vor dem Tod standen. Ihre biologische wie auch soziale Situation drängte zu Beschreibungen, die sie auf einer Schwelle zwischen Leben und Tod, Mensch und Nicht-Mensch ansiedelten. Diese Ununterscheidbarkeit von Leben und Tod, Mensch und Nicht-Mensch, die parallel zur Ununterscheidbarkeit von Norm und Faktum im Ausnahmezustand verläuft, verdeutlichen für Agamben, dass die Figur des *homo sacer* damit nicht nur eine juristische, sondern auch eine anthropologische oder medizinische Kategorie ist.

468 *Agamben*, Homo sacer, S. 180, 134, 93.

469 *Vasilache*, Gibt es überhaupt „Homines sacri"?, in: Böckelmann/Meier (Hg.), Die gouvernementale Maschine, S. 58 (62), kritisiert zum Beispiel den Begriff *„homo sacer"* als einen „Idealtypus".

darum geht, epochenübergreifende „Kontinuitäten" aufzuzeigen.[470] Man kann diese Methode der Übersteigerung mit einer Methode aus der Photographie vergleichen, bei der man zur Konturierung verwackelter Photographien den Kontrast erhöht.

Der Rechtsausschluss ist dabei für sich genommen januskopfig. So habe er nicht nur Auswirkungen für den *homo sacer*, homolog zu ihm sei auch der Tötende von der Rechtsordnung ausgeschlossen, da für ihn die Tötung gerade *keinen* Mord bedeute.[471] Der Ausschluss des nackten Lebens aus der Rechtsordnung verhalte sich für Agamben damit spiegelbildlich zur „Logik der Souveränität"[472].[473] Denn in der souveränen Entscheidung über den Ausnahmezustand stelle sich der Souverän, obwohl er von ihr abhängt, außerhalb der Ordnung. Auch er sei demnach von der Struktur der Ausnahme geprägt, und nicht, wie Schmitt meine, die Ausnahme von der Souveränität, sobald er für sein Wirken die Rechtsgeltung von Rechtswegen aufhebt.[474] Mithin entspreche die straflose Tötbarmachung im Zuge des Ausschlusses der souveränen Entscheidung einer Ausnahmesituation, weshalb Agamben dies auch als die „ursprüngliche Leistung der Souveränität"[475] erachtet.

Für Agamben jedenfalls lässt sich das Band zwischen Souverän und *homo sacer* daher nicht mehr mithilfe der oppositionsphilosophischen Differenzierung zwischen Recht und Gerechtigkeit, Gewalt zu legalen und Gewalt zu außerrechtlichen Zwecken, Rechts- und einem Naturzustand begreifen; es steht vielmehr in Widerspruch zu den klassischen Souveränitätstheorien, die für das Wirken des Souveräns implizit oder explizit eine Differenzierungsmöglichkeit zwischen einem legitimen oder illegitimen Handeln unterstellen.[476] Trotz alledem hält Agamben diese Einsicht aber nicht unbedingt für neu. Dass die Souveränität einen „Punkt der Ununterschiedenheit zwischen Gewalt und Recht"[477] einnehme, spricht für ihn ganz unverhohlen der Urvater des europäischen Souveränitätsdenkens, Pindar, knapp 500 Jahre v. Chr. in seinem (nicht unumstrittenen) 169. Fragment aus.[478] Der griechische Dichter will insofern Gewalt und Ge-

---

470 So *Loick*, Kritik der Souveränität, S. 215.
471 *Agamben*, Homo sacer, S. 112.
472 Ebd., S. 23.
473 Ebd., S. 112.
474 Ebd., S. 25, 28.
475 Ebd., S. 93.
476 Vgl. ebd., S. 43.
477 Ebd., S. 42.
478 *Agamben*, Homo sacer, S. 41 f.; *Geulen*, Giorgio Agamben zur Einführung, S. 71.

rechtigkeit, Recht und Gewalt, im Gesetz des Souveräns vereinigt wissen. Agamben wertet Pindar auch deshalb als Ahnherren der Souveränität, weil sich in seinen Augen dieses verborgene Prinzip eigentlich in den neuzeitlichen Souveränitätskonzeptionen von Hobbes nur fortsetze, wenn dieser die Gewalt des Souveräns aus seiner Inkorporation des gesellschaftlichen Naturzustandes legitimiere, da hier genauso der Souverän hybride zwischen legaler Gewalt und prälegaler Natur oszilliere.[479] Wenn also schon das Prinzip der Souveränität auf der Vermischung von Gewalt und Recht beruht und dies nicht erst ein spezifischer Zustand der Ausnahmesituation ist, findet die eingangs unterstellte These der Aussagekraft der Ausnahme über das Normale hierin ebenfalls ihre Bestätigung.

Das Prinzip der Souveränität wäre aber längst nicht so dramatisch, wenn ihm nicht von vornherein eine biopolitische Ausrichtung zukäme. *„Bio-Politik"* ist nach Agambens Definition die „wachsende Einbeziehung des natürlichen Menschen in die Mechanismen und das Kalkül der Macht".[480] Anders als Foucault, von dem dieser Begriff wieder stammt und bei dem er zur Kennzeichnung einer bestimmten Regierungstechnik ab dem 18. Jahrhundert gebraucht wird, die darin besteht, das Bevölkerungswachstum zu kontrollieren,[481] möchte Agamben die Ursprünge der Biopolitik bereits in der Antike vorfindlich wissen. Ihren Einfall in die Sphäre der Souveränität leitet er dabei aus der *„vitae necisque potestas"* ab. Die *„vitae necisque potestas"* bezeichnet das Recht des Hausherrn, über das Leben und den Tod seiner Hausangehörigen entscheiden zu dürfen. Zum Politikum sei das Recht, über Leben und Tod entscheiden zu dürfen, dann aber geworden, als sich der Magistrat seines Volkes annahm und es so auf das *„imperium"* übertrug. Seitdem wirke es prinzipiell in der Souveränität bis heute fort, was bereits im Gewaltrechtfertigungsdiskurs nach Hobbes zu sehen war. Agamben leitet daraus nun ab, dass demzufolge alles menschliche Leben, das infolge seiner Politisierung einer souveränen Macht unterliegt, immerzu auch als ein potenziell tötbares Leben erachtet werden müsse.[482] Und das Sinnbild dieser Verflechtung von Biomacht und souveräner Macht ist der *homo sacer*.[483]

---

479 *Agamben*, Homo sacer, S. 46.

480 Ebd., S. 127.

481 *Foucault*, In Verteidigung der Gesellschaft, S. 286.

482 *Agamben*, Homo sacer, S. 97-100; *Loick*, Kritik der Souveränität, S. 217 f.; kritisch zu Agambens Begriffsübertragung, a.a.O. S. 218 f.; so auch *Vasilache*, Gibt es überhaupt „Homines sacri"?, in: Böckelmann/Meier (Hg.), Die gouvernementale Maschine, S. 58 (59).

483 *Agamben*, Homo sacer, S. 16; *Geulen*, Giorgio Agamben zur Einführung, S. 85 f.

b. Menschenrechte

Ironischerweise markiere gerade die Proklamation der Menschenrechte den Einschluss des nackten Lebens in die Rechts-Ordnung der Nationalstaaten, weil sich in ihnen der fingierte Nexus aus Nativität und Nation offenbare.[484] So mag zwar der pathetische Wortlaut der Menschenrechte eine universelle Berechtigung des bloßen Menschen zu Rechten glauben machen. Wie es vor Agamben aber schon Hannah Arendt in *„Elemente und Ursprünge totaler Herrschaft"* herausgearbeitet hat, waren die Menschenrechte jedoch von Anfang an an die Identität von Individuum und Volk gebunden.[485] Das belege etwa das Datum ihrer Erklärung, das mit der Emanzipation einiger Völker vom Untertanenverband hin zum Legitimationssubjekt der Souveränität über den Staat zusammenfiel.[486] Von daher ging der Mensch, dem sie zukam, sogleich im engeren Kreis der Bürger auf. Bürger kann aber nur sein, wer volkszugehörig ist und Volkszugehöriger ist nur, wer vom selben Territorium oder Blute ist.[487] Nicht zuletzt wird dies über eine bestimmte Amtssprache kenntlich gemacht.[488] Damit hänge ebenso die Berechtigung durch die Menschenrechte immer davon ab, ob man Bürger ist, was faktisch letztlich eine Frage von Geburtsort und Abstammung sei.[489] Diesen Zusammenhang von Nativität und Nation legt auch die gemeinsame etymologische Wurzel, das lateinische Wort *nascor*, nahe.[490] Dass die Konnexität von Geburt und Nation für die Legitimation von Staaten keine Naturnotwendigkeit darstellt, dürfte jedenfalls mit der Konstituierung der Vereinigten Staaten von Amerika – als empirisches Beispiel – eigentlich offensichtlich sein.[491] Die rechtliche Verflechtung von Geburt und Nation ist für Agamben schlechterdings nur eine „Ursprungsfiktion"[492], die kein besonderes Legitimationsniveau begründet, dafür aber einen biopolitischen *„Bruch"* in die Rechtsordnung hineinträgt.[493] Denn

---

484 *Agamben*, Homo sacer, S. 136 f.
485 *Arendt*, Elemente und Ursprünge totaler Herrschaft, S. 604.
486 Ebd., S. 604 f.
487 *Agamben*, Homo sacer, S. 138.
488 Vgl. *Derrida*, Gesetzeskraft, S. 43.
489 *Agamben*, Jenseits der Menschenrechte, S. 28; *ders.*, Homo sacer, S. 138; vgl. auch *Arendt*, Elemente und Ursprünge totaler Herrschaft, S. 608.
490 *Agamben*, Homo sacer, S. 137.
491 Vgl. *Arendt*, Über die Revolution, S. 118.
492 *Agamben*, Jenseits der Menschenrechte, S. 28. So auch *Derrida*, Politik der Freundschaft, S. 138.
493 *Agamben*, Was ist ein Lager?, S. 48; *ders.*, Homo sacer, S. 137.

die Frage, was das Volk und wer ihm zugehörig ist, demarkiert immer auch zugleich, wer nicht zu ihm gehört und damit „draußen" ist.[494] Die Entscheidung ist soweit biopolitisch, weil für die Partizipation am Gemeinwesen nicht die reine Existenz genügt, sondern über die bloße Tatsache zu leben hinaus ein Surplus definiert wird, das an sich zu tragen erforderlich ist, um eine berechtigte Lebensweise darstellen zu können.

Wie bereits für Arendt ist es dann ebenfalls für Agamben die „Figur" des Flüchtlings, die den Bruch in der Ursprungsfiktion anschaulich zutage fördert, sobald er mit fremden Nationen zusammenstößt und sich auf seine Menschenrechte beruft. Die „Krise[n]"[495], in die die *Flüchtlingsströme* Nationen zuweilen stürzen, resultieren bekanntlich meistens nicht aus Verteilungsproblemen knapper Ressourcen, sondern aus dem nationalen Selbstverständnis der Zielländer. Denn mit der Ankunft der zahlenmäßig Vielen wird vor dem Hintergrund der nationalstaatlichen Ideologie eine Veränderung des souveränen *Volkskörpers* virulent. Daher rührt der grassierende Unwille zur Aufnahme und das politische Bestreben, die Ankömmlinge entweder schnellstmöglich wieder loszuwerden oder sie im „besten Falle" erst gar nicht ins Land lassen zu müssen. Da kein souveräner Staat die Durchsetzung der Menschenrechte sichere, und das, was ihnen durch fremde Staaten widerfahre, keine politische Mitbestimmung, sondern höchstens humanitäre Hilfe darstelle,[496] bewahrheite sich an ihnen die *Heiligkeit* der Menschenrechte in ihrer ganzen „Doppeldeutigkeit"[497]: Das *normale* Recht soll für sie nicht gelten. Für sie gibt es keine rechtliche oder politische Gleichheit. Stattdessen liege ihr Leben schutzlos offen, eben wie das nackte Leben des *homo sacer*, der infolge der *sacratio* den politischen Mächten ausgeliefert ist.[498,499]

494 *Agamben*, Homo sacer, S. 140.
495 Ebd., S. 140.
496 *Arendt*, Elemente und Ursprünge totaler Herrschaft, S. 607, 613.
497 *Agamben*, Homo sacer, S. 86; vgl. zur „Ambivalenz des Heiligen" a.a.O. 85-90.
498 Ebd., S. 142 f.
499 Die Entscheidungsstruktur, die die Berechtigung des Lebens von bestimmten Merkmalen abhängig macht, beobachtet Agamben nicht nur an der Differenz zwischen Nativität und Nation, sondern darüber hinaus auch anhand anderer juristischer Erwägungen. Ähnlich verläuft für ihn die Grenze bei der Frage, wann grundrechtlich geschütztes Leben beginnt oder dieses endet, ebenso wie die Differenzierung zwischen lebenswertem und lebensunwertem Leben. All diese Differenzierungen sind für den Autor nur extreme Formen jener politischen Ausnahme-Entscheidung, vgl. ebd., S. 173, 148.

c. Souveräne Gewalt

Für Agamben lässt sich die Rechtsbeziehung zwischen Souverän und *homo sacer*, welche sich im Ausnahmezustand und in all seinen partikularen Manifestationen so deutlich offenbart, nicht mehr innerhalb der Kategorien einer rechtserhaltenden und einer rechtsetzenden Gewalt begreifen: Sowohl für den *homo sacer*, der immer dort erzeugt werde, wo sich das Recht ausnahmsweise zurückzieht, wie auch für den Souverän habe das Recht die referenzielle Wirkung eingebüßt. Von einem „technischen Standpunkt aus gesehen“[500] fehle den Gesetzen in der Situation der Ausnahme damit schlechtweg die Kraft, staatliches Handeln gemäß ihren Inhalten zu dirigieren. Spiegelbildlich dazu sei hier von der souveränen Macht die Gesetzesform zurückgetreten. Das Gesetz gelte in der Ausnahme zwar fort, habe aber keine „Bedeutung“ mehr.[501] Es sei insoweit nur noch „Potenz“: Es obliegt dem Belieben des Souveräns, durch einen ihm anheimgestellten Akt wieder auf das Leben Anwendung zu finden, indem *er* sich an der Norm begrenzt.[502] Auf einen rechtstechnischen Begriff gebracht kennzeichne die Situation im Ausnahmezustand damit die „Anomie“:[503] Der Norm mangelt es im ursprünglichen Wortsinne daran, Winkelmaß für das Leben zu sein.[504] Wenn demnach in einer Normalsituation Gesetz und Kraft gleichbedeutend sind, müsse, so Agamben, zur Kennzeichnung der souveränen Macht im Ausnahmezustand eigentlich das Wort „Gesetz“ in der Wortzusammensetzung „Gesetzeskraft“ durchgestrichen werden und entsprechend „~~Gesetzes~~kraft“ lauten.[505] Auch wenn die Ausnahme aus der souveränen Warte zwar den Anschein von sich macht, ein polizeiliches Unterfangen unter den Parametern des Sicherheitsparadigmas zur Rechts-Ordnungs-Erhaltung zu sein, könne sie infolge des Rechtsrückzugs, der die Errichtung des „anomische[n] Raum[s]“[506] zur Folge hat, und damit in Ermangelung einer rechtlichen Referenz, zu deren Zwecken sie ergehen könnte, nicht mehr als rechtserhaltend qualifiziert werden. Die Entscheidung, die die Eröffnung jenes Raumes erwirkt, in dem Recht und Gewalt

---

500 *Agamben*, Ausnahmezustand, S. 48.

501 *Agamben*, Homo sacer, S. 64.

502 Ebd., S. 56 f.

503 *Agamben*, Ausnahmezustand, S. 49.

504 Das deutsche Wort „Norm“ leitet sich vom lateinischen Wort „norma“ ab und bedeutet „Winkelmaß, Richtschnur, Regel“, *Stowasser/Petschenig/Skutsch*, Stowasser, Stichwort „norma“.

505 *Agamben*, Ausnahmezustand, S. 48 f.

506 Ebd., S. 49.

konturlos werden und ineinander übergehen, bestimmt Agamben daher als eine Gewalt eigener Art. Sie lautet bei ihm entsprechend „souveräne Gewalt" und kommt demnach immer dann zum Zuge, wenn durch einen Ausschluss Zonen der Ununterscheidbarkeit konstituiert werden.[507]

Das rechtstechnische Einfallstor für die Anwendung der souveränen *Gewalt des Rechts* und die Errichtung von Ausnahmezuständen erblickt Agamben dabei bereits in Generalklauseln und unbestimmten Rechtsbegriffen.[508]

d. Das Lager

Der Topos der souveränen Gewalt ist für Agamben das Lager, das entsteht, sobald die souveräne Gewalt die Anomie der Ausnahme räumlich absteckt. Das Lager ist eine feste Einrichtung, in der der Ausschluss von der normalen Ordnung eine beständige Gestalt annimmt. In ihm werde der *„Ausnahmezustand zur Regel"*[509], weil in ihm *„homines sacri* systematisch produziert und getötet werden"[510] können. Laut Agamben dienen Lager als außerordentliche und dauerhafte Einrichtungen dazu, das einzuschließen, was aus der normalen Ordnung des Nationalstaates ausgeschlossen ist.[511] Da ihre Rechtsgrundlage im Kriegsrecht liegt – genau genommen hat sie ihre Ursprünge im preußischen Rechtsinstitut der Schutzhaft[512], die derzeit wieder eine Renaissance erfährt[513] – dürfen Lager auch nicht mit Gefängnissen verwechselt werden, weil diese gerade in die normale Rechtsordnung integriert sind. Zwar waren die Konzentrations- und Vernichtungslager im Nationalsozialismus die Realisierung einer absoluten *„conditio inhumana"*, für Agamben währt dagegen das dem Lager zugrundeliegende Schema bereits von Cottbus-Sielow (1921-1924), dem historisch „ersten Konzentrationslager für Ausländer" in Deutschland,[514] bis hin zu dem aktuellen Flüchtlingslager Moria auf Lesbos. Die Pathologie des La-

---

507 *Agamben*, Homo sacer, S. 75; *ders.*, Ausnahmezustand, S. 33.

508 *Agamben*, Homo sacer, S. 181.

509 *Agamben*, Was ist ein Lager?, S. 44; *ders.*, Homo sacer, S. 177 f.; das Zitat ist außerdem eine Referenz auf Benjamins VIII. These, *Benjamin*, Über den Begriff der Geschichte, GS I.2, S. 697.

510 *Geulen*, Giorgio Agamben zur Einführung, S. 95.

511 *Agamben*, Was ist ein Lager?, S. 48; *ders.*, Homo sacer, S. 179, 184 f.

512 *Agamben*, Homo sacer, S. 178.

513 Vgl. Art. 17 BayPAG in der Fassung vom 10.12.2019 (GVBl. S. 691).

514 Vgl. *Agamben*, Homo sacer, S. 175 f.

gers liegt für ihn schlicht in der rechtlichen Entkleidung seiner Insassen, wie sie der Ausnahmezustand produziert. Dies ist laut Agamben auch die einzige Erklärung dafür, dass in den Vernichtungslagern während des Nationalsozialismus solch unbeschreibliche Grausamkeiten geschehen konnten. Bevor die Nationalsozialisten die „Endlösung“ in Angriff nahmen, erließen sie die *Nürnberger Gesetze*, die die Ausbürgerung der Juden erklärten und damit das juristische Fundament für den Genozid legten.[515] Dadurch waren die Internierten wegen der Vorenthaltung[516] von Rechten auf einen „Aggregatzustand“[517] bloßer „Biomasse“[518] reduziert. Erst infolge der Koinzidenz von Recht und Gewalt konnte in den Konzentrationslagern dann „wirklich alles möglich“ werden, wie es schon Arendt in *„Elemente und Ursprünge totaler Herrschaft“* diagnostiziert hat.[519]

Der Vorhaltung, dass nicht in allen Lagern Gräueltaten verwirklicht werden, entgegnet Agamben, dass dies allenfalls aus der Anständigkeit und Sittlichkeit der souveränen Agenten resultiere,[520] weil auch hier das Dispositiv, wonach die inhärente Situation entscheidet, ob normales Recht Anwendung findet oder nicht, persistiert.[521] Für Agamben ist das Lager schlechtweg *das* „Paradigma“ moderner Politik, da es in einem engen Zusammenhang mit der Annexion des bloßen Lebens durch die Politik steht.[522] Soweit Politik sich zu ihrer eigenen Legitimation auf das Leben bezieht, wird sie exklusiv und produziert Abarten, derer sie Herr werden muss. Wann immer dann die Dreieinigkeit von *„Territorium, Ordnung, Geburt“* brüchig werde, bilde das Lager dafür ein Ventil, über dessen Er-

---

515 *Agamben*, Was ist ein Lager?, S. 48; *ders.*, Jenseits der Menschenrechte, S. 29; *ders.*, Homo sacer, S. 141, 180.

516 Loick spricht hinsichtlich der Gewalt, die sich in der Ausnahme ereignet bzw. die die Ausnahme konstituiert, von einer „rechtsvorenthaltenden Gewalt“, *Loick*, Kritik der Souveränität, S. 225. Geradezu idealtypisch hat die Orbán-Regierung auf ihrem offiziellen Blog auf den Vorwurf des UN-Menschenrechtsbüro reagiert, wonach sie die Menschenrechte verletze, wenn sie Migranten im Lager über fünf Tage die Nahrung verweigere, und dies damit begründet, sie sei für abgelehnte Migranten „nicht verantwortlich“, vgl. *ZEIT ONLINE*, Ungarn verweigert Migranten Nahrung, ZEIT ONLINE 03.05.2019.

517 *Benjamin*, Zur Kritik der Gewalt, GS II.1, S. 201.

518 *Schultz*, Paradoxien des (Bio-) Politischen und der Fluchtpunkt der Vernichtung, in: Loick (Hg.), Der Nomos der Moderne, S. 105 (111).

519 *Agamben*, Homo sacer, S. 179 f.; *Arendt*, Elemente und Ursprünge totaler Herrschaft, S. 907.

520 *Agamben*, Homo sacer, S. 183 f.

521 Vgl. ebd., S. 182 f.

522 Ebd., S. 180.

richtung die souveräne Gewalt das Ver-orten könne, was sich nicht ordnen lasse.[523]

e. Kritik

Bei all dieser Exklusivitätsmetaphorik vernachlässigt aber auch Agamben, wie bereits zuvor Benjamin in seiner Kritik an der rechtsetzenden Gewalt, die integrative Kraft der Rechtsinhalte. So wird sich im weiteren Verlauf der Arbeit noch bei Derrida zeigen, dass sich die in einer Norm zum Ausdruck kommenden Ansprüche zugleich produktiv instrumentalisieren lassen, indem der Anspruch auf das bisher Ausgeschlossene erweitert und dieses so ins Recht integriert wird.[524] In seiner Textur hält das Recht ein verbrieftes Reservoir universalisierbarer Ansprüche bereit, die seine Ausschlüsse kompensieren. Dieser Aspekt am Recht, der tagtäglich in Anspruch genommen wird, bleibt bei den aufs Exzeptionelle fixierten Konturierungen unbeachtet. Agambens Blick aufs Extreme macht ihn blind für all die empirischen Verbesserungen in der Vermittlung von Rechtssicherheit und Rechtsdurchsetzung, was etwa an der Verrechtlichung der „besonderen Gewaltverhältnisse" konkret wird, die in den vergangenen siebzig Jahren gemacht wurden. Darin bleibt er gewissermaßen den Defiziten, unter denen bereits Foucaults Machtanalyse litt[525], treu. Mehr noch: Genau genommen ist Agambens Versuch, Kontinuitäten oder innere Tendenzen des Staates bzw. des Politischen aufzuzeigen, auch ein Ausdruck einer mangelhaften Foucault-Rezeption. Dieser hatte sich in seinen Vorlesungen über die Entstehung der Biopolitik gegen Analysen ausgesprochen, die das Allgemeine über das Extreme vor dem Hintergrund einer inneren Dynamik des Staates abzuwerten versuchen, da bei derartigen Argumentationsgängen zumeist eine dezidierte Untersuchung der Gegenwart ausbleibe. Für Foucault sind Verallgemeinerungen solcher Art immer „inflationär".[526]

Die Hypertrophie von Agambens Gedanken über den Ausnahmezustand lässt sich zuletzt anhand der Corona-Krise bemessen. Wie es Jens

523 *Agamben*, Was ist ein Lager?, S. 47 f.

524 Zu dieser Deutung von Derridas Rechtsphilosophie: *Wolf*, Gerechtigkeit als Dekonstruktion, S. 293.

525 Vgl. *Habermas*, Der philosophische Diskurs der Moderne, S. 340.

526 *Foucault*, Die Geburt der Biopolitik, S. 263 f.; diesen Aspekt reflektiert auch *Loick*, Kritik der Souveränität, S. 231.

Kersten und Stephan Rixen in ihrer differenzierten Analyse des Verfassungsstaates in der Corona-Krise dargelegt haben, galt zu jeder Zeit die Ordnung des Grundgesetzes, da unbeschadet des Krisenmodus, in welchem sich die Regierung des Bundes und die Regierungen der Länder befanden, die Verfassung oder die Gewaltenteilung nicht aufgehoben wurden.[527] Stattdessen wurden schon nach kurzer Zeit einzelne Regelungen, die zur Eindämmung der Pandemie während der ersten Welle im Frühjahr 2020 ergangen sind, einer verfassungsrechtlichen Kontrolle unterzogen und die Einschränkung von Freiheitsbeschränkungen anhand des Verhältnismäßigkeitsprinzips überprüft und entsprechend korrigiert.[528] Ein aufs Detail bezogener Blick erkennt hier im staatlichen Handeln insoweit keine Situation der Unentscheidbarkeit, sondern den Versuch, widerstreitende Rechtsgüter bei unsicherer Tatsachenlage gegeneinander abzuwägen und in einen schonenden Ausgleich zu bringen.[529] Auf der anderen Seite scheinen Agamben die (bio-)politischen Gedankenexperimente zur „Durchseuchung“ der Bevölkerung, die manche Regierungen im Laufe der Pandemie erwogen, um eine Herdenimmunität zu erreichen, wiederum in Teilen recht zu geben.[530] In derartigen Berechnungen manifestiert sich nichts weiter als der Einschluss des nackten Lebens in das Kalkül der Macht souveräner Nationalstaaten, wenn die Bereitschaft besteht, zum Wohle der „Volksgesundheit“ die Gesundheit des Einzelnen zu opfern.

3. Die performative Gewalt (Derrida)

Derridas Dekonstruktion des Rechts scheint sich vordergründig nicht so sehr der Exklusivität des Rechts angenommen zu haben, als vielmehr der von Benjamin ausgewiesenen „Aufgabe“, das Verhältnis der Gewalt

---

527 *Kersten/Rixen*, Der Verfassungsstaat in der Corona-Krise, S. 27–43.

528 Ebd., S. 45-66. Vgl. z.B. den BVerfG Beschluss vom 15.04.2020 - 1 BvR 828/20, in welchem das Gericht einem Eilantrag gegen ein Versammlungsverbot stattgab, das mit einem Verstoß gegen eine Verordnung der hessischen Landesregierung zur Bekämpfung des Corona-Virus begründet worden war. Oder der Beschluss des saarländischen Verfassungsgerichtshofs (NVwZ-RR 2020, 514), der unter Mitwirkung von Rixen anlässlich der Überprüfung von Maßnahmen zur Pandemiebekämpfung den Begriff der „begleitenden Rechtfertigungskontrolle“ geprägt hat.

529 Vgl. *Kersten/Rixen*, Der Verfassungsstaat in der Corona-Krise, S. 12.

530 Vgl. z.B. für Großbritannien *Schulz*, Schwacher Premier, schwaches Gesundheitssystem, ZEIT ONLINE 14.04.2020.

zu Recht und Gerechtigkeit zu beschreiben, welcher eine Kritik der Gewalt gerecht werden müsse.[531] Derweil stellt sich bei ihm ihr Verhältnis weniger als ein antagonistisches, sondern als eine komplexe Verstrickung dar. Insoweit sollen sich auch die Unterscheidungen, derer sich Benjamin trotz seiner Kritik noch sicher wähnt, als instabil erweisen. Derridas dekonstruktiver Zugang muss sich allerdings immer wieder einer subkutanen gegenseitigen Bezogenheit dieser drei Phänomene stellen, die sich nur als Aporie ausdrücken lässt. Ihr inniges Verhältnis hat dabei vielerlei, manchmal auch überlagernde Ursachen. Diese reichen von der schon angesprochenen Äquivokation im Begriff der Gewalt hin zur textuellen Verfasstheit des Rechts, die seine Deutung verlangt, über sedimentierte, kulturell überlieferte Gerechtigkeitserwartungen an das Recht und kulminieren schließlich in der Unmöglichkeit einen „wahre[n] Unterschied“ zwischen Gerechtigkeit und Recht zu machen.[532] Außerdem hat dies auch etwas mit dem „Stil“[533] der Dekonstruktion zu tun, der es schließlich um die Destabilisierung von Unterscheidungskriterien geht, was sie in Nähe zur Gerechtigkeit rücke.[534]

a. Recht – Gewalt – Deutung

Dass das Recht mit Gewalt einhergeht, derer es nicht habhaft wird, ist für Derrida zunächst einmal seiner Textform geschuldet. Die *Gewalt des Rechts* erklärt sich aus seiner positiven, d.h. textuellen Verfassung, die nach einer Deutung verlangt, welche eine Sinnbeziehung zwischen Norm und Lebenssachverhalt herstellt, um „gewissen Sachverhalten den Charakter von Rechts- (oder Unrechts-)Akten [zu] verleihen“[535]. Wie es schon im Kapitel zu Iteration und *différance* zu sehen war, ist die Deutung definitionsgemäß kein neutrales Unterfangen, sondern ein Akt der Gewalt, da die Erfassung des Sachverhalts im rechtlichen Sinne in der Struktur performativer Akte erfolgt.[536] Denn das Wesen performativer Handlungen besteht schließlich darin, über ihren Vollzug bestimmte Tatsachen hervorzubringen. Performativa setzen Derrida zufolge Recht.[537] Die performative Gewalt, die aus-

531 *Benjamin*, Zur Kritik der Gewalt, GS II.1, S. 179.
532 Vgl. *Derrida*, Gesetzeskraft, S. 9, 46.
533 Ebd., S. 19.
534 Ebd., S. 17, 44, 52.
535 *Kelsen*, Reine Rechtslehre, S. 6.
536 *Derrida*, Gesetzeskraft, S. 27.
537 Ebd., S. 29.

geübt wird, ist dabei selbst weder recht- noch unrechtmäßig und damit vom Recht zu unterscheiden.[538] Selbst wenn sie vom Recht verschieden ist, begleitet sie das Recht jedoch wie ein unabwerfbarer Schatten, weil jeder Sachverhalt, wie auch das Recht, das auf ihn Anwendung finden soll, als textueller Sinnzusammenhang iteriert und dadurch aktualisiert werden muss.[539]

Mit dieser Annahme unterläuft Derrida Benjamins Unterscheidung zwischen einer rechtsetzenden und einer rechtserhaltenden Gewalt und zeigt sich insbesondere gegenüber der von Benjamin missachteten Kontinuität normativer Gehalte sensibel. Denn mit jedem performativen Akt, mit jeder Deutung, die einmal gelingt, aber auch schon im ersten Augenblick ihres Vollzugs, wird die Möglichkeit ihrer Wiederholung begründet, weil mit ihrem ersten Vollzug die Kriterien offensichtlich werden, die zu ihrem Vollzug notwendigerweise erfüllt werden müssen.[540] Und schon allein, um überhaupt von anderen Akten unterschieden werden zu können, verlangen sie zu ihrer Identifizierbarkeit nach ihrer Wiederholung.[541] Wenn es aber die Wiederholung ist, die den einzigen Grund für eine Stiftung darstellt, und kein ursprüngliches Ereignis, das dem Recht zur Geltung verhilft, lässt sich die Annahme einer „rechtsetzenden Gewalt“, die sich dadurch auszeichnet, ihre Autorität aus großen Ereignissen zu ziehen, nicht mehr aufrechterhalten.[542] Mehr noch: Die Struktur performativer Akte, die davon geprägt ist, dass die Differenzierung, die durch sie vollzogen wird, gelingt, aber auch scheitern könnte und deren Gelingen vom Zeitpunkt ihres Vollzuges unabhängig ist, macht schon allein die Identifikation dieser Momente schwierig.[543] Ebenso wenig lässt sich die diskursive Gewalt[544] der Deutung dadurch verbannen – und in diesem Zusammenhang von einer rein rechtserhaltenden Gewalt sprechen –, dass man Zwecke festschreibt, zu deren Erfüllung die Ausübung körperlich wirkenden Zwangs schlechterdings zu ergehen hat. Die Interpretationsbedürftigkeit des Differenzierungszusammenhanges, der immerzu einen Sinnüberschuss bereithält, übersteigt sich über die Zeit selbst. Jeder Zweck ist damit, aufgrund von Iteration und *Différance*, von seiner veränderten

538 *Derrida*, Gesetzeskraft, S. 28.
539 Vgl. Kap. C.I.3.
540 *Derrida*, Gesetzeskraft, S. 83.
541 Ebd., S. 83.
542 Ebd., S. 83.
543 Ebd., S. 78.
544 Ebd., S. 12.

Interpretation kontaminiert, was ihn um seine Eindeutigkeit bringt.[545] Dem Begründungspotenzial, das mithin in jedem Akt „der deutenden Lektüre“[546] angelegt ist, steht das Recht deshalb vollkommen ohnmächtig gegenüber. Dahingehend korrespondiert Derrida wieder mit Benjamins Schwankungsgesetz. Entsprechend lautet Derridas Diagnose, dass die Deutung, soweit sie Gewalt „Sinn verleih[t]“, das Recht bedrohe, sowie sie ihm zur Existenz gereicht.[547]

Die Nachträglichkeit ihrer Einstellung, derentwegen sie sich auch nur schlecht kontrollieren lassen, heftet performativen Akten daher etwas Mythisches, ja Gespenstisches an.[548] Denn es ist immer nur eine Frage der Zeit, bis die „Kette“[549] der performativen Akte aufreißt und eine Deutung ergeht, die eine *andere* Konvention erzeugt.

Cornelia Vismann hat einen solchen Durchbruch diskursiver Gewalt einer veränderten Rechtsinterpretation anhand eines Streits, der anlässlich der Neukommentierung zu Artikel 1 im Maunz/Dürig-Kommentar zum Grundgesetz entbrannte, illustriert.[550] Nachdem der C.H. Beck-Verlag nach über fünfzig Jahren die Erstkommentierung zu Artikel 1 von Günter Dürig ausgewechselt und auf den aktuellen Stand der Rechtsprechung und der Literatur in Sachen Menschenwürde gebracht hat – Stichwort: Pränataldiagnostik und Stammzellenforschung –, monierte der katholische ehemalige Verfassungsrichter Ernst-Wolfgang Böckenförde in einem Zeitungsartikel, dass nunmehr der Menschenwürdeschutz per se deklassiert sei.[551] Das Spezifische an Dürigs Kommentierung, vor die sich Böckenförde bewahrend stellte, war die Entfaltung der gesamten Verfassung aus dem Menschenwürdeschutz, wofür allerdings der Wortlaut des Grundgesetzes nur wenig hergibt. Böckenfördes Standpunkt erklärt sich

545 *Derrida*, Gesetzeskraft, S. 83 f.

546 Ebd., S. 81.

547 Ebd., S. 76.

548 Ebd., S. 78, 93.

549 *Derrida*, Die Différance, S. 40.

550 *Vismann*, Benjamin als Kommentator, in: Horn/Menke/Menke (Hg.), Literatur als Philosophie – Philosophie als Literatur, S. 347 (347-362). Um noch ein Beispiel diskursiver Gewalt aus dem Bereich des Zivilrechts zu nennen, ließe sich auf die Rechtsprechung zu § 812 I BGB verweisen. Anders als der BGB-Gesetzgeber von 1900, der die Leistungs- und die Nichtleistungskondiktion als einen einheitlichen Tatbestand erachtet hat, geht die heutige herrschende Meinung von zwei unterschiedlichen Tatbeständen aus, vgl. *Wandt*, Gesetzliche Schuldverhältnisse, S. 112-115.

551 *Böckenförde*, Die Würde des Menschen war unantastbar, FAZ 03.09.2003; ebenfalls abgedruckt in: *ders.*, Recht, Staat, Freiheit, S. 379-388.

insoweit daraus, als es Dürig im „Kommentargewand“ nachweislich gelang, die Rechtsprechung des noch jungen Bundesverfassungsgerichts, das seiner Kommentierung gefolgt ist, wie auch unzählige Juristen nach der Maßgabe seines katholischen Menschenbildes zu beeinflussen.[552]

Die performative Gewalt der Deutung lässt sich hier also gleich in zweierlei Hinsicht beobachten: Aufgrund der „Autorität“[553] des Kommentars vermochte allein eine spezifische Auslegung des Grundgesetzes durch Dürig die Rechtsprechung in ihrer Urteilsfindung prägen – sie war dementsprechend rechtsetzend aktiv – und darin ihre Bestätigung zu finden, um für viele Jahre hinweg als Referenz herhalten zu können, bis zu dem Zeitpunkt, als sich eine andere Auslegung von Artikel 1 durchgesetzt hat, welche nunmehr weitgreifende biopolitische Unternehmungen für mit der Menschenwürde vereinbar erklärt. Nicht nur der Wortlaut des Gesetzestextes, sondern die „performative Macht der Kommentar*form*“[554] vermochten es mit ihren jeweiligen Deutungen Recht zu setzen und es aufrecht zu halten und zu verändern. Ob die Deutung dabei Artikel 1 des Grundgesetzes oder die gesamte Rechtsordnung angeht, ist soweit nur aufgeschoben. Wie das Beispiel aber deutlich macht, kann sie vom Recht jedenfalls nicht aufgehalten werden, obwohl sie zu ihm gehört.

b. Legitimation – Gewalt – Demokratie

Im Recht wird aber nicht nur über die Deutung Gewalt ausgeübt, die Deutung dient häufig auch dazu, klassischen Formen der Gewalt, also Handlungen, in denen augenscheinlich körperlich wirkender Zwang ausgeübt wird, den Sinn von Rechtsakten zu verleihen. Auch diese Form der rechtmäßigen Gewaltausübung, die vornehmlich von der Polizei praktiziert wird, die „*per definitionem* dort anwesend, dort vertreten [ist], wo Gesetzeskraft existiert“[555], bedarf in demokratisch organisierten Gesellschaften einer Rechtfertigung, um den Status einer anderen als der wilden, eben den der gerechtfertigten Gewalt zu erhalten. Unter den Paradigmen der Iteration und der *différance* wird ihre Rechtfertigung allerdings permanent

552 *Vismann*, Benjamin als Kommentator, in: Horn/Menke/Menke (Hg.), Literatur als Philosophie – Philosophie als Literatur, S. 347 (354-356), mit weiteren Nennungen.
553 Ebd., S. 347 (354).
554 Ebd., S. 347 (347).
555 *Derrida*, Gesetzeskraft, S. 93.

ruiniert, was der Polizei einen gespenstischen Charakter verleiht.[556] Im Gegensatz zu Benjamins Analyse liegt Derrida zufolge das Gespenstische der Polizei nicht in ihrer Vermischung von rechtsetzender wie auch rechtserhaltender Gewalt[557], sondern „weil sie alles heimsucht; sie ist überall, ebenfalls dort, wo sie nicht ist: [sie ist] *Fort-Dasein*".[558] Ihr *Fort-Dasein* ist so zu verstehen, dass die Performativität ihrer Interventionen multiple Konventionen zur Rechtfertigung einer noch größeren Anzahl weiterer Eingriffe mit sich bringt. Auch Derrida scheint hier implizit an Generalklauseln und unbestimmten Rechtsbegriffen Anstoß zu nehmen, als diese aufgrund ihrer Dehnbarkeit einen ebenso weiten Sinnüberschuss erlauben, an dem sich letzten Endes immerzu für eine Rechtfertigung ihrer Taten anknüpfen lässt.[559] Kritikwürdig oder kritikfähig ist dabei nicht die Vermischung von rechtsetzender und rechtserhaltender Gewalt, weil dies bereits die Iteration mit sich bringt, sondern eine bestimmte „Logik", ein „Geist", der in der Polizei fortdauert und der noch aus der Zeit absoluter Monarchien entstammt, weshalb er „Demokratien" eigentlich unwürdig sein müsse.[560] Wie oben schon beschrieben, ist es in der absoluten Monarchie infolge der Identität von Exekutive und Legislative legitim, wenn ein Exekutivorgan Gesetze hervorbringt, soweit sie zum Schutze der Monarchie ergehen. In einer Demokratie hingegen will die Macht, die exekutiert wird, auf das Legitimationssubjekt Volk zurückgeführt werden. Gesetze parlamentarischer Demokratien sind jedoch formaljuristisch so lange legitim, bis sie durch Zeitablauf oder *actus contrarius* aufgehoben oder novelliert werden, so dass sich infolge des Zeitverstreichens zwischen dem Volk, das zum Zeitpunkt ihrer Kreation, und den Volksmitgliedern, die zu einem späteren Zeitpunkt Adressaten von Exekutivakten sind, eine Inkongruenz auftut. Hinzukommt, dass das Volk, anders als der Monarch, niemals mit sich identisch sein kann, wodurch per se eine Paradoxie in die Legitimation demokratisch ausgeübter Macht eingetragen ist. Die rechts-

---

556 *Derrida*, Gesetzeskraft, S. 92 f.

557 So *Benjamin*, Zur Kritik der Gewalt, GS II.1, S. 189.

558 *Derrida*, Gesetzeskraft, S. 95.

559 „Auf das [*Fort-Dasein* der Polizei kann] man sich immer berufen", ebd., S. 95. Dieser Aspekt dürfte wohl auch Agamben in seiner Theorie der „souveränen Gewalt" und des „Ausnahmezustands" inspiriert haben. Die Bedeutungslosigkeit des Gesetzes in der Situation der Ausnahme lässt sich nämlich auch so verstehen, dass hier die Begrifflichkeit des Rechts total an Bedeutung verliert, weil ein absoluter Sinnüberschuss vorhanden ist, an dem sich mit allem Denkbaren anknüpfen lässt.

560 *Derrida*, Gesetzeskraft, S. 95.

staatlich verfasste Demokratie ist daher zwangsläufig das unvollkommene Abbild eines Idealzustands.[561] Demzufolge ist auch die demokratische Legitimation polizeilicher Gewaltakte notorisch porös, da ihr Legitimationssubjekt nur die Fiktion einer sich faktisch permanent ändernden Entität ist. Hierdurch werden schließlich die Maßstäbe der Gewaltrechtfertigung rechtsstaatlich verfasster Demokratien unterlaufen, die auf einer solchen Kongruenz aufbauen. Wenn aber der Zurechnungszusammenhang zwischen dem zwingenden staatlichen Akteur und dem Legitimationssubjekt staatlicher Gewalt fraglich wird, entzieht dies allem polizeilichen Handeln die generelle Rechtfertigung.

c. Recht – Gerechtigkeit – Gewalt

Anders als zum Beispiel Kelsens positive Rechtslehre geht die Dekonstruktion von einer inhärenten Beziehung zwischen Recht und Gerechtigkeit aus und hält die Abgrenzungsversuche jener nur für den Ausweis einer „rechtlichen Ideologie“[562]. Der Argumentationsgang der Dekonstruktion hinsichtlich der Ursachen dafür, warum Recht und Gerechtigkeit in einem inneren Verhältnis zueinander stehen, weshalb die Gerechtigkeit daher nicht aus der Rechtstheorie ausgeblendet werden dürfe und inwieweit die Idee der Gerechtigkeit mehr als nur ein platonisches Ideal sei, sind vielschichtig.

Zu Beginn von „*Gesetzeskraft*“ führt Derrida zunächst eine traditionell geistesgeschichtliche Nähe zwischen Recht und Gerechtigkeit an, wenn er aus den Fragmenten und Essays Blaise Pascals und Michel de Montaignes zitiert, die auf ihr Verhältnis zu sprechen kommen.[563] Die Quellen sind für ihn unter anderem Beleg für die Tatsache, dass in der abendländischen Rechtsphilosophie Recht und Gerechtigkeit zusammengedacht wurden und beispielsweise im antiken Recht oder in der Naturrechtslehre die Vorstellung verbreitet war, Recht könne oder müsse gar gerecht sein. Dies führe dazu, dass jene Gedanken nicht etwa mit dem Aufkommen des Rechtspositivismus verschwinden, sondern prinzipiell in das allgemeine

---

561 Derrida spricht derweil von der Demokratie als etwas, das „im Kommen“ bleibt, *Derrida*, Gesetzeskraft, S. 96 f.; sie ist dahingehend vergleichbar mit der Gerechtigkeit. Etwas, das Derrida durch keine Ideen im Sinne Platons oder regulative Ideen im Sinne Kants determiniert wissen möchte, vgl. *ders.*, Schurken, S. 60, 117, 205.

562 *Derrida*, Gesetzeskraft, S. 27.

563 Vgl. ebd., S. 22 f.

Rechtsverständnis weiterhin nachreichen. Für Derrida handelt es sich bei dieser Thematik also um eine Art „Wiedergänger", ein „Erbe", das aus der Vergangenheit rührt und deshalb dazu anhält, sich mit ihr zu beschäftigen und es, das Erbe, zu interpretieren.[564] Von daher sei es naiv zu glauben, von einem Denken über die Gerechtigkeit Abstand nehmen zu können, wenn ein Verlangen nach ihr im Rechtsdiskurs immer wieder auftaucht.[565]

Inhaltlich befindet Derrida bei Pascal und Montaigne die strukturelle Nähe zwischen Gerechtigkeit und Gewalt für bemerkenswert, mit der sie sie gegenüber dem Recht positionieren. Pascal behauptet nämlich eine gewisse Normativität in der Kraft/Gewalt, der zu folgen ein Ausdruck der Gerechtigkeit sei.[566] „Gerechtigkeit als solche", expliziert Derrida diesen Gedanken weiter, „[erfordert] den Rekurs auf Gewalt (Kraft)".[567] Interessanterweise ist der Bewertungsmaßstab für die Gerechtigkeit einer Norm, wie es Pascal und Montaigne bekunden, aber nicht die „Autorität des Gesetzgebers" oder die „Souveränität" (verstanden als Prinzip), sondern die „jeweils geltenden Gewohnheiten", weil alle vernünftig begründeten Maßstäbe – von einem transhistorischen Punkt aus betrachtet – kontingent erscheinen. Auf der geltenden Gewohnheit beruhe der „mystische Grund ihrer Autorität" und damit das Zugpferd ihrer Stärke, welche zur Befolgung anhält. Diese Autorität kann jedoch auf kein „Prinzip" zurückgeführt werden, da sie hierdurch nur unterminiert werde.[568] Damit ist für Derrida auf *„indirekte Weise"* dreierlei gesagt: Gerechtigkeit ist erstens keine Qualität von Normen, sondern ein Aspekt, der in ihrer „Anerkennung" liegt. Zweitens kann diese Anerkennung nicht rational begründet werden, vielmehr ist es drittens ein „Kredit", den man Normen zollt und hofft, dass sich der Glaube erfüllen wird.[569]

Weiter heißt es bei Montaigne, dass die Gerechtigkeit des Rechts in „legitime[n] Fiktionen" aufginge.[570] Das realexistierende, weltliche Recht,

---

564 *Derrida*, Gesetzeskraft, S. 40; *ders.*, Marx' Gespenster, S. 32, 39, 77 f., 81, 229.

565 Vgl. *Derrida*, Marx' Gespenster, S. 25. Diesen Gedanken artikuliert Derrida erst ein paar Jahre nach Erscheinen von „Gesetzeskraft" anlässlich seines Buches zu Francis Fukuyamas Thesen über ein Ende der Geschichte nach dem Zusammenbruch der UdSSR. Ich bin jedoch der Meinung, dass er sich auf den vorliegenden Kontext übertragen lässt, ohne ihm Schaden zuzufügen.

566 *Derrida*, Gesetzeskraft, S. 22.

567 Ebd., S. 23.

568 Vgl. *Blaise Pascal*, Gedanken, Nr. 293, zit. nach *Derrida*, Gesetzeskraft, S. 24; meine Aufmerksamkeit hierauf gelenkt zu haben, verdanke ich *Wolf*, Gerechtigkeit als Dekonstruktion, S. 233.

569 *Derrida*, Gesetzeskraft, S. 24 f.

570 Ebd., S. 25.

so Derridas Deutung dieses Passus, diene demnach als Ergänzung für die „Abwesenheit“ eines wahrhaft gerechten und göttlichen „Naturrechts“, wobei in der Prüfung des Rechts auf seine Stärke, auf seine Anerkennbarkeit nach Maßstäben der Gewohnheit ebenso ein Verlangen nach einem göttlichen, wahrhaft gerechten Recht mitschwingt.[571] Trotz der Inexistenz eines wirklich gerechten Rechts müsse demnach zumindest die Idee eines solchen antizipiert werden, wenn sich über das weltliche Recht verständigt wird, weil jedenfalls auch an das weltliche Recht die Erwartung herangetragen werde, gemäß der es nach allgemeingültigen Maßstäben gerecht zu sein hat.[572] Ein praktikabler Indikator dafür, ob eine Norm unter diesen Bedingungen gerecht erscheint, ist insoweit ihre Autorität.

Die aus der Lektüre von Pascal und Montaigne gewonnenen Ansätze kombiniert Derrida anschließend mit seiner Deutungstheorie. Demnach liegt eine „Kraftquelle“[573] des Rechts in der individuellen Anerkennung rechtlicher Werte, indem diese vom Einzelnen für gerecht erachtet werden, wobei die Anerkennung durch das *Gelingen* performativer Akte vermittelt wird. Für das Verhältnis von Gerechtigkeit und Gewalt bedeutet der Umstand jedoch, dass auch die Gerechtigkeit auf Gewalt beruht. Sofern das Recht durch performative Akte eingesetzt wird, die aufgrund dessen ein Moment der Gewalt in sich bergen, die ihrerseits vom Recht zu unterscheiden ist, und das Recht nach der Gerechtigkeit strebt und sogar mit ihr in eins fallen kann, beruht gleichermaßen die Gerechtigkeit auf jenem Momentum der Gewalt, das für sich genommen „weder gerecht noch ungerecht“ ist.[574] Sie kommt damit bei der Ermöglichung wie auch bei der Verunmöglichung gerechter Entscheidungen zum Zuge. Diese Gewalt, die weder gerecht noch ungerecht ist, wird von Derrida schließlich dem angenähert, was Montaigne den „mystische[n] Grund [der] Autorität“[575] genannt hat. Dabei möchte Derrida dem *mystischen* Aspekt der Autorität

---

571 *Derrida*, Gesetzeskraft, S. 26; *Wolf*, Gerechtigkeit als Dekonstruktion, S. 235.

572 So die Interpretation von *Wolf*, Gerechtigkeit als Dekonstruktion, S. 246 f.; ähnlich auch *Menke*, Spiegelungen der Gleichheit, S. 132 f.: „Nur ein Verhalten, das sich an dem normativen Gegensatz von ‚gerecht‘ und ‚ungerecht‘ orientiert, ermöglicht die Etablierung einer Rechtsordnung; nur für Wesen, die sich an dem normativen Gegensatz von ‚gerecht‘ und ‚ungerecht‘ orientieren (können), *gibt es* Recht“.

573 *Menke*, Tragödie im Sittlichen, S. 311.

574 *Derrida*, Gesetzeskraft, S. 27 f.

575 Montaigne, Essais III, XIII, in: Œuvres, édition des La Pléiade; texte établi et annoté par A. Thibaudet, Paris 1950, S. 1203, zit. nach: *Derrida*, Gesetzeskraft, S. 25.

einen „wittgensteinischen Anklang" verleihen.[576] Das, was nämlich der Grund für die Autorität einer Norm ist, einer Norm, die, ist sie erst einmal gesetzt, gerecht erscheint, kann schlechtweg nicht verbalisiert werden, weil ihr Grund – so Ludwig Wittgensteins Definition des Mystischen – unaussprechlich ist[577]; er „entzieht" sich, wie Menke dies kommentiert, „dem diskursiven Verständnis"[578], sofern man ihn einem rechtfertigenden, rationalen Diskurs, mit dem die Setzung des Rechts begründet werden soll, zuzuführen gedenkt: Von daher ist „der Ursprung der Autorität, die (Be)gründung oder der Grund, die Setzung des Gesetzes in sich selbst eine grund-lose Gewalt(tat)"[579].

Vor dem Hintergrund von Benjamins Unterscheidungen heißt dies nicht weniger, als dass nicht nur die Bestimmung von Gewalt nach der „Kriteriologie" des Rechts auf tönernen Füßen steht, sondern darüber hinaus auch, dass die Unterscheidung zwischen einer Gewalt zu gerechten Zwecken und einer ungerechten Gewalt so nicht zu halten ist, da der Gerechtigkeit stets Gewalt vorausgeht, die erst, wenn sie schon passiert ist, rückwirkend den Nimbus gerecht oder ungerecht zu sein bekommt. Mehr noch: Auch die „Gerechtigkeit [...] erfordert, daß sie in einem Recht sich einrichtet, das ‚enforced' werden muß."[580]

d. Recht – Gerechtigkeit – Aporie

Der mystische Grund der Autorität einer Norm lässt sich zwar nicht in Worte fassen, wohl könne er aber als „Aporie" *erfahren* werden.[581] Bei dieser dichten, wenn nicht schon enigmatischen Aussage handelt es sich um einen zentralen Punkt in Derridas Gerechtigkeitsphilosophie für die Dekonstruktion des Rechts als Praxis. Im Folgenden soll sie daher in vier Schritten eine Klärung erfahren: Dafür wird zunächst das Problem, das im weiteren Verlauf zu vertiefen sein wird, grob umschrieben (1.). Anschließend wird der Sinn von Aporien in Derridas Philosophie thematisiert (2.). Die damit zusammenhängenden Implikationen bilden nämlich das

---

576 *Derrida*, Gesetzeskraft, S. 28.

577 *Wittgenstein*, Logisch-philosophische Abhandlung, 6.522.

578 *Menke*, Spiegelungen der Gleichheit, S. 133; ähnlich auch schon *Menke*, Für eine Politik der Dekonstruktion, in: Haverkamp (Hg.), Gewalt und Gerechtigkeit, S. 279 (281).

579 *Derrida*, Gesetzeskraft, S. 29.

580 Ebd., S. 46.

581 Ebd., S. 33.

Fundament für Derridas anspruchsvollen Gerechtigkeitsbegriff (3.), vor dem schließlich die Aporetizität des Verhältnisses zwischen Recht und Gerechtigkeit ihre Darstellung erfährt (4.).

(1.) Mit dem Begriff der „Erfahrung", in dessen etymologischen Zusammenhang Derrida Aporien bringt, rekurriert er auf eine Bedeutung dieses ambigen Begriffs, in der er etwas über das Weg-Bahnen, das Er-*fahren* aussagt.[582] Diesen Vorgang des Weg-Bahnens assoziiert der Autor wiederum mit einem anderen Begriff, der im Zentrum seiner Abhandlung steht: der Adressierung. Derrida entnimmt der Gewohnheit die „Pflicht", dass man sich auf eine Weise an den Anderen[583] zu richten habe, über die man ihn auch erreiche.[584] Die richtige Adressierung des Anderen ist für ihn insoweit eine Bedingung der Möglichkeit von Gerechtigkeit.[585] Die gelingende Adressierung hat dabei zweierlei zur Voraussetzung: Zum einen ist der richtige Weg zu wählen, über den man sich an den Anderen richtet. Dies verlangt es beispielsweise, sobald man einem Anderen einen Brief schreibt, ein Postunternehmen zu wählen, das seine Sendungen zuverlässig zustellt. Und man muss die richtige Adresse des Anderen angeben, unter der die Sendung dem Anderen zugestellt werden kann. Dabei handelt es sich sowohl beim Weg als auch bei der richtigen Adresse um Bedingungen für eine richtige Adressierung des Anderen. Beide Möglichkeitsbedingungen können jedoch auch aus vielerlei Gründen scheitern,[586] z.B. wenn man etwa ein schlampiges Postunternehmen gewählt hat, das einen falschen Weg genommen hat, oder wenn man die falsche Adresse des Anderen angegeben hat, was zur Unmöglichkeit der korrekten Zustellung führt. Hierbei ist die Wahl des richtigen Weges zur Übermittlung grundsätzlich möglich, der Erfahrung zugänglich. Die Wahl der richtigen Adresse, un-

582 *Derrida*, Gesetzeskraft, S. 33.

583 Eine Anmerkung zur Schreibweise: Im Französischen wird zwischen *dem Anderen* (*autri*) und *dem anderen* (*l'autre*) unterschieden, wobei dieser Unterschied im Deutschen nur durch Klein- und Großschreibung kenntlich gemacht werden kann. Bei Emmanuel Lévinas, auf den Derrida Bezug nimmt, ist der Unterschied in der Schreibweise von Relevanz, bei Derrida dagegen nicht, *Wolf*, Gerechtigkeit als Dekonstruktion, S. 163 f. Fn. 59. In der deutschen Übersetzung von Derrida wird der *andere* zumeist klein geschrieben. Da es bei Derrida aber nicht auf den Unterschied ankommt und im Deutschen der *Andere* üblicherweise groß geschrieben wird, weiche ich von der Schreibweise in der deutschen Derrida-Übersetzung ab.

584 *Derrida*, Gesetzeskraft, S. 9 f.

585 Ebd., S. 35.

586 Ebd., S. 32.

ter der der Andere erreicht werden kann, nicht unbedingt. Der Andere kann etwa verzogen oder untergetaucht sein. Sie hängt demnach auch in gewissem Maße vom Anderen ab. Der „Zugang" zum Anderen ist dann mitunter unmöglich, eine Erfahrung der Aporie.[587]

Was bisher metaphorisch als Vorgang des Briefzustellens umschrieben wurde, gilt gleichfalls für das Recht. Auch das Recht lässt sich als Medium zur Adressierung des Anderen begreifen, ein Medium, das in seiner Art mitunter den Anderen verfehlt. Obwohl sich das Recht in seiner Form nicht immer dazu eignet, dem Anderen auch wirklich zu begegnen oder gar den Zugang zum Anderen verstellt, ist damit jedoch nicht gesagt, dass danach auch Gerechtigkeit unmöglich sei. Im Gegenteil: Für Derrida setzt Gerechtigkeit gerade „eine Erfahrung des Unmöglichen", eine „Erfahrung der Aporie" voraus.[588]

(2.) Diese paradox anmutende These ist zuvörderst seinem Aporie-Begriff geschuldet. Der Ausweis einer Erfahrung als Aporie kennzeichnet bei Derrida nicht nur ausweglose Lagen, in welche die Paradoxa führen, sondern auch eine Möglichkeit indirekten Verstehens, eines Verstehens, das in Abhängigkeit vom Anderen steht und dadurch unmittelbare Grenzen des Sagbaren strukturell überschreitet.[589] Wie ein solch transzendierender Denkweg verläuft, hat der Autor paradigmatisch anhand einer (abweichenden) Deutung von Martin Heideggers Bestimmung des konstitutiven Selbstverhältnisses des „Daseins" kartographiert.

Die Grundidee aus Heideggers *„Sein und Zeit"* lautet, dass die Dinge, so wie sie sich zeigen, in Abhängigkeit von den ontologischen Strukturen des „Daseins" (der Mensch) stehen. Um die Dinge richtig verstehen zu können, müssen zunächst die fundamentalen Strukturen herausgearbeitet werden, aus denen sich die Existenz des Daseins und entsprechend sein Verhältnis zu sich zusammensetzt, bevor sich dem Sein der Dinge zugewandt werden kann, das nun also auf den Füßen des Daseins steht.[590] Dabei existiert das Dasein nicht isoliert von der Welt, vielmehr ist es schon immer qua Geburt in bereits gegebene, kulturell überlieferte Sinnstruktu-

---

587 „Eine *aporia* ist das, was kein Weg ist.", *Derrida*, Gesetzeskraft, S. 33.

588 Ebd., S. 33.

589 Der Lektüre von *Wolf*, Gerechtigkeit als Dekonstruktion, insb. S. 101-275, verdanke ich wesentliche Einsichten in Derridas Aporien-Begriff. Dazu zählen v.a. die Bezüge in diesem Themenfeld zwischen Derrida, Lévinas und Heidegger. Zur Definition des Aporien-Begriffs: *Wolf*, Gerechtigkeit als Dekonstruktion, S. 174; vgl. auch *Derrida*, Aporien, S. 32 f.

590 Vgl. *Heidegger*, Sein und Zeit, S. 11-15.

ren verwickelt, was Heidegger als die „*Faktizität*" des Daseins ausgibt.[591] Von daher könne die Frage nach dem Sein für Heidegger nur als Frage nach dem „Sinn von Sein" gestellt werden.[592] Das Verstehen des Daseins von sich vollzieht sich hierbei über ein „Entwerfen" auf „Möglichkeiten", die stark von den Begebenheiten seiner Welt und vom Zeitpunkt seiner Biographie abhängen.[593] Der Sinn unterliegt entsprechend einer bestimmten Struktur der „*Zeitlichkeit*"[594]. Diese Struktur der Zeitlichkeit, von der die Konstitution bzw. das „Verstehen" des Sinns abhängig ist, ist durch die „Sorge" und durch den „Tod" abgesteckt, vor dessen Zukünftigkeit sich das Dasein primär reflektiert.[595] Für Heidegger bekommt das Dasein dabei erst im Angesicht des eigenen Todes ein Verhältnis zu sich,[596] „weil erst durch diesen Bezug vollkommen durchsichtig wird, dass sich das Dasein über die kontingenten Pläne und Ziele, die es in seinem Leben verfolgt, mit sich selbst [...] als einzigartiges, unverwechselbares Individuum" identifiziert.[597]

Emmanuel Lévinas und Derrida, die eine philosophische Freundschaft verband und deren Denken aufeinander großen Einfluss ausübte,[598] haben beide an diesen Ansatz zur Fundamentalontologie angeknüpft, ihn an entscheidenden Stellen aber einer kritischen Weiterentwicklung unterzogen. Genauer gesagt greift für beide Heideggers solistische Konzeption des Selbstverhältnisses und ebenso die Art und Weise, wie authentisches Leben unter den Bedingungen faktischer Überlieferungszusammenhänge gelingen könne, zu kurz. Einen Selbstbezug, so ihre Annahme, erlangt das Dasein nicht nur durch den Ausblick auf den eigenen Tod, sondern auch im Spiegel des Todes des autarken Anderen.[599]

Der Angelpunkt für diese Einsicht ist dabei Heideggers aporetische Bestimmung des Todes. Heidegger erachtet nämlich auch den eigenen Tod als eine Möglichkeit des Daseins, allerdings als eine, die, sobald sie

---

591 *Heidegger*, Sein und Zeit, S. 83-88, 52-59, insb. S. 56.

592 Ebd., S. 5-8.

593 Ebd., S. 145 f.

594 Ebd., S. 329.

595 Ebd., S. 142-148, 234, 329.

596 Ebd., S. 262 f.

597 *Wolf*, Gerechtigkeit als Dekonstruktion, S. 104.

598 Vgl. zu den Verbindungslinien zwischen Lévinas und Derrida: *Letzkus*, Dekonstruktion und ethische Passion, S. 345 ff.

599 *Derrida*, Marx' Gespenster, S. 10; *Wolf*, Gerechtigkeit als Dekonstruktion, S. 142; so ähnlich lautet auch die Kritik von *Habermas*, Der philosophische Diskurs der Moderne, S. 178, an Heidegger.

das Dasein überkommt, vom Dasein als solche phänomenal nicht mehr erfahren werden kann, weil er ja die „schlechthinnige Unmöglichkeit der Existenz“[600] bedeutet. Ein sinnvoller Bezug auf den eigenen Tod und die Möglichkeit von Sinn überhaupt wäre so eigentlich nicht möglich, wie Derrida daraus folgert.[601] Letzterer schlägt deshalb eine andere Lektüre vor: Zwar sei es richtig, dass das Dasein nur dann vom eigenen Tod als einzigartiges Ereignis sprechen könne, wenn es ihn als „Möglichkeit der Unmöglichkeit“ der eigenen Existenz verstehe.[602] Die Erfahrung von der „Möglichkeit der Unmöglichkeit“ für die eigene Existenz mache das Dasein jedoch nicht an sich selbst, sondern mit dem Sterbeprozess, den es an Anderen beobachtet, ihn als Phänomen transzendiert und auf sich projiziert.[603] Die Aporie des eigenen Todes erhält so über den Anderen, an dem die Grenze des Sinns sichtbar wird, einen indirekten, aber sinnvollen Zugang.

(3.) Der eigene Tod, vor dem sich das Dasein entwirft, zeigt also stattdessen an, dass der Bezug des Daseins auf sich selbst von einem Bezug auf den Anderen beeinflusst ist.[604] Infolgedessen situieren Derrida und Lévinas im Gerüst der Fundamentalontologie das „Sein zum Tode“ gegenüber dem „Mitsein“ nicht in einem Verhältnis der Vorrangigkeit, wie es Heidegger meint, sondern in einem der Gleichursprünglichkeit.[605]

Die Annahme eines konstitutiven Alteritätsbezugs drückt sich bei Lévinas etwa darin aus, dass er den Anderen, als das Andere des Selbst, zu einer ethischen Kategorie emporhebt, worin ihm wiederum Derrida für die Bildung seines Gerechtigkeitsbegriffs folgt. Im Gegensatz zum christlichen Humanismus hat diese an den „jüdischen Humanismus“ angelehnte basale Kategorie den Vorteil, dass sie an keinem irgendwie gearteten Begriff vom „Menschen“, sondern schlichtweg am Anderen anknüpft und darin einen höheren Grad der Universalität erreicht, als schließlich jeder für jeden ein ganz Anderer ist.[606] Lévinas *philosophie de l'autre* wird hierbei außerdem von einer Ethik getragen, die nicht mehr in der Urteilskraft des moralisch urteilenden Subjekts ihren Ausgang nimmt, sondern in der

---

600 *Heidegger*, Sein und Zeit, S. 255.
601 *Derrida*, Aporien, S. 45 f.
602 Ebd., S. 117.
603 Ebd., S. 122.
604 Vgl. für *Lévinas*, Totalität und Unendlichkeit, S. 110.
605 Vgl. für *Derrida*, Aporien, S. 69.
606 Vgl. *Derrida*, Gesetzeskraft, S. 45; *Derrida*, Den Tod geben, in: Haverkamp (Hg.), Gewalt und Gerechtigkeit, S. 331 (413).

„Exteriorität" des Anderen.[607] Der Anlass dafür liegt in der Exteriorität oder dem „Antlitz des Anderen", welches Lévinas als Unendliches begreift, das sich nicht gegenständlich denken lässt, sondern sich nur durch eine Öffnung der Totalität des Selbst[608] gegenüber der Transzendenz des Antlitzes des Anderen offenbart.[609] Aus diesem Grund geht es ihm um die Entfaltung eines Zugangs zum Anderen, der ihn nicht seiner Andersartigkeit beraubt, der dem Anderen nichts zuschreibt, das zu tun er die Ontologie verdächtigt.[610] Diese Pflicht des Selbst zur angemessenen Adressierung ergibt sich für ihn aus einem vorsprachlichen Appell des Anderen an das Selbst.[611] Für Lévinas korreliert Gerechtigkeit insoweit mit der Form der Begegnung des Anderen: Sie hat, wie Derrida diese Einsicht paraphrasiert, „in der Sprache des anderen zu erfolgen".[612] Ein wesentlicher Bestandteil von Derridas „an-ökonomische[m]"[613] Gerechtigkeitsbegriff ist demzufolge, dass Gerechtigkeit nach einer richtigen Adressierung des Anderen verlangt, der jedenfalls dann nicht entsprochen wird, wenn der Andere durch die Begegnung in seiner Alterität verzerrt wird, womit er unterdrückt, verstellt und ihm insoweit „Gewalt" angetan wird.[614]

Ergänzend zu Derridas Gewaltbegriff lässt sich hiernach noch anfügen, dass für ihn nicht nur Gerechtigkeit in Gewalt gründet, sondern auch Akte

607 *Lévinas*, Totalität und Unendlichkeit, S. 25; *Lüdemann*, Jacques Derrida zur Einführung, S. 106.

608 Lévinas Begriff des „Selbst" entspricht in etwa Heideggers Begriff vom „Dasein".

609 *Lévinas*, Totalität und Unendlichkeit, S. 26, 28, 63.

610 Ebd., S. 43.

611 *Letzkus*, Dekonstruktion und ethische Passion, S. 169, 184 f.

612 *Derrida*, Gesetzeskraft, S. 35.

613 *Derrida*, Marx' Gespenster, S. 41. Wenn die richtige Adressierung, die im Anderen ihren Ausgang nimmt, eine notwendige Bedingung für eine gerechte Begegnung des Anderen ist, lässt sich Gerechtigkeit nicht einfach nur als symmetrische Redistribution von Gütern, Kompensation von Nachteilen, Restitution von Schäden oder Sanktion von Unrecht begreifen, weil hier die zugrundeliegende Regel nicht im Anderen, sondern in einem Dritten, welches das Maß bestimmt, ihren Ausgangspunkt nimmt. Demgegenüber hat Gerechtigkeit für Derrida auf einer „absoluten Asymmetrie" zu gründen. Dahingehend nähert er seinen Gerechtigkeitsbegriff seinem Begriff von der „Gabe" an und positioniert sich damit konträr zu den überwiegend ökonomischen Gerechtigkeitsbegriffen der Egalitaristen und Kommunitaristen, *Derrida*, Gesetzeskraft, S. 45 f.; *ders.*, Marx' Gespenster, S. 40 f., 46; *Lüdemann*, Jacques Derrida zur Einführung, S. 103-105. John Rawls definiert etwa Gerechtigkeit als „Zuweisung von Rechten und Pflichten und die richtige Verteilung gesellschaftlicher Güter", *Rawls*, Eine Theorie der Gerechtigkeit, S. 26 f. Die Theorie der „Gabe" entwickelt Derrida in: *Derrida*, Falschgeld.

614 *Derrida*, Gewalt und Metaphysik, S. 194 f.; *ders.*, Gesetzeskraft, S. 34 f.

der Ungerechtigkeit gewaltsam sind, wobei er mit dieser Definition wieder eher dem allgemeingültigen Gewaltverständnis näher kommt.[615]

(4.) Obschon die Voraussetzung von Gerechtigkeit die richtige Adressierung des Anderen ist, hat sie für Derrida durch das Recht zu erfolgen.[616] Im Vergleich zu Benjamin und Agamben muss dieser Schritt verwundern, nachdem diese das Recht noch als eine lädierende und exklusive Institution charakterisiert haben. Derrida kommt dahingehend zu einem anderen Urteil über das Recht. Für ihn ist es zwar nicht mit der Gerechtigkeit identisch; Recht und Gerechtigkeit können aber auch nicht richtig voneinander unterschieden werden,[617] weil in der Grundstruktur der Institution Recht bereits Bedingungen verwirklicht sind, die die Gerechtigkeit zu ihrer eigenen Verwirklichung voraussetzt. Insoweit kann man sagen, dass es gerecht ist, dass es Recht gibt. In seiner Existenz verwirklicht sich Gerechtigkeit, weil sich durch das Recht Entscheidungen und darin auch Situationen berechnen lassen, was bei einer Orientierung am Recht in jedem Falle Willkürakten vorbeugt, die mit ziemlicher Sicherheit noch weniger im Anderen ihren Ausgang nehmen. Schließlich beanspruchen die Normen des Rechts mit ihrer allgemeinen Formulierung zumindest eine gewisse Allgemeingültigkeit, derentwegen wiederum die Möglichkeit besteht, dem besonderen Anderen in angemessener Weise, als Teil des Allgemeinen, zu begegnen.[618] Im Gegensatz zum Recht lasse sich Gerechtigkeit jedoch nicht berechnen.[619] Eine bloße Subsumtion des Falles unter die Norm ist bisweilen das Gegenteil von Gerechtigkeit-Ausüben. Benjamins Bestreben, Gerechtigkeit deshalb ohne Recht zu verwirklichen, wähnt Derrida dennoch „in nächster Nähe zum Bösen, ja zum Schlimmsten“[620].[621] Diese Skepsis gegenüber einer Idee der Gerechtigkeit, die nicht mehr durch die Berechenbarkeit des Rechts gezügelt wird, dürfte sich mit den

615 Vgl. *Derrida*, Gesetzeskraft, S. 36 f.

616 Ebd., S. 57.

617 Ebd., S. 33; siehe auch a.a.O. S. 46: „Alles wäre viel einfacher, wenn der Unterschied zwischen Gerechtigkeit und Recht ein wahrer Unterschied wäre, ein Gegenstz, dessen Wirken sich logisch regeln und beherrschen ließe.“

618 *Derrida*, Gesetzeskraft, S. 33-35; vgl. auch zur Gestalt der Bezüge, die das Recht gegenüber der Allgemeinheit und dem Individuum annimmt, *Menke*, Tragödie im Sittlichen, S. 214 f.

619 *Derrida*, Gesetzeskraft, S. 34.

620 Ebd., S. 57.

621 Diese Einsicht findet auch in Menkes Genealogie des Rechts ihre Bestätigung, vgl. dazu Kap. C.I.4.b.

zahlreichen blutigen Momenten in den politischen Revolutionen des vergangenen Jahrhunderts bestätigen. Kurz: Vor der Barbarei schützt nur das Recht.

Wenn nun also das Recht die Bedingung der Möglichkeit von Gerechtigkeit ist und, wie schon angeklungen, zugleich die Bedingung seiner Unmöglichkeit, scheint das Verhältnis von Recht und Gerechtigkeit verworren zu sein. Für Derrida lässt sich daher der Anspruch des Anderen auf seine treffliche Begegnung und der Anspruch, Gerechtigkeit durch das Recht zu verwirklichen, infolgedessen nur als Aporie beschreiben. Den drei Beispielen, in denen er das vorgemacht hat, soll daher im Folgenden nachgegangen werden.

In der ersten Aporie, „Die *Epoché* der Regel“[622], knüpft Derrida abermals an seine Deutungstheorie an, diesmal aber implizit vor dem Hintergrund der ethischen Aspekte seines Gerechtigkeitsbegriffs. Den Auftakt zur Aporie bildet hierbei die Annahme, nach der gerechte Urteile ein autonomes Urteilssubjekt voraussetzen. Der Urteilende müsse das Urteil nach Regeln fällen, die er sich selbst gegeben hat.[623] Sofern Gerechtigkeit durch das Recht zu erfolgen hat, schränkt dies jedoch die Bandbreite der möglichen Regeln, nach denen das Urteil gefällt werden kann, auf die vom Recht vorgegebenen ein – und darin die Autonomie des Urteilenden. Hinzu komme, dass ein wahres Urteil, um nicht einfach nur das programmierte Resultat einer Subsumtionsmaschine zu sein, erst noch die dem Anderen vollkommen angemessen Kriterien hervorbringen müsse, anhand der es ergeht.[624] Mit dieser Behauptung ist die Dekonstruktion der positiven Rechtslehre relativ nahe, die schließlich auch davon ausgeht, erst das Urteil erzeuge über seine Verbindung von konkretem Fall und spezieller Rechtsfolge eine individualisierte Rechtsnorm.[625] Dass das Urteil erst noch die Regel erfinden müsse, auf der es ergeht, beinhaltet zweierlei: Zum einen beansprucht das Urteil, auf einer Deutung des Rechtstextes zu beruhen, die es auf eine absolut neue Art und Weise mit dem Einzelfall in Beziehung setzt. Es müssen sich insofern bei dieser Deutung performative Kräfte entfalten, die gänzlich neue Konventionen oder Regeln installieren. „Kurz: damit eine Entscheidung gerecht und verantwortlich sein kann, muß sie in dem Augenblick, da sie getroffen wird [...], einer Regel unterstehen und ohne Regel auskommen. Sie muß das Gesetz erhalten und

622 *Derrida*, Gesetzeskraft, S. 46.
623 Ebd., S. 46.
624 Vgl. *Derrida*, Préjugés, S. 22.
625 *Kelsen*, Reine Rechtslehre, S. 79 f.

es zugleich so weit zerstören oder aufheben, daß sie es in jedem Fall wieder erfinden und rechtfertigen muß; sie muß es zumindest in dem Maße wieder erfinden, indem sie erneut sein Prinzip frei bestätigen und bejahen muß. Jeder Fall ist anders, jede Entscheidung ist verschieden und bedarf einer vollkommen einzigartigen Deutung, für die keine bestehende, eingetragene, codierte Regel vollkommen einstehen kann und darf."[626] Der Grat, auf dem dann ein derartiges, gerechtes Urteil ergehen kann, ist damit schmal. Denn es ist entweder zu nah am Text und damit zu weit vom Fall entfernt oder es ist zu nah am Fall und entbehrt darin einer gesetzlichen Grundlage, womit es sich in gefährlicher Nähe zu einer Rechtsbeugung und zur Ungerechtigkeit bewegt.

Vergrößert wird dieser Spagat zwischen neuer Deutung und altem Recht von dem Umstand, dass die Kraft, die das Urteil zu einem gerechten macht, nicht von der Urteilskraft des Urteilenden abhängt, sondern von der Anerkennung des Urteils durch den Beurteilten. Und diese Autorität wird nur dadurch generiert, soweit die mit ihr produzierte Regel dem Beurteilten angemessen ist.[627] Dadurch werden der Autonomie des Urteilenden wiederum Grenzen gesetzt und darin ebenso der Möglichkeit von Gerechtigkeit.

Was von Derrida hinsichtlich dieser Forderung allerdings übersehen wird ist, dass es fraglich wird, ob der Richter noch unparteilich zu entscheiden vermag in dem Moment, da sich die Anforderungen an seine Verantwortlichkeit für die Gerechtigkeit der Entscheidung erhöhen.[628] Sobald die Verantwortlichkeit für die Entscheidung nicht mehr einfach dem Recht zugeschrieben werden kann, dem der Richter nur gehorcht, sondern der Zweck, Einzelfallgerechtigkeit zu verwirklichen, im Vordergrund steht, kontaminiert dieser die symbolisch erzeugte Gleichberechtigung der Parteien am Verfahren. Bei jeder Partei kann danach der Verdacht aufkommen, weniger im Verfahren berücksichtigt worden zu sein, was in der Folge das Vertrauen in die Entscheidung und die Anerkennung der richterlichen Entscheidung schmälert.

Die zweite Aporie thematisiert „Die Heimsuchung durch das Unentscheidbare"[629]. Den Ausgangspunkt für die Aporie bildet die Einsicht, nach der Gerechtigkeit, soweit sie durch das Recht ergehen soll, tatsächlich

---

626 *Derrida*, Gesetzeskraft, S. 47 f.

627 Vgl. Kap. C.II.3.c.

628 Vgl. zu den Problemen der Steigerung von Verantwortung des Richters: *Luhmann*, Legitimation durch Verfahren, S. 134 f.

629 *Derrida*, Gesetzeskraft, S. 49.

„ausschlaggebende[r] Entscheidung[en]" bedürfe.[630] Unter dem Begriff der Entscheidung ist nichts anderes als die Manifestation der Deutung im Urteil zu verstehen, demzufolge der Fall nach dieser und jener spezifischen Auslegung des Rechts zu bewerten ist und eben auch bewertet wird. Die Entscheidung macht die Deutung wirklich, indem sie die performative Kraft auslöst, die ihr zur Autorität gereicht.[631] Bekanntermaßen bringt die Deutung dafür den Lebenssachverhalt mit der Norm in einen Sinnzusammenhang. Praktisch setzt dies Fallkonstellationen voraus, die vom Gesetzgeber bedacht worden sind und welche der Urteilende im Blick hat, wenn er unter Beachtung der entsprechenden Normen den Fall konstruiert und entscheidet.[632] Bei all ihrer Komplexität gibt es aber immer auch Situationen, für die die Rechtslage schlechtweg zu grobschlächtig oder lückenhaft ist, so dass sie durchs Raster fallen. Diesbezüglich müssen aber zwei Ursachen für die Unpässlichkeit des Rechts im Anwendungsfall auseinandergehalten werden. Im ersten Fall resultiere sie aus der Allgemeinheit des Gesetzeswortlauts, weil „das Gesetz allgemein spricht, aber in concreto ein Fall eintritt, der in der allgemeinen Bestimmung nicht einbegriffen ist"[633]. Derartige Fälle lassen sich durch die „Billigkeit" korrigieren, wie dies Menke hervorgehoben hat. Mit der Billigkeit werde dem Urteilenden insoweit das Recht zugestanden, den Fall so zu lösen, wie dies der Gesetzgeber tun würde, hätte er ihn bei der Abfassung des Gesetzes im Bilde gehabt, mit dem Ziel, den normativen Gehalt, den der Gesetzgeber bei der Abfassung der allgemeinen Regel intendierte, letztlich verwirklichen zu können.[634] Darüber hinaus soll es aber auch Fälle geben, in denen sich die an der Unendlichkeit des Anderen orientierte Deutung bestimmten Aspekten des Anderen versieht, die gegenüber der Regel, der Regelhaftigkeit und dem Vokabular des Rechts überhaupt schlechterdings inkommensurabel sind. Derartige Situationen nennt Derrida das „Unentscheidbare". Das „Unentscheidbare" bezeichnet nicht nur ein wahnhaftes Oszillieren zwischen zwei Entscheidungsoptionen, sondern ganz radikal dasjenige am Anderen, was der „Regel […] fremd ist"[635] und dem insofern auch durch keine Modifikation der Regel beigekommen werden könne, weil die mit der Regel verbundene Verallgemeinerung es in seiner Existenz

630 *Derrida*, Gesetzeskraft, S. 49.
631 Dies bringt Derrida zum Ausdruck, wenn er schreibt: „allein eine Entscheidung [kann] gerecht sein", ebd., S. 50.
632 Vgl. *Schapp*, Hauptprobleme der juristischen Methodenlehre, S. 30, 26.
633 *Aristoteles*, Nikomachische Ethik, 1137b, 20-25.
634 *Menke*, Spiegelungen der Gleichheit, S. 320-322.
635 *Derrida*, Gesetzeskraft, S. 49.

riskiere,[636] da sie den Anderen in seiner Andersartigkeit nur verzerrt und ihm darin Gewalt antut.[637]

Aus einer rechtstheoretischen Perspektive ließe sich gegen die Existenz von Situationen der Unentscheidbarkeit vorbringen, dass das Recht ausschließlich über Sachverhalte zu Gericht sitzt, die es selbst nach seinen Regeln im Prozess konstruiert hat[638]. Allerdings ändert dies nichts an der Möglichkeit der Inkongruenz zwischen Recht und der Unendlichkeit des Anderen, die ja nur selektiv, soweit es eben das Recht zulässt, im Fall rekonstruiert wird.

Weil der Andere jedoch per se besonders ist und wegen seiner unendlichen Mannigfaltigkeit Aspekte an sich trägt, die sich in keiner Regel wiedergeben lassen, muss der Appell des Anderen nach einer gerechten Entscheidung zwangsläufig in die Aporie des Unentscheidbaren führen. Schließlich ist eine jede Beschreibung des Anderen in der Regel von der *différance* kontaminiert. Denn jede Entscheidung, die einmal eine gewisse Autorität genoss, wird mit der Zeit durch eine veränderte Interpretation in ein anderes Licht gerückt und dementsprechend vom Unentscheidbaren überbordet, was die Entscheidungskriterien der Regel von Anfang an unterminiert. Niemals also kann die adäquate Artikulation des Anderen im Vokabular des Rechts „absolut verbürgt werden“[639]. Aus diesem Grund kann und darf sich der Urteilende mit seiner Deutung nicht nur am Regelhaften orientieren, sondern muss sich zur *Wiedererfindung* der Regel ebenso „der Prüfung des Unentscheidbaren“ unterziehen.[640] Die Unmöglichkeit, die Totalität des Anderen in seiner Unendlichkeit abschließend im Recht abbilden zu können,[641] führt allerdings zu dem erstrebenswerten Effekt, dass die Konfrontation mit dem Unentscheidbaren im Zusammenhang mit dem unendlichen Verlangen nach Gerechtigkeit quasi zum Motor für die Öffnung des Rechts „zum anderen hin“[642] wird. Demgemäß

---

636 Vgl. *Menke*, Spiegelungen der Gleichheit, S. 321 f. Menke thematisiert dort das „Unentscheidbare“ unter dem Aspekt der „Gnade“.

637 Vgl. *Derrida*, Préjugés, S. 36; *ders.*, Gewalt und Metaphysik, S. 195.

638 Vgl. *Luhmann*, Das Recht der Gesellschaft, S. 326.

639 *Derrida*, Gesetzeskraft, S. 50.

640 Ebd., S. 49 f.

641 Der Andere kann deshalb nicht im Recht seine vollkommene Beschreibung finden, weil Sinn per se unendlich ist, weil es keine absoluten Verankerungszentren gibt, über die sich der Andere definitiv beschreiben ließe. Der Andere kann damit auf immer andere Weise verstanden werden.

642 *Derrida*, Gesetzeskraft, S. 58.

schreibt Derrida auch, dass hier die „Dekonstruktion [...] im Recht oder in der Geschichte des Rechts am Werk" sei.[643]

Die dritte Aporie, „Die Dringlichkeit, die den Horizont des Wissens versperrt"[644], ist zu guter Letzt der temporal-perspektivischen Problematik zwischen Autorität und *différance* gewidmet. Die temporal-perspektivische Problematik ist die Ursache dafür, dass man als Urteilender niemals von einer Regel im Moment ihres Gebrauchs sagen könne, sie sei gerecht.[645] Anerkennung ist bestenfalls etwas, das erst im Nachgang zur Entscheidung durch die von der regelbasierten Entscheidung Betroffenen erfolgt. Deshalb kann man von der Gerechtigkeit auch nicht behaupten, es handele sich um eine „regulative Idee im Sinne Kants" oder ein „messianische[s] Versprechen".[646] Derrida sperrt sich gegen derartige „Horizonte", an denen sich das realexistierende Recht messen lassen soll, bzw. gegen die Denkfigur des Horizonts an sich, weil auch Horizonte wegen der Iteration und der *différance* einem unendlichen Wandel unterliegen. Insoweit erweisen sich ihre Werte (von einem transhistorischen Standpunkt aus betrachtet), als kontingent und beliebig, da ihre begrifflichen Begrenzungen stets mit der Zeit von ihrer Spur überholt werden.[647] Stattdessen ist es so, dass die Idee der Gerechtigkeit dieselbe Struktur wie Performativa aufweist. Zum Zeitpunkt ihres Ausspruchs ist bei performativen Äußerungen relativ unklar, ob die Konvention, die durch sie erwirkt werden soll, auch gelingt. Analog dazu ist es für den Urteilenden ebenso unvorhersehbar, ob die Regel, die mit seiner Entscheidung Realität wird, von den Betroffenen als gerechte Entscheidung bzw. als kraftvolle Regel anerkannt wird. Aus der Perspektive des Entscheiders bleibt damit die Gerechtigkeit im Zeitpunkt der Entscheidung *„im Kommen"*; wenn es für ihn Gerechtigkeit geben sollte, dann gehört sie entsprechend der „Zu-kunft".[648]

In diese Aporie der temporalen Diskrepanz zwischen Entscheidung und Anerkennung führt demnach die verhältnismäßig asynchrone und asymmetrische Wahrnehmung der Entscheidung durch den Urteilenden wie auch durch den Betroffenen. Für den Betroffenen, der in diesem Fall der *Andere* des Urteilenden ist, welcher vom Urteilenden eine gerechte Entscheidung verlangt, ist die Gerechtigkeit schließlich „immer sofort,

643 *Derrida*, Gesetzeskraft, S. 52.
644 Ebd., S. 53.
645 Ebd., S. 50.
646 Ebd., S. 52.
647 *Derrida*, Gesetzeskraft, S. 52 f.; die Idealität des Horizonts neutralisiert insoweit das Ereignis, welches erwartet wird, vgl. dazu *ders.*, Schurken, S. 192.
648 *Derrida*, Gesetzeskraft, S. 55 f.

unmittelbar erforderlich".[649] Der Urteilende hingegen steht vor der Problematik, dass er erst noch alle Beweise aufnehmen und die verschiedenen Rechtsanschauungen, die den Fall betreffen, bedenken muss. Da aber der Zeitpunkt für die Entscheidung relativ fix ist und der Andere zu einer sofortigen, gerechten Entscheidung drängt, hat dies zur Konsequenz, dass der Urteilende seine Überlegungen schon abbrechen muss, noch bevor er sich der „Unendlichkeit" des Anderen hat approximieren können, so dass die Entscheidung aus Sicht des Beurteilten überstürzt gefällt wird.[650]

(5.) Abschließend lässt sich nun die Ausgangsfrage nach dem Sinn der Erfahrung von Aporien in der Gerechtigkeitsphilosophie der Dekonstruktion beantworten: Der Sinn der Erfahrung von Aporien liegt in nichts weniger als im Aufweis der Verwicklung des Daseins, des Selbst, des Urteilenden mit dem Anderen. So banal dies auch klingen mag, für ein Denken über Recht und Gerechtigkeit ist dies ein relativ neuer und ein radikal anderer Ansatz. Baut man dieses Denken auf der Einsicht in die Verstrickung eines Jeden mit Anderen auf, verbietet sich die Annahme zeitlos-homogener Gerechtigkeitswerte.[651] Stattdessen bekommt die Idee der Gerechtigkeit wegen des konstitutiven Bezugs des Daseins auf den Anderen die Kontur einer konkreten Beziehungsweise. Entscheidend für die Richtung ist dabei der Modus des Bezugs. Die Ermöglichung von Gerechtigkeit kann entsprechend nur durch das Recht erfolgen; sie muss sogar durch das Recht erfolgen, weil von ihrer individuellen Erfahrung auch die Fortexistenz des Rechts abhängt. Viele Aspekte am Recht tragen aber dazu bei, eine solch treffliche Begegnung zu verhindern, wie dies die drei Aporien gezeigt haben.[652] Paradoxerweise erweist sich jedoch gerade die Konfrontation mit seinen Unmöglichkeitsbedingungen als Bedingung für die Möglichkeit von Gerechtigkeit. Stellt sich das urteilende Subjekt der Singularität des Anderen, schafft es jedenfalls hierdurch die notwendige Voraussetzung für Gerechtigkeit. Denn die Konfrontation mit der

---

649 *Derrida*, Gesetzeskraft, S. 54.

650 *Derrida*, Gesetzeskraft, S. 54; eine ähnliche Interpretation dieser Aporie findet sich bei *Loick*, Kritik der Souveränität, S. 243, und auch bei *Bertram*, Die Dekonstruktion der Normen und die Normen der Dekonstruktion, in: Kern/Menke (Hg.), Philosophie der Dekonstruktion, S. 289 (294 f.).

651 Vgl. zu dieser These/Interpretation insb. *Wolf*, Gerechtigkeit als Dekonstruktion.

652 Vgl. zur Verunmöglichung individueller Gerechtigkeitserfahrungen durch das Recht auch meine Ausführungen zu Menke, in: Kap. C.II.4.c.

Aporie löst zumindest eine Bewegung[653] aus, die das urteilende Subjekt nicht am Recht verharren lässt, sondern zur Öffnung der allgemeinen Regel gegenüber dem mannigfaltig Anderen beiträgt, womit es eben die Voraussetzung für die Anerkennung des Rechts durch den Anderen und damit auch für die Kraft des Rechts schafft. Obgleich die Anerkennung des Rechts vom Anderen abhängt, wird der mystische Grund des Rechts so für den Urteilenden indirekt über die „Erfahrung der Aporie“, über die widerstreitenden Ansprüche, die es zu stillen gilt, zugänglich. Derridas drei Aporien können diesbezüglich auch als Beispiele verstanden werden, wann, wie und wodurch diese Erfahrung passieren kann.

4. Fluch und Autonomie (Menke)

Letztlich ist es auch der Impetus von Derridas Aporie der Unentscheidbarkeit, die sich in Menkes Überlegungen zur *Gewalt des Rechts* bemerkbar macht. Im Zuge seiner Überlegungen zur *Gewalt des Rechts* entfaltet Menke allerdings Derridas Taxonomie unter den Vorzeichen von Niklas Luhmanns Systemtheorie des Rechts. Menke gehört zu einer Autorengruppe, die die Systemtheorie und die Dekonstruktion für zueinander komplementäre Theoriengebilde erachtet und das theoretische Potenzial der Dekonstruktion dazu einsetzet, den blinden Fleck der Systemtheorie auszuleuchten.[654]

Jedenfalls gibt ihm den Anlass zu einer systemischen Kritik das Defizit, das einer bloß phänomenalen Kritik des Rechts anheimgestellt sei, die es *nur* als Herrschaftsinstrument betrachtet. Eine solche verenge ihren Blick lediglich auf die herrschaftliche Beziehung des Rechts zu seinen Bürgern, die, um funktionieren zu können und um seinen Urteilen entsprechend zur Berücksichtigung zu verhelfen, auf „Angst“ gründet, derer sich die Bürger soweit ehrfürchtig beugen. Weil demnach auch das Recht die Angst seiner Adressaten anspreche, soll es in dieser Beziehung der Rache gleichen.[655] Allenfalls ein „nicht-sinnliche[r]“, rationalisierender „Denkprozeß“[656] vermittele dann noch die Einsicht, dass das Recht auf

653 Diese Bestimmung von Aporien verdanke ich Alexandra Richter.

654 Vgl. *Teubner*, Soziale Systeme 1997, S. 313; vgl. zur Komplementarität von Systemtheorie und Dekonstruktion den Band: *Teubner* (Hg.), Nach Jacques Derrida und Niklas Luhmann.

655 *Menke*, Recht und Gewalt, S. 31-34; *ders.*, Kritik der Rechte, S. 65.

656 *Kelsen*, Reine Rechtslehre, S. 5.

einer anderen Form der Herrschaft beruhe als die Rache, weil es andere Zwecke verfolgt. Hingegen wird dieser Denkprozess immer vom Leid desjenigen überlagert, der Adressat eines rechtlichen Gewaltaktes war. Der Schmerz wiegt zu schwer, um die erfahrene Gewalt rationalisieren zu können. Zuweilen erscheint es sogar objektiv richtig, das Recht als Erfüllungsgehilfen für die Belange der ökonomisch „herrschenden Klasse" zu demaskieren, wie dies die *Critical Legal Studies*[657] in Amerika tun.[658] Für Menke aber lässt diese symptomatische Kritik den Unterschied in der „Form" der Gewalt, wie sie im Recht Gestalt gewinnt, unberücksichtigt.[659] Solange Gewalt im Recht Einsatz finde, sollen die ihr zu Grunde liegenden Handlungen objektiv eine andere Zweckbestimmung und Ursächlichkeit als diejenigen Handlungen haben, die ein rächendes Urteil vollstrecken.[660] Der Unterschied in Grund und Zweck, der die Gewalt des Rechts von der Gewalt der Rache unterscheide, folge insoweit aus der Form des Rechts: seiner grundsätzlich politisch-prozessualen Struktur, die die Emanzipation aus der Gewaltspirale der Rache über die Kombination von Gleichheit und Herrschaft erlaube. Insoweit existiert für Menke ein Unterschied zwischen der Herrschaft des Rechts und der Herrschaft der Rache. Und dieser Unterschied, der der Form der Gewalt, die unter der Herrschaft des Rechts ausgeübt wird, einen anderen Status verleiht, folgt für den Autor aus der Weise, wie in der Rache und im Recht Gerechtigkeit konstruiert und verwirklicht wird.[661]

Der Zweck der Gewalt der Rache besteht, wie oben dargestellt, in der Restitution einer Balance. Ihre Ursache liegt daher in ihrem totalisierenden Gerechtigkeitsbild begründet, welches sie über die Ausübung von Gerechtigkeit/Gewalt gegen zuvor erfahrene Ungerechtigkeit/Gewalt zu erreichen sucht.[662] Der Zweck der Gewalt, die dagegen im Recht zur Anwendung komme, bestehe in der Sicherung seiner Voraussetzungen.[663] Die Gerechtigkeit des Rechts beruht für Menke auf dem politischen Ein-

657 Allgemein zu den *Critical Legal Studies*: *Frankenberg*, Partisanen der Rechtskritik: Critical Legal Studies etc., in: Buckel/Christensen/Fischer-Lescano (Hg.), Neue Theorien des Rechts, S. 171 (171-187).

658 *Menke*, Recht und Gewalt, S. 33 f.

659 Eine ähnliche Skepsis, Gewalt im Recht nur als Herrschaftsmittel der Oberen gegen die Unteren zu deuten, artikuliert auch schon *Luhmann*, Rechtszwang und politische Gewalt, S. 170.

660 *Menke*, Recht und Gewalt, S. 35.

661 Ebd., S. 34 f.

662 Ebd., S. 35.

663 Vgl. ebd., S. 37.

schluss von Täter, Opfer und Richter in eine Gemeinschaft der Gleichen und unter der Einhaltung der rechtlich gefestigten prozessualen Voraussetzungen. Wenn das Recht Gewalt einsetzt, tue es das, weil sich ein Gemeinschaftsmitglied objektiv unrechtmäßig verhalten und dadurch das normative Gebot politischer Gleichheit verletzt habe.[664] Der Zweck der Gewalt, die das Recht objektiv gebrauche, sei deshalb auch keine Sühne, sondern „freiheitseröffnender Zwang“[665]– womit Menke im Kern Kant folgt[666].

Die Ursache für die *Gewalt des Rechts* zu lokalisieren ist demgegenüber diffiziler. Sie liegt dem Autor zufolge an einem Unterschied, der sich erst mit der politisch-prozeduralen Grundstruktur des Rechts auftut und der sich subjektivierend auswirkt.[667] Diesen fundamentalen Unterschied habe es im Gerechtigkeitsverständnis der Rache nicht geben, da in der totalisierenden Weltsicht des Rächenden objektiv jeder als potenzielle Antipode erscheine und von der rächenden und gerechten Gewalt getroffen werden könne, um das Gleichgewicht wiederherzustellen. Demgegenüber sei das Recht für das Gelingen seiner „politisch-prozeduralen Urteilsform“[668] auf die Mitwirkung seiner Praxisteilnehmer angewiesen. Das Recht setze voraus, dass die relationalen Beziehungen, die sein Verfahren strukturieren, von seinen Teilnehmern akzeptiert werden. Mit dieser Möglichkeitsbedingung, die das Recht präsupponiert um als Praxis zu wirken, ist nach Menke aber zugleich immer auch die Möglichkeit seines Scheiterns aktuell – und darin des Scheiterns seiner Gerechtigkeit.[669] Die Fragilität seiner Gelingensbedingungen – der politische und habituelle Einschluss seiner Praxisteilnehmer – konstituiere insoweit einen Unterschied zwischen einem Innen (dem Zirkel der Praxisteilnehmer) und einem Außerhalb.[670] Außerhalb der politischen Gemeinschaft und damit außerhalb des Rechts, samt seiner Gerechtigkeit, steht dann, wer ein Problem *anders* als nach Maßgabe des Rechts handhaben möchte. Eine Handhabung, die nicht durch die Normen des Rechts geleitet wird, bedeutet demzufolge aus der Perspektive des Rechts, nicht mehr für die Rationalität des Rechts zugänglich zu sein. Diese Möglichkeit des Außerhalb ist, im Vergleich zur Rache, relativ neu, da bei ihr die Verwirklichung ihrer Gerechtigkeit nur vom Rächenden

---

664 Vgl. *Menke*, Recht und Gewalt, S. 35-37.
665 *Menke*, Spiegelungen der Gleichheit, S. 85 f.
666 Vgl. Kap. B.V.
667 Vgl. *Menke*, Recht und Gewalt, S. 36, 38.
668 Ebd., S. 38.
669 Ebd., S. 37.
670 Vgl. ebd., S. 39.

abhängt.[671] Damit sieht sich die Normativität des Rechts erstmalig der Möglichkeit seines *Anderen*, dem „Nichtrecht" ausgesetzt.[672] Die Konfrontation mit dem Nichtrecht ist für das Recht dabei zugleich eine Konfrontation mit seiner eigenen „Ohnmacht"[673]. Diese Ohnmacht wird ihm durch zweierlei vorgeführt. Zum einen – das ist bereits von Benjamin bekannt – *droht* ein jeder Akt, der nicht im Einklang mit der Normativität des Rechts steht, das Recht um seine Existenz zu bringen. Zum anderen leidet es, wie Menke ergänzt, im Außerhalb an einem Legitimitätsdefizit.[674] Wie eingangs besprochen, legitimiert sich das Recht grundsätzlich durch die Integration des Prozessbeteiligten in die politische Gemeinschaft. Soweit Rechtsakte aufgrund von Normen ergehen, an deren Erzeugung der Adressat im weitesten Sinne beteiligt war, sind sie ihm gegenüber auch dann gerechtfertigt, wenn sie gegen seinen Willen erfolgen. Die zwangsweise Vollstreckung eines Rechtsurteils gegen einen Staatsbürger ist daher definitionsgemäß gar kein Akt wilder Gewalt, weil sie eben aufgrund von Normen des Rechts ergeht.[675] Diese Legitimationsbasis hat das Recht im Außerhalb logischerweise nicht, da dort seine Normativität gerade nicht greift. Offen bleibt dann auch seine Wirksamkeit.

Anders als Agamben, der das Verhältnis von Normativität und Nichtnormativität anhand von Schmitts Ausnahme beschrieben hat, erklärt Menke diesen konstitutiven Nexus von Recht und Nichtrecht anhand von Luhmanns Systemtheorie des Rechts.[676] Bevor die Ursachen und die Auswirkungen der *Gewalt des Rechts* weiter vertieft werden können, ist daher zunächst auf deren Grundlagen einzugehen.

a. Exkurs: Luhmanns Systemtheorie des Rechts

Die Systemtheorie behandelt das Recht als eines von vielen Subsystemen des Gesellschaftssystems.[677] Ein System ist nach Luhmann organisierte

---

671 *Menke*, Recht und Gewalt, S. 36.

672 Ebd., S. 36, 39 f.

673 *Menke*, Kritik der Rechte, S. 128.

674 Vgl. *Menke*, Recht und Gewalt, S. 38.

675 *Menke, Recht und Gewalt, S. 8.*

676 Vgl. hierzu *Menke*, Subjektive Rechte: Zur Paradoxie der Form, in: Teubner (Hg.), Nach Jacques Derrida und Niklas Luhmann, S. 81 (81-108); *ders.*, Kritik der Rechte, S. 111-115.

677 *Luhmann*, Das Recht der Gesellschaft, S. 33 f.

Komplexität, das durch Selektion operiert.[678] Systeme konstituieren sich durch ihre Differenz zur Umwelt, die ihrerseits aus vielen verschiedenen Systemen besteht.[679] Innerhalb der Systemtheorie lassen sich dabei verschiedene Systemarten unterscheiden. So gibt es neben biologischen und psychischen Systemen auch soziale Systeme. Soziale Systeme, zu denen ebenfalls das Rechtssystem zählt, bestehen aus Kommunikation, die als Operation den spezifischen Sinn des Systems hervorbringt.[680] Die Essenz des Systems sind insoweit seine Operationen.[681] Da das System nur aus Operationen besteht und die Operation eines Systems bloß an systemeigene Operationen anschließen kann, an Operationen also, die das System selbst konstituiert, spricht Luhmann von einer „operative[n] Geschlossenheit" des Systems,[682] was hierbei auf die Epistemologie des radikalen Konstruktivismus[683] zurückgeht. Die operative Geschlossenheit bezeichnet lediglich den spezifischen „Wahrnehmungshorizont"[684] des Systems und bedeutet nicht, dass das System von seiner Umwelt vollkommen isoliert wäre. Vielmehr bleibt es in diesem Rahmen zwar operativ geschlossen, jedoch *„kognitiv offen"* für Informationen aus seiner Umwelt.[685] Systeme, die die Elemente, derer sie bedürfen, wie zum Beispiel Unterscheidungen und Bezeichnungen, selber herstellen, heißen autopoietische Systeme. Autopoietische Systeme generieren durch ihre (vergangenen) Operationen Strukturen, die sie dann für zeitlich spätere Operationen determinieren.[686] Ein solches, sich selbst pro- und reproduzierendes System, stellt auch das Rechtssystem dar.[687]

Systeme, beziehungsweise die von ihnen geleisteten Operationen, lassen sich beobachten.[688] Ein Charakteristikum sozialer Systeme ist dabei ihr

---

678 *Luhmann*, Soziale Systeme, S. 46 ff., 79; *ders.*, Probleme mit operativer Schließung, S. 13; *Berghaus*, Luhmann leicht gemacht, S. 38.

679 *Luhmann*, Soziale Systeme, S. 35; *ders.*, Das Recht der Gesellschaft, S. 41; *ders.*, Einführung in die Systemtheorie, S. 67.

680 *Luhmann*, Das Recht der Gesellschaft, S. 35, 40 f.

681 *Berghaus*, Luhmann leicht gemacht, S. 38.

682 *Luhmann*, Das Recht der Gesellschaft, S. 41, 44.

683 Vgl. *Luhmann*, Das Recht der Gesellschaft, S. 24; vgl. *Glaserfeld*, Einführung in den radikalen Konstruktivismus, in: Watzlawick (Hg.), Die erfundene Wirklichkeit, S. 16 (16-36).

684 *Renner*, Ancilla Iuris (anci.ch) 2008, S. 62 (64).

685 *Luhmann*, Das Recht der Gesellschaft, S. 77, 84.

686 Ebd., S. 50.

687 *Luhmann*, Soziale Systeme, S. 28; *ders.*, Das Recht der Gesellschaft, S. 30.

688 *Luhmann*, Die Gesellschaft der Gesellschaft, S. 69.

Vermögen, sich selbst beobachten zu können.[689] Die Selbstbeobachtung des Systems ist ebenfalls eine Operation des Systems. Für die Selbstbeobachtung unterscheidet sich das System, ausgehend von seinen eigenen Operationen, die ihm seine Grenzen setzen, von den Operationen fremder Systeme.[690] Entsprechend seiner operativen Grenzen erlaubt die Beobachterperspektive damit, zwischen dem System und seiner „Umwelt" zu differenzieren.[691] Soziale Systeme, zu deren Operationen auch die Selbstbeobachtung gehört, nennt Luhmann selbstreferenzielle Systeme. Bei selbstreferenziellen Systemen bewirkt die Selbstbeobachtung eine Veränderung des Systems.[692]

Selbstreferenzielle Systeme sind zugleich auch fremdreferenziell.[693] Dies liegt daran, dass selbstreferenzielle Systeme ihre eigenen Operationen im Unterschied zu den Operationen ihrer Umwelt beobachten können, was insoweit die Einbeziehung zeitlich bereits vergangener Unterscheidungen, die im Unterschied zu Fremdoperationen erfolgten, in die Beobachtungsoperation voraussetzt.[694]

Auch das Recht lässt sich als selbstreferenzielles System beschreiben. Von anderen gesellschaftlichen Subsystemen unterscheidet sich das Rechtssystem erstens durch seine funktionale Spezialisierung, die, wie eingangs schon dargelegt, darin liegt, „Erwartungssicherheit"[695] zu generieren, und zweitens durch die Ausbildung eines zweiwertigen Codes. Dieser Code besteht aus dem „positiven Wert (Recht)" und dem „negativen Wert (Unrecht)".[696] Der Code hat dabei mehrere Effekte. Zum einen vereinfachen binäre Codes die unendliche Anzahl der Möglichkeiten auf nur zwei durch Negation verbundene Optionen. Hierbei erleichtert die Negation, von der Negation des einen Wertes auf den anderen rekurrieren zu können. So bedeutet dann die Negation von Recht Unrecht und die Negation von Unrecht Recht. Durch die operative Unterscheidung mittels des Codes generiert das System in der Folge Informationen.[697] Zum ande-

689 *Luhmann*, Soziale Systeme, S. 593.

690 Vgl. *Luhmann*, Das Recht der Gesellschaft, S. 46, 26.

691 Vgl. ebd., S. 43 f.

692 Ebd., S. 51.

693 Ebd., S. 52.

694 *Luhmann*, Das Recht der Gesellschaft, S. 51 f.; *ders.*, Soziale Systeme, S. 31 f; *ders.*, Die Paradoxie der Form, in: Baecker (Hg.), Kalkül der Form, S. 197 (198).

695 *Luhmann*, Das Recht der Gesellschaft, S. 132.

696 Ebd., S. 60 f.

697 *Esposito*, Stichwort „Code", in: Baraldi/Corsi/Esposito (Hg.), GLU, S. 33 (34 f.); *Luhmann*, Das Recht der Gesellschaft, S. 176 ff.

ren strukturiert der Code die Operationen des Systems im Unterschied zu anderen Begebenheiten, wodurch er wiederum die Geschlossenheit des Systems stabilisiert.[698]

Die klare Abgrenzung des Rechtssystems gegenüber den Operationen anderer Systeme erfordert, dass der Code und die Funktion des Systems zusammenwirken. Die Funktion grenzt dazu die Operationen des Systems ein, indem es sie auf Normen ausrichtet. Die Normen wiederum stabilisieren die Erwartung. Auch wenn ihnen nicht entsprochen wird, weil ein Sachverhalt als Unrecht identifiziert wurde, lässt sich wegen der Normativität an der Erwartung festhalten.[699] An dieser Stelle zeigt sich nun, dass bereits die Codierung eine beobachtende Operation darstellt, wenn sie einer Operation den Wert, Recht oder Unrecht zu sein, zuweist. Genau genommen liegt er auf der Ebene der Beobachtung zweiter Ordnung. Der Code bewertet hier nämlich eine Operation, die er nach dem Raster Erwartung/Enttäuschung unterschieden hat.[700]

Endlich gestattet die Beobachtung der funktionalen Zuordnung der Werte Recht und Unrecht auf einer zweiten Ebene dem System, sich von seiner Umwelt abzugrenzen, weil nur das zu ihm gehört, was von diesen Werten erfasst wird.[701]

Soziale Systeme wie das Recht unterliegen einer Evolution. Das System bildet sich durch seine Wiederholung aus, indem es weitere System/Umwelt-Differenzen in das System integriert.[702] Dies passiert zum Beispiel, sobald sich das Recht für einen gesellschaftlichen Teilbereich etabliert, für den es zuvor noch nicht zuständig war. Mit anderen Worten: Das System differenziert sich aus. Für die Ausdifferenzierung referieren die Operationen dabei auf das System selbst.[703]

In dieser Beschreibung besteht eine interessante Parallele zur Dekonstruktion, die – wie gesehen – hinsichtlich der Ausdifferenzierung des Rechts ebenfalls von einer tautologischen Autoreferenzialität seiner Operationen ausgeht.[704] Es kommt also auch in der Systemtheorie für die Geltung des Rechts nicht auf seine historischen Ursprünge an, wobei dies

698 *Luhmann*, Das Recht der Gesellschaft, S. 176, 179.
699 Ebd., S. 61, 178.
700 Ebd., S. 61, 70.
701 Ebd., S. 61.
702 *Luhmann*, Soziale Systeme, S. 37 f.
703 Ebd., S. 25.
704 Vgl. Kap. C.I.3.

bei ihr nicht an der Iteration und der *différance*, sondern an der *operativen Geschlossenheit* des Systems liegt.[705]

Um ihre Reproduktion „steuern“ zu können, beobachten und beschreiben sich soziale Systeme selbst.[706] Die Selbstbeobachtung und Selbstbeschreibung erfolgt gleichfalls im Unterschied zu ihrer Umwelt. Das maßgebliche Abgrenzungskriterium des Rechtssystems gegenüber seiner Umwelt, das es auf einer zweiten Ebene beobachten kann, ist hierbei, wie schon erwähnt, der Gebrauch seines Codes.[707] Da die Selbstbeobachtung ebenfalls eine Operation des Systems ist, konstruiert das System in sich ein Bild von sich, wie es im Unterschied zu seiner Umwelt operiert. So wird im Wege der Beobachtung und der Beschreibung die Operation des Systems wieder in das System „hineincopiert“.[708] Um diese „komplizierte[n] logischen Strukturen“[709], die das System konstituieren, angemessener beschreiben zu können, führt Luhmann zu ihrer Erläuterung den Begriff der „Form“ ein, den er den „*Laws of Form*“ von George Spencer-Brown[710] entlehnt.

Das grundlegende Axiom der *Laws of Form* ist, dass einer jeden Bezeichnung eine Unterscheidung vorausgeht.[711] Damit etwas bezeichnet werden kann, erfordert dies nämlich zunächst seine Unterscheidung von etwas. Daher ist die Form der Unterscheidung die absolute Form.[712] Oder sinngemäß nach Luhmann: Die Form bezeichnet die „Einheit der Unterscheidung“ im Unterschied zu dem, was durch den Gebrauch der Unterscheidung unterschieden wird.[713] Im Wesentlichen hat eine Unterscheidung dabei drei Effekte: Erstens schafft sie einen Inhalt. Zweitens grenzt sich

---

705 *Luhmann*, Das Recht der Gesellschaft, S. 57; *ders.*, Soziale Systeme, S. 25.

706 *Luhmann*, Soziale Systeme, S. 227.

707 *Luhmann*, Das Recht der Gesellschaft, S. 165.

708 Vgl. *Luhmann*, Die Wissenschaft der Gesellschaft, S. 83; vgl. *ders.*, Das Recht der Gesellschaft, S. 214.

709 *Luhmann*, Das Recht der Gesellschaft, S. 174.

710 *Spencer-Brown*, Laws of Form; Zur (In)Konsistenz von Luhmanns Referenz auf Spencer-Brown, vgl. *Hölscher*, Niklas Luhmanns Systemtheorie, in: Schönwälder-Kuntze/Hölscher/Wille (Hg.), George Spencer Brown, S. 257 (257-272).

711 „We take as given the idea of distinction and the idea of indication, and that we cannot make an indication without drawing a distinction.“, *Spencer-Brown*, Laws of Form, S. 1.

712 *Schönwälder-Kuntze/Wille*, Kommentar zu den Laws of Form, in: Schönwälder-Kuntze/Hölscher/Wille (Hg.), George Spencer Brown, S. 67 (67).

713 *Luhmann*, Soziale Systeme, S. 35 Fn. 5; *ders.*, Das Recht der Gesellschaft, S. 27 Fn. 36, S. 174; *ders.*, Zeichen als Form, in: Baecker (Hg.), Probleme der Form, S. 45 (48 f).

dieser Inhalt aufgrund seines inneren Zusammenhangs von dem, was nicht zum Inhalt gehört, nach außen hin ab. Und drittens generiert das Verhältnis von Inhalt und Außerhalb eine Unterscheidbarkeit.[714] Formen haben demnach zweite Seiten, eine Innen- und eine Außenseite, die durch eine Grenze voneinander getrennt werden.[715] Das heißt wiederum für Unterscheidungen, dass diese nur getroffen werden, soweit eine Grenze zwei Seiten voneinander separiert.[716]

Unterscheidungen sind aber keine für sich stehenden Einheiten, Unterscheidungen werden mit einer Motivation getroffen.[717] Sie intendieren etwas zu unterscheiden, um es, und nicht die andere Seite, bezeichnen zu können.[718] Die Bezeichnung erfolgt hierbei über ein Kreuzen der Grenze, wodurch die Innenseite der Form im Unterschied zu ihrer Außenseite bezeichnet werden kann.[719] Gleichzeitig wird auf der Außenseite ein unmarkierter Raum „der Abgrenzung halber mitgeführt".[720]

Die Form rechtlichen Unterscheidens ist der Gebrauch des Rechtscodes. Wird eine Sache sonach als Recht identifiziert, liegt auf der Außenseite der Form dieser Unterscheidung das Unrecht. Wird etwas als Unrecht identifiziert, so ist entsprechend Recht das Außenseitige dieser Form. Das bloße Treffen der Unterscheidung macht hieraus aber noch kein System, denn jede Unterscheidung bezeichnet nur das Innenseitige. Um auf die Außenseite zu gelangen, bedarf es vielmehr einer Grenzüberschreitung.[721] Zu dieser Grenzüberschreitung soll es durch eine „rekursive Vernetzung"[722] zwischen den Beobachtungen des Systems und den Operationen des Systems kommen. Den Ausgang dieses Konzepts bildet die Annahme, dass

---

714 Auf diese Interpretation weisen insb. *Schönwälder-Kuntze/Wille*, Kommentar zu den Laws of Form, in: Schönwälder-Kuntze/Hölscher/Wille (Hg.), George Spencer Brown, S. 67 (71 f.), hin.

715 *Luhmann*, Die Paradoxie der Form, in: Baecker (Hg.), Kalkül der Form, S. 197 (198 f.).

716 *Luhmann*, Die Paradoxie der Form, in: Baecker (Hg.), Kalkül der Form, S. 197 (199); *Schönwälder-Kuntze/Wille*, Kommentar zu den Laws of Form, in: Schönwälder-Kuntze/Hölscher/Wille (Hg.), George Spencer Brown, S. 67 (72).

717 *Spencer-Brown*, Laws of Form, S. 1.

718 *Schönwälder-Kuntze/Wille*, Kommentar zu den Laws of Form, in: Schönwälder-Kuntze/Hölscher/Wille (Hg.), George Spencer Brown, S. 67 (77).

719 *Baecker*, Im Tunnel, in: Baecker (Hg.), Kalkül der Form, S. 12 (22); *ders.*, Einleitung, in: Baecker (Hg.), Probleme der Form, S. 9 (11).

720 *Luhmann*, Das Recht der Gesellschaft, S. 174.

721 *Luhmann*, Die Wissenschaft der Gesellschaft, S. 80; *ders.*, Das Recht der Gesellschaft, S. 177.

722 *Luhmann*, Die Wissenschaft der Gesellschaft, S. 83.

das Rechtssystem, während es etwas als Recht oder Unrecht identifiziert, sich ja nicht selbst beobachten kann, da dies immer erst auf einer zweiten oder dritten Ebene der Beobachtung möglich ist. Dabei stellt auch die Beobachtung eine *Unterscheidung* dar. Bei dieser unterscheidet die Beobachtung anhand der Operationen des beobachteten Gegenstandes, also dem Gebrauch des Codes, wobei es die zwei Bestandteile der Codeform, Unterscheiden und Bezeichnen, in sich verbindet.[723] Die Beobachtung kann dadurch das thematisieren, was die operative Unterscheidung nicht sieht, nämlich etwas als Recht oder Unrecht unterschieden zu haben. Wie jede andere Unterscheidung auch, lässt sich die Beobachtungs-Unterscheidung als *Form* umschreiben, die im Wege der Unterscheidung bezeichnet.[724] Die Innenseite der Beobachtungsunterscheidung ist die Designierung von Operationen, die die Unterscheidung von Recht und Unrecht gebraucht haben, im Unterschied zu den Operationen anderer Systeme, die die Werte von Recht und Unrecht nicht gebrauchen. Durch diese „rekursive Vernetzung“ von Operation und Beobachtung und Beobachtung der Beobachtung wird eine operative Schließung generiert, weil sich die Operationen der „Codeform“ an der Differenz, die die Beobachtung der Operation des Codes erzeugt, orientieren können. Genauer gesagt wird mit der Beobachtung der Gebrauch der symmetrischen „Codeform“ auf der Ebene der Beobachtung, im Unterschied zu ihrem Nichtgebrauch, zur Grenze der asymmetrischen „Systemform“.[725] Diese operativ generierte Grenze, die nichts anderes ist als die Differenz von System und Umwelt, tritt als Unterscheidung, anhand der sich die Operationen des Systems orientieren, in das System ein: „Es kommt zu einem Eintritt der Form in die Form.“[726] Folglich konstituiert bzw. schließt erst dieser „re-entry“ das Recht als System, wie Luhmann in den Worten Spencer Browns den „Wiedereintritt der Unterscheidung in das Unterschiedene“ definiert.[727]

723 *Luhmann*, Die Wissenschaft der Gesellschaft, S. 81.
724 Ebd., S. 84.
725 *Luhmann*, Das Recht der Gesellschaft, S. 175.
726 *Luhmann*, Die Wissenschaft der Gesellschaft, S. 83.
727 *Luhmann*, Das Recht der Gesellschaft, S. 174.

b. Menkes Lesart des Re-entry

An dieser *„doppelte[n] Differenz der Form“*[728] setzt Menke mit seinen Überlegungen zum Nichtrecht an. Allerdings verleiht er der Form des Rechts eine ontologische Dimension.[729] Dies ist aus epistemologischer Sicht nicht ganz unproblematisch. Menke identifiziert hier Luhmanns Theorie, die von diesem lediglich als Modell zur Beschreibung des Rechts konzipiert worden ist,[730] mit dem Sein des Rechts. Nach Luhmanns Systemtheorie kann es jedoch keine gemeinsam geteilte Welt geben. Für sie steht jede Beschreibung eines Gegenstandes in Abhängigkeit des Systems, das die Beobachtung des Gegenstandes unternimmt, und seines Standpunktes, von dem aus es ihn beobachtet. Aussagen über das Sosein einer Sache sind also immer durch die Sicht des Systems getrübt, das sie zu beschreiben sucht. Akzeptiert man dies, wird Ontologie relativ.[731] Menke müsste daher ehrlicherweise darauf hinweisen, dass die Form des Rechts nur aus der Perspektive des Rechts, welches sich und seine Operationen beobachtet, das Sein des Rechts ist und nicht, wie man meinen könnte, die absolute Realität des Rechts. Insofern belastet er seine Ausführungen mit dem Anschein, er betreibe Metaphysik.

In seiner spezifischen Lesart der doppelten Differenz der Form deklariert Menke die Beobachtungsunterscheidung, die den Gebrauch der Codeform im Unterschied zu ihrem Nichtgebrauch thematisiert, um – und zwar in eine Unterscheidung zwischen Recht und Nichtrecht.[732] Diese Bezeichnung ist konsequent, da es die Innenseite der Unterscheidung zwischen Recht und Nichtrecht (der Gebrauch der Codeform im Unterschied zu systemfremden Operationen) ist, die diese Unterscheidung nicht trifft. Auch wenn der Gebrauch der Codeform, also die *identifizierende* Unterscheidung zwischen Recht und Unrecht und die *systemspezifische* Unterscheidung zwischen Recht und Nichtrecht grundlegend verschieden sind, „überlagern und überlappen“[733] sie sich zur reziproken Stabilisierung

728 *Menke*, Kritik der Rechte, S. 112.

729 Vgl. die Überschrift zu Kap. II, in: ebd., S. 99. Und: „‚Selbstreflexion‘ [ist] eine ontologische Kategorie. Sie bezeichnet die Seinsweise des modernen Rechts: das, was (und wie) das moderne Recht *ist*. Das moderne Recht ist selbstreflexiv oder es ist nicht modernes Recht.“, a.a.O. S. 102.

730 Vgl. *Luhmann*, Das Recht der Gesellschaft, S. 38-123.

731 *Luhmann*, Einführung in die Systemtheorie, S. 139.

732 *Menke*, Kritik der Rechte, S. 112.

733 *Menke*, DZPhil 2018, S. 143 (157).

ihrer Formen.[734] Das „[Z]usammenwirken“[735] hat dabei seine Ursache in der Selbstbezüglichkeit des Rechts. Damit das Recht operativ identifizierend zwischen Recht und Unrecht zu differenzieren vermag, muss es schließlich wissen, was rechtliche Operationen sind, an die es mit dieser Unterscheidung anknüpfen kann. Dieses Wissen habe es, weil es zwischen sich und seiner Umwelt, ergo zwischen sich und dem Nichtrecht unterscheidet. Dafür müsse das Recht praktisch die Unterscheidung zwischen Recht und Nichtrecht gebrauchen. Hierdurch iteriere die Verwendung der Unterscheidung zwischen Recht und Unrecht die Verwendung der Unterscheidung zwischen Recht und Nichtrecht. Von daher „gehört“ die Unterscheidung zwischen Recht und Unrecht ebenso wie die Unterscheidung zwischen Recht und Nichtrecht zum Rechtssystem.[736] Sie gehört zum Rechtssystem, weil dieses sie gebraucht und sich auf sie bezieht, wenn es zwischen Recht und Unrecht unterscheidet. Dies allerdings führe dazu, dass der *Unterschied* zwischen Recht und Nichtrecht auf der Innenseite des Rechtssystems erneut auftaucht.[737] Das Recht sei insofern paradoxal verfasst: es „enthält *in sich* sein *Anderes*“[738].

Das Wiederauftauchen des *Unterschieds* zwischen Recht und Nichtrecht im Recht, oder in Luhmanns allgemeiner Formulierung: die „Form in der Form“, ist eine Paradoxie im Recht, die Menke zufolge für die *Gewalt des Rechts* verantwortlich ist.[739] Für die Erklärung dieser Paradoxie ist zunächst noch einmal ein Blick auf die *„Laws of Form“* förderlich. Ausfluss des grundlegenden Axioms der *„Laws of Form“* ist, dass das Primat nicht mehr der Raum ist, in dem etwas abgegrenzt wird, sondern eine Unterscheidung, die erst einen Raum erzeugt, der eine Innenseite hat, die durch die Unterscheidung bezeichnet wird und dafür einen unmarkierten Raum auf ihrer Außenseite mit sich führt.[740] Für das Recht heißt dies, dass die Unterscheidung zwischen Recht und Unrecht einen Raum generiert, auf dessen

---

734 *Menke*, Kritik der Rechte, S. 112 f.; *Luhmann*, Das Recht der Gesellschaft, S. 175.

735 *Luhmann*, Das Recht der Gesellschaft, S. 175.

736 *Menke*, Kritik der Rechte, S. 113.

737 *Menke*, Kritik der Rechte, S. 114; *Luhmann*, Die Paradoxie der Form, in: Baecker (Hg.), Kalkül der Form, S. 197 (199 f.).

738 *Menke*, Subjektive Rechte: Zur Paradoxie der Form, in: Teubner (Hg.), Nach Jacques Derrida und Niklas Luhmann, S. 81 (85).

739 *Menke*, Kritik der Rechte, S. 119; *Luhmann*, Die Paradoxie der Form, in: Baecker (Hg.), Kalkül der Form, S. 197 (201).

740 *Schönwälder-Kuntze/Wille*, Kommentar zu den Laws of Form, in: Schönwälder-Kuntze/Hölscher/Wille (Hg.), George Spencer Brown, S. 67 (74); *Luhmann*, Zeichen als Form, in: Baecker (Hg.), Probleme der Form, S. 45 (58).

Innenseite diese Unterscheidung operativ stattfindet, im Unterschied zum Außenseitigen, das inoperabel ist. Demnach könne die Unterscheidung zwischen Recht und Unrecht nur auf der Innenseite des Systems über das getroffen werden, was durch ein in der Vergangenheit liegendes „Vor-Verfahren der Verrechtlichung“[741] schon *Zu-Recht-gemacht* wurde. Denn nur dasjenige, was bereits durch rechtliches Entscheiden in die Form des Rechts gebracht wurde und die Gestalt rechtlicher „Repräsentanten“ alias „Personen“ oder „Sachen“ angenommen hat, könne als „Auslösesignal für [rechtliche] Operationen“[742] fungieren.[743] Das Noch-nicht-zu-Recht-gemachte, Außenseitige, Nichtrechtliche ist damit aber nicht einfach weg, sondern kann den Verfahrensablauf des Rechts, wie Menke betont, durch Wiedersetzung rechtlicher Repräsentanz oder chaotische Situationen stören.[744]

Die Möglichkeit der Interruption habe dabei keinen außerrechtlichen, sondern im Recht selbst ihren Grund: Sie resultiere schlechterdings aus der Unterscheidung zwischen Recht und Nichtrecht, die das Recht für seine Selbstbezüglichkeit unternehmen muss. Da die Selbstvergewisserung des Rechts nur über die Abgrenzung zum Nichtrecht erfolgen könne, „weiß“ es auch, dass es einen Raum gibt, in dem es nicht ist, sondern Nichtrecht ist. Selbst wenn das Nichtrecht nicht vom Recht als Nichtrecht identifiziert werden könne, habe es damit dennoch „Erfahrung“ mit diesen Momenten, die sich nicht verrechtlichen lassen.[745] Aufgrund dieser Erfahrung wende sich das Recht mit jedem seiner Urteile nicht nur gegen das normativ unrichtige Unrecht, sondern auch gegen das nichtnormative Nichtrecht. Das erklärt gleichfalls, warum sich hier nicht klar zwischen Unrecht und Nichtrecht unterscheiden lässt.[746] Menke spricht davon, dass so die „formlose Welt“ im Recht als „abwesende da“ sei.[747] Weil aber das Nichtrecht vom Recht als solches nicht identifiziert werden könne, behauptet Menke, es sei für das Recht – metaphorisch gesprochen – nur

---

741 *Menke*, Recht und Gewalt, S. 91; vgl. auch *ders.*, Kritik der Rechte, S. 116.
742 *Luhmann*, Das Recht der Gesellschaft, S. 175.
743 *Menke*, Kritik der Rechte, S. 116, 120; vgl. *Luhmann*, Die Paradoxie der Form, in: Baecker (Hg.), Kalkül der Form, S. 197 (199).
744 Vgl. *Menke*, Kritik der Rechte, S. 117.
745 Ebd., S. 117.
746 *Luhmann*, Das Recht der Gesellschaft, S. 27; *Menke*, DZPhil 2018, S. 143 (157).
747 *Menke*, Kritik der Rechte, S. 118.

als „Rauschen“ vernehmbar: eben (für das System) nicht sichtbar und dennoch vorhanden.[748]

Mit dieser Metaphorik rekurriert der Autor außerdem auf Derridas Charakterisierung der Polizei und ihr *„Fort-Dasein“*[749], um noch auf einen weiteren Aspekt dieser Differenz aufmerksam zu machen. Der unendliche Unterscheidungsprozess des Rechtssystems, der die Differenz von Recht und Nichtrecht im Recht erzeugt, kann insoweit nicht in einem eindimensionalen Modell linearer Zeitlichkeit der Schulphysik situiert werden. Vielmehr ergibt sich die Differenz aus der Konfrontation zweier Zeitdimensionen, aus einer Gleichzeitigkeit des Asynchronen. In der ersten Dimension ist die Differenz von Recht und Nichtrecht soweit „fort“, weil in den Operationen des Rechts die Umwelt des Rechts bereits zu Recht gemacht wurde. In der zweiten ist sie „da“, weil die Umwelt des Rechts noch kein „Vor-Verfahren der Verrechtlichung“[750] durchlaufen hat.

Die Synchronie von Präsenz und Absenz in der Differenz von Recht und Nichtrecht, die sich permanent bemerkbar machen könne, reiße mithin eine „nicht zu schließende *Lücke*“ ins Recht.[751] Und in „dieser Lücke haust“, so Menke, „die Gewalt des Rechts“.[752] Für den Autor sind also Ursache für die und Wirkungsort der *Gewalt des Rechts* in der Möglichkeit des Rechts fundiert, nach der es nichtrechtlichen Situationen ausgesetzt sein kann, die seinen Ablauf unterbrechen, von deren Potenzial es auch weiß und die es deshalb dazu nötigen, über seinen Schatten zu springen. Laut Menke müsse das Recht insofern beständig etwas tun, was es nach seiner normativen Eigenlogik eigentlich nicht kann: Es müsse, um der Unterbrechung seiner Operationen entgegenzuwirken, in seinem Außerhalb operieren – es muss sich im Nichtrecht „sein Voraus setzen“.[753] Dies könne es aber nicht über normative Operationen tun, weil das Prädikat der Normativität nur auf seine internen Operationen zutrifft. Sein Wirken im *Außerhalb* sei demnach „nichtnormativ“.[754] Diesbezüglich hat Menke auch ein ganz konkretes Phänomen vor Augen: Eine solche Situation,

---

748 *Menke*, Kritik der Rechte, S. 118; Menke entlehnt die Figur des „Rauschen[s] der Umwelten“ im Recht von: *Hensel*, Klangpotentiale: Eine Annäherung an das Rauschen des Rechts, in: Joerges/Zumbansen (Hg.), Politische Rechtstheorie Revisited, S. 69 (77, 89).

749 *Derrida*, Gesetzeskraft, S. 95.

750 *Menke*, Recht und Gewalt, S. 91.

751 *Menke*, Kritik der Rechte, S. 118.

752 Ebd., S. 119.

753 Ebd., S. 120.

754 *Menke*, DZPhil 2018, S. 143 (154 f.).

in der es sich seine eigenen Voraussetzungen schafft und die *Gewalt des Rechts* in seiner Lücke besonders deutlich zutage tritt, ist für ihn die von Schmitt beschriebene „Ausnahme". In der Ausnahmesituation bewältigt das Recht, entkleidet von seiner „Gesetzesform"[755], soweit die „Lebensverhältnisse"[756], die die Voraussetzung für seine tatbestandsmäßige Anwendbarkeit sind. Dafür wirke es eben, wie Menke unter Verweis auf Agamben schreibt, als „~~Gesetzes~~kraft"[757]. Dabei sei die Wirkungsweise des Rechts im Zuge einer Ausnahme bzw. das Wirken des Rechts im Nichtrecht ein „Verhältnis der Gewalt"[758], und zwar aus einem faktischen und einem formalen Grund: Faktisch, weil das „Potential" der Anwendung von körperlich wirkendem Zwang dem Recht garantiert zur „Durchsetzung" verhelfe, um den nichtrechtlichen Gegenstand rechtlich zu überformen.[759] Formal, weil alles nichtnormative Wirken definitionsgemäß gewaltvoll ist.[760]

Aufgrund der Unmöglichkeit des Rechts, es bei dem Unterschied zum Nichtrecht zu belassen, weil er durch seine implizite Bezugnahme im Recht immer wirksam werde, sei die Lücke und damit die Gewalt seine „Strukturbedingung"[761].[762] Es handele sich um seine Strukturbedingung, da sich im Recht infolge der doppelten Differenz der Form zwei „unterschiedliche Beziehungen" überlagern – eben sowohl normativ als auch nicht-normativ wirken zu müssen –, was sein Verhältnis zur Gewalt paradoxiere.[763] Kurzum: Das Recht wendet, obwohl es nach seiner genealogischen Definition das Andere der Gewalt ist, trotzdem Gewalt für Fälle an, die von seinem Außerhalb herkommen, um mit ihr rechtliche Repräsentanz zu produzieren.

---

755 *Agamben*, Ausnahmezustand, S. 73.
756 *Schmitt*, Politische Theologie, S. 19.
757 *Agamben*, Ausnahmezustand, S. 73.
758 *Menke*, DZPhil 2018, S. 143 (155).
759 *Menke*, Kritik der Rechte, S. 119; etwas allgemeiner formuliert: *ders.*, Recht und Gewalt, S. 40, 90.
760 Vgl. Kap. B.V.
761 *Menke*, Recht und Gewalt, S. 9.
762 *Menke*, Kritik der Rechte, S. 126.
763 *Menke*, DZPhil 2018, S. 143 (155).

c. Die „Gewalt der Gewalt"[764]. Zur Genealogie des autonomen Rechts

Seit seiner Entstehung sei das westeuropäische Recht jedoch versucht, diese „Lücke in seinem Tun zu schließen"[765]. Eine Methode, die dabei seit der Antike praktiziert werde, ist mit der Differenz zwischen Recht und Nichtrecht offen zu verfahren, indem das Recht als „Institution" begriffen wird.[766] Man gibt ihm eine „Geschichte", die erzählt, wie seine Einsetzung gegen den vorrechtlichen Zustand vonstattenging.[767] Erinnert sei hier etwa an den Hobbes'schen Naturzustand. Aus dem Entstehungsmythos ergibt sich dann implizit ein Anspruch auf Wiederholung der Einsetzung, um seine Durchsetzung gegen das Andere kontinuierlich zu generieren und zu garantieren. Das Recht als Institution sei demzufolge auf große Prozesse und symbolträchtige Strafen angewiesen. Es muss zelebriert werden.[768] Der Symbolcharakter der Gewalt, die dabei zu seiner Durchführung nach außen hin strahlt, habe überdies den Effekt, dass sich seine Unterworfenen vor ihm fürchten, was potenzielle Dissidenten von einer Abweichung abschrecke. Allein dieser Symbolträchtigkeit wegen, die eben auch „Furcht" erzeugt, ähnele die Herrschaft des Rechts noch der Herrschaft der Rache.[769] Laut Menke kann die institutionelle Setzung des Rechts den „Riss" aber nicht kitten; sie vermag ihn allenfalls zu „depotenzier[en]".[770] Damit positiviert die narrative Begründung des Rechts, im Unterschied zum vorrechtlichen Zustand, schlechthin nur den Unterschied zwischen Recht und Nichtrecht.[771] Das Recht bleibt als verselbstständigter Bereich gesellschaftlicher Kommunikation gegenüber seinen Adressaten äußerlich.

Das Problematische an Normen, die ihre Verbindlichkeit lediglich von Autoritäten[772] beziehen, ist jedoch, dass sie sich nur durch Gehorsam umsetzen lassen. Gesetze, die von einer äußeren Instanz her ergehen und denen man sich insoweit bloß fügen kann, entfalten gerade wegen ihrer Äußerlichkeit häufig nicht die intensivste Bindungswirkung, da sie sich

764 *Menke*, Recht und Gewalt, S. 56.
765 *Menke*, Kritik der Rechte, S. 122.
766 Ebd., S. 123.
767 Ebd., S. 123.
768 *Menke*, Kritik der Rechte, S. 123; ähnlich bereits *Luhmann*, Rechtssoziologie, S. 108 f.
769 *Menke*, Recht und Gewalt, S. 38 f.
770 *Menke*, Kritik der Rechte, S. 124.
771 Vgl. ebd., S. 124.
772 Vgl. *Menke*, Recht und Gewalt, S. 41.

von willkürlichen Direktiven nicht klar trennen lassen.[773] Das Individuum kann infolgedessen dazu neigen, ihre Verbindlichkeit, ihre inhaltliche Kohärenz etc. zu bezweifeln, mit der Konsequenz, dass es ihnen nicht folgt, was sich allenfalls „durch despotische Gewalt"[774] aufhalten ließe. In der äußerlichen Inszenierungsbedürftigkeit ist daher auch die Möglichkeit der Degeneration des Rechts angelegt. Wird es aber nicht mehr praktiziert, dann verschwindet es – und mit ihm die durch es ins Werk gesetzte Gerechtigkeit.[775]

Ein derartiger Fall von „Rechtsvergessenheit"[776] wird für Menke in Sophokles' *„König Ödipus"* geschildert. Die Geschichte handelt davon, dass Ödipus den ungesühnten Mord am früheren König der Thebaner richterlich aufklären möchte, was die Thebaner bisher aus purem Desinteresse unterlassen haben.[777] Ödipus' Rezept gegen die Rechtsvergessenheit seines Volkes ist dann deren Verfluchung. Er verflucht dabei nicht nur die Thebaner, sondern auch sich selbst zum Recht. Wer nicht mit ihm kooperiert und zur Aufklärung beiträgt, wird – so das von ihm in Aussicht gestellte, unverrückbare Übel – aus der religiösen und politischen Gemeinschaft verbannt.[778] In Ödipus' Fluch sieht Menke soweit eine elementare Strategie des Rechts, seiner Äußerlichkeit und seiner Degeneration entgegenzuwirken. Weil der Fluch auch für den Richter Ödipus gilt, da er ihn nicht in seinem, sondern im Namen des Rechts ausspricht, figuriere er ein Subjekt, das dazu „verflucht" sei, „sich selbst nach dem Maß des Rechts zu beurteilen".[779] Bekanntlich verurteilt sich Ödipus, nachdem er die Umstände des Mordes aufgeklärt hat, selbst wegen des Mordes an seinem Vater und des Inzests mit seiner Mutter zu seiner Blendung und zu Exil und vollstreckt dieses Verdikt sogleich an sich selbst.[780] In diesem Sachverhalt erblickt Menke eine fundamentale Umstellung in der Konstruktion von Normativität. Ödipus verurteilt sich nämlich nicht, weil er dazu von einer äußeren Instanz gezwungen wird. *Er* sei es, der über sich spricht. Inhaltlich entspräche sein Urteil jedoch dem Recht. Er hat sich insoweit

---

773 *Khurana*, Paradoxien der Autonomie, in: Khurana/Menke (Hg.), Paradoxien der Autonomie, S. 7 (8 f.).

774 *Hegel*, Vorlesungen über die Philosophie der Geschichte, S. 342.

775 *Menke*, Kritik der Rechte, S. 123 f.

776 *Menke*, Recht und Gewalt, S. 88.

777 *Menke*, Kritik der Rechte, S. 124; *ders.*, Recht und Gewalt, S. 42; vgl. *Bollack/Sophokles*, Sophokles König Ödipus, Vers 443-463.

778 *Bollack/Sophokles*, Sophokles König Ödipus, Vers 230-251.

779 *Menke*, Recht und Gewalt, S. 45, vgl. auch S. 48.

780 *Bollack/Sophokles*, Sophokles König Ödipus, Vers 1270, 1287-1293, 1436.

das rechtliche Gesetz inhaltsgleich selbst gegeben, als ob er sein „Urheber“[781] wäre.[782] Dahingehend präfiguriere König Ödipus ein „autonome[s] Subjekt“[783]. Davon ausgehend lautet Menkes These, dass die Strategie des Rechts gegen die Degeneration seiner Herrschaft in der Autonomisierung des Rechts und in der Ausbildung autonomer Subjekte bestehe, die in der Lage sind, das Recht an sich selbst zu exerzieren.[784] Die Herrschaft des Rechts sei demnach erst dann wirklich gesichert, wenn sich das „Subjekt [...] das rechtliche Urteil zueigen und damit sich selbst zum Eigenen des Rechts“ macht, wenn sich das Subjekt „durch sein rechtliches Urteil“ mit dem Recht *„identifiziert“*.[785] Die Verinnerlichung habe aber ihren Preis in der Entsubjektivierung seiner Unterworfenen. Und weil die Autonomisierung durch die Dominanz des Rechts alternative Handlungsoptionen[786] ausschließe, sei auch die Entsubjektivierung durch Autonomisierung als Akt der „Gewalt“ zu qualifizieren.[787]

Diese überaus kontraintuitive These wirft einige Fragen auf und man ist an dieser Stelle dazu geneigt, Menke einen normativen Kategorienfehler zwischen Recht und Moral zu unterstellen. Schließlich werden spätestens seit Kants *„Die Metaphysik der Sitten“* Recht und Moral danach unterschieden, ob und wodurch der Handelnde bewegt wird.[788] Wozu wäre sonst das Prozessrecht von Nöten, wenn es letztendlich das beklagte Subjekt ist, dass sein eigenes Urteil über sich selbst spricht? Warum sehen die Prozessordnungen für Fälle der „Nichtbeteiligung am Rechtsverfahren“[789] die Vorführung des Prozessbeteiligten[790] vor? Was ist mit Fällen, in denen ein Beschuldigter nach den Gesetzen einer fremden Rechtsordnung verurteilt wird, die er inhaltlich überhaupt nicht kennt? Für den deutschen Rechtskreis ließe sich außerdem einwenden, dass der Beschuldigte zu keinem Zeitpunkt eines strafrechtlichen Verfahrens zur Kooperation verpflichtet ist. Ihm steht es frei, sich zu äußern oder gar zu lügen, ohne hierfür aus der

781 *Kant*, Grundlegung zur Metaphysik der Sitten, B 70-72.
782 Ebd., B 73.
783 *Menke*, Recht und Gewalt, S. 41.
784 Ebd., S. 45.
785 Ebd., S. 49.
786 Menke spielt hier implizit auf Benjamins „reine Mittel“ der Konfliktlösung an, die neben dem Recht in Vergessenheit geraten sind, vgl. dazu Kap. C.III.1.
787 *Menke*, Recht und Gewalt, S. 44 f.
788 Vgl. dazu Kap. B.II.
789 *Menke*, Recht und Gewalt, S. 43.
790 Vgl. § 230 und § 51 StPO.

politischen Gemeinschaft verbannt zu werden.[791] Gerade weil die Urteile des Rechts äußerlich sind, muss der Verurteilte sie nicht befürworten, sondern allerhöchstens hinnehmen.[792] Widersetzt er sich auch dem, so bleibt immer noch die zwangsweise Vollstreckung des Urteils, um die „Legalität" zu wahren. Wenn Menke also behauptet, das Recht verlange, dass sich seine Subjekte auch mit seinen Urteilen identifizieren müssen, scheint diese Forderung keine rechtliche, sondern eine moralische zu sein.

Diese Kritik an Menke greift allerdings zu kurz. Bezieht man in seine Lektüre den Aufsatz „*Autonomie und Befreiung*"[793] mit ein, den er 2010, also ein Jahr vor „*Recht und Gewalt*", veröffentlicht hat, ebenso wie seine Schrift „*Tragödie im Sittlichen*" von 1996, so erfährt man, dass sein Autonomiebegriff maßgeblich unter dem Einfluss von Überlegungen zu Georg F. W. Hegels Autonomiebegriff steht. Menkes Autonomiebegriff muss dann gar als bewusste Abwendung von Kants Autonomiekonzeption verstanden werden, weshalb auch jene Kritik unter den kantischen Parametern ins Leere läuft. Anstoß zu „*Autonomie und Befreiung*" gab Menke die Schrift „*German Philosophy 1760-1860: The Legacy of Idealism*"[794] des amerikanischen Philosophen Terry Pinkard. Pinkard macht dort in kritischer Auseinandersetzung mit Kants Autonomiekonzept darauf aufmerksam, dass diesem ein Paradox inhärent sei. Um dieses Paradox zu ergründen, ist es jedoch zunächst erforderlich, einen flüchtigen Blick auf die Voraussetzungen von Kants Autonomiekonzeption zu werfen: Diese geht auf Rousseaus Neubestimmung von Freiheit zurück. Rousseau versteht Freiheit nicht mehr als Antipode zum Gesetz, sondern erachtet vielmehr die Befolgung eines selbstgegebenen Gesetzes als Vorbedingung für Freiheit.[795] Kant ist Rousseau soweit gefolgt, dass er für moralische Handlungen verlangt, dass deren Motivation aus einem Gesetz resultieren muss, welches sich das Subjekt selbst gegeben hat und an das es aus Pflicht gebunden ist.[796] Das Paradox bestehe nun darin, dass Kant den *Grund* für das Wollen, nach einem

---

791 Vgl. § 136 und § 163a StPO.

792 So auch *Ladeur*, Die Textualität des Rechts, S. 111 Fn. 453.

793 Zuerst erschienen in: *DZPhil* 2010, S. 675-694. Im Folgenden zitiert nach: *Menke*, Autonomie und Befreiung, in: Khurana/Menke (Hg.), Paradoxien der Autonomie, S. 149 (149-184).

794 Zuerst erschienen in: Pinkart, Terry, *German Philosophy 1760-1860: The Legacy of Idealism*, Cambridge 2002, Kap. 2 (S. 45-60) und 9 (S. 226-233). Vorliegend zitiert nach: *Pinkard*, Das Paradox der Autonomie: Kants Problem und Hegels Lösung, in: Khurana/Menke (Hg.), Paradoxien der Autonomie, S. 25 (25-59).

795 *Rousseau*, Du contrat social ou principes du droit politique, S. 33, 45.

796 *Kant*, Grundlegung zur Metaphysik der Sitten, B 70-73.

derartigen Gesetz zu handeln, letztlich im „Faktum der Vernunft“[797] belegt sieht. Das Faktum der Vernunft ist aber im Grunde irreduzibel.[798] Es kann, worauf Pinkart hinweist, weder auf Gründe zurückgeführt, noch bestritten werden, weil dies eine vernünftige Argumentation voraussetzt, die dieses Faktum wiederum nur attestiert.[799] Damit insistiere Kant zum einen darauf, dass eine moralische Handlung auf einem selbstgegebenen Gesetz (Prinzip oder Maxime) beruhe, für dessen Selbstauferlegung Gründe angeben werden können. Deshalb müsste zum anderen aber auch der Grund dafür, das Gesetz anzuerkennen, dem Prinzip nach, wonach nur selbst auferlegte Gesetz Verbindlichkeit erzeugen, ebenfalls aus einem sich selbst auferlegten Gesetz resultieren. Das tue es gleichwohl nicht, weil die „Autorität“ für dieses Gesetz, Gesetze anzuerkennen, die man sich selbst gegeben hat, schlussendlich aus dem unbegründeten „Faktum der Vernunft“ folge.[800] Autonomie sei demnach paradox, da der *Grund* für die Autonomie heteronom vorbestimmt sei.[801]

Menke liest nun Hegels Theorie der Sittlichkeit als Versuch, dieses Paradox aufzuheben.[802] Hegel erblickt die „Aufgabe der Philosophie“ darin, „zu begreifen […] *was ist*“.[803] Für ihn sind bereits die in der Gegenwart bestehenden Dinge Verwirklichungen der Vernunft bzw. der Ideen, weshalb es gilt, ihnen auf den Grund zu gehen, um aus ihnen das Vernünftige in seiner Reinform rekonstruieren zu können[804]. In diesem Sinne „existieren“ für Hegel also für sich genommen weder das Recht noch die Moral in der „Wirklichkeit“, da Ersteres bloß objektiv „*Dasein* der Freiheit im *Äußerlichen*“[805] ist, und Moral nur subjektiv sei. In der Wirklichkeit benötigen sie daher einer Existenzgrundlage, die als „Einheit des subjektiven und objektiven“ fungiert.[806] Diese Existenzgrundlage ist für ihn die Sittlichkeit

797 *Kant*, Kritik der praktischen Vernunft, A 56.

798 Vgl. ebd., A 56.

799 *Pinkard*, Das Paradox der Autonomie: Kants Problem und Hegels Lösung, in: Khurana/Menke (Hg.), Paradoxien der Autonomie, S. 25 (46).

800 Ebd., S. 25 (46 f.).

801 *Menke*, Autonomie und Befreiung, in: Khurana/Menke (Hg.), Paradoxien der Autonomie, S. 149 (150).

802 Ebd., S. 149 (150 ff.).

803 *Hegel*, Grundlinien der Philosophie des Rechts, Vorrede, S. 26.

804 Vgl. *Honneth*, Gerechtigkeitstheorie als Gesellschaftsanalyse, in: Menke/Rebentisch/Honneth (Hg.), Axel Honneth, S. 11 (21 ff.).

805 *Hegel*, Enzyklopädie der philosophischen Wissenschaften im Grundrisse, § 496.

806 *Hegel*, Grundlinien der Philosophie des Rechts, § 141 Z.

als Synthesis von Moralität und Recht.[807] Sittlichkeit definiert er so als *„Idee der Freiheit“*, verwirklicht in „Wissen“, „Wollen“ und „Handeln“.[808] Sie hat „einen festen *Inhalt* [...], der für sich notwendig und ein über das subjektive Meinen und Belieben erhabenes Bestehen ist, die *an und für sich seienden Gesetze und Einrichtungen*“.[809] Verkörpert werde die Sittlichkeit in der Wirklichkeit in sozialen oder staatlichen Konstrukten, d.h. in „intersubjektiv praktizierte[n] Gewohnheiten“[810], namentlich in der *„Familie“*, der *„bürgerliche[n] Gesellschaft“* und im *„Staat“*.[811] Das Herausragende an Hegels Sittlichkeitskonzeption, an die Menke sodann anknüpft, ist, dass er Sittlichkeit in Relation des „autonome[n] Subjekts“ zu seiner Umwelt denkt, deren Teil es ist.[812] Dabei begreift er die soziale Gemeinschaft nicht als Produkt einer vertraglichen Vereinbarung voneinander ansonsten isolierter Subjekte, sondern ganzheitlich. Nicht die vereinzelten Individuen, sondern die soziale Gemeinschaft geht dem Individuum voraus. Erst vermittels der Gemeinschaft und der diese konstituierenden Praktiken kann das Individuum als ein freies existieren, wobei die Gemeinschaft ihrerseits in ihrer Existenz von der individuellen Teilnahme an den sozialen Praktiken abhängig ist.[813]

Praktiken sind damit die „Grundeinheiten des Sozialen“.[814] Ein typisches Beispiel für eine solche gesellschaftskonstitutive Praktik ist die Erziehung der eigenen Kinder.[815] Laut Menke liegen Praktiken „Regeln“ bzw. „Gesetz[e]“ zugrunde, die sie anlässlich der Verfolgung ihres jeweiligen „Gute[n]“ organisieren.[816] Auf die Erziehung bezogen, ist das Gute dieser Praktik, sozial integrierte Subjekte zu formen. Für Menke ermögliche es dabei der normative Inhalt der Praktik dem Subjekt abzuleiten, wie zu handeln ist, wenn es an der Praktik partizipiert. Und indem das Subjekt an den Praktiken partizipiere, erlerne und annektiere es die Gesetze der

---

807 *Hösle*, Hegels System, S. 466; *Hegel*, Grundlinien der Philosophie des Rechts, § 141 Z.
808 *Hegel*, Grundlinien der Philosophie des Rechts, § 142.
809 Ebd., § 144.
810 *Honneth*, Gerechtigkeitstheorie als Gesellschaftsanalyse, in: Menke/Rebentisch/Honneth (Hg.), Axel Honneth, S. 11 (24).
811 *Hegel*, Grundlinien der Philosophie des Rechts, § 157.
812 *Menke*, Autonomie und Befreiung, in: Khurana/Menke (Hg.), Paradoxien der Autonomie, S. 149 (158).
813 *Loick*, Juridismus, S. 29, 35.
814 *Menke*, Kritik der Rechte, S. 339.
815 Vgl. *Hegel*, Grundlinien der Philosophie des Rechts, § 153.
816 *Menke*, Autonomie und Befreiung, in: Khurana/Menke (Hg.), Paradoxien der Autonomie, S. 149 (159); *ders.*, Kritik der Rechte, S. 339 f.

Praktik und gebe mit ihrer Wiederholung gleichermaßen zum Ausdruck, dass es sie für sich gut heißt und zum Grund seiner Handlung macht.[817] Praktiken zeigen also vereinfacht gesagt an, was zu tun und wie zu urteilen ist und bieten den Subjekten die notwendige Orientierung, wodurch es überhaupt erst „Gesellschaft" geben könne.[818] Für die Bestimmung dessen, was der Mensch tun soll, geht Hegel demnach anders als Kant nicht davon aus, dass sich moralische Normen bloß erdenken lassen, sondern dass sich die Subjekte schon in einer Welt bewegen, in der bereits ein Repertoire sozialer Normen Routine ist.[819]

Damit sich Hegels entparadoxierende Neukonzeption der Autonomie in Gänze nachvollziehen lässt, sei aber zuallererst eine „Revision" der herkömmlichen Übersetzung des Begriffs „Autonomie" erforderlich, die Menke jedoch in ihren Grundzügen schon bei Kant veranlagt sieht.[820] Gewöhnlich wird ihr Wortbestandteil „autos" mit „selbst" übersetzt. Wie gesehen resultiert aber aus der Annahme einer „Selbstgesetzgebung" das Paradoxon der Autonomie. Außerdem sei streng genommen die Bestimmung ungenau, dass es das „Selbst" sei, welches sich ein Gesetz gibt. Damit nämlich die Motivation des Subjektes frei und nicht kausal determiniert ist, d.h. nur durch ein Gesetz bestimmt wird, müsse das Subjekt eigentlich im Vorhinein die Wahl zwischen verschiedenen Gesetzen gehabt haben, aus denen es dann eines wählt und zum Grund seiner Handlung macht. So sei es erst die Wahlfreiheit, die die Motivation für das Sollen einer Handlung auf einen Grund zurückführt. Um allerdings die Auswahl zwischen Gesetzen zu haben, für das sich dann unter Angabe eines Grundes entschieden werden kann, sei es deshalb im Vorfeld für das Subjekt erforderlich, die eigenen Präferenzen, Intentionen und Gelüste in die „Form des Gesetzes" gebracht zu haben.[821] Selbstgesetzgebung müsse daher so verstanden werden, dass das Subjekt seine Impulse in Gesetze trans*form*iert.[822] Hiernach sei das Motiv für eine Handlung immer noch der eigene Wille, allerdings in Gestalt eines Gesetzes.[823] Das „autos" in

---

817 *Menke*, Autonomie und Befreiung, in: Khurana/Menke (Hg.), Paradoxien der Autonomie, S. 149 (163 f.).

818 *Menke*, Kritik der Rechte, S. 340.

819 Vgl. *Honneth*, DZPhil 2014, S. 787 (794).

820 Vgl. *Menke*, Autonomie und Befreiung, in: Khurana/Menke (Hg.), Paradoxien der Autonomie, S. 149 (153 f.).

821 Ebd., S. 149 (154).

822 Vgl. ebd., S. 149 (155).

823 *Rödl*, Selbstgesetzgebung, in: Khurana/Menke (Hg.), Paradoxien der Autonomie, S. 91 (102, 107).

Autonomie sei deshalb trefflicher mit „eigen“ und nicht mit „selbst“ zu übersetzen.[824] Ein Gesetz sei sich demnach autonom gegeben und der Handelnde insoweit frei, wenn das Gesetz das Eigene des Subjekts ist – autonom sei eine Handlung dann, wenn sich in dieser das für das Subjekt grundlegende Gesetz artikuliert: den eigenen Willen in Gestalt eines Gesetzes zu intendieren.[825] Genau diese Begriffsbestimmung liegt laut Menke eben auch der Hegel'schen Autonomiekonzeption zugrunde, wenn er das „Subjekt der Autonomie als Teilnehmer sozialer Praktiken“[826] versteht. Bei Hegel werden soweit „Freiheit und Gesetz“ in der Teilnahme an sozialen Praktiken „wechselseitig miteinander verbunden, dass sie Momente derjenigen Grundrelation sind, die als Teilnahme des Subjekts an sozialen Praktiken zu beschreiben ist“.[827] Die „Grundrelation“ von Freiheit und Gesetz ist dann nicht als Bemühen der praktischen Vernunft zu denken, Einheit mit einem autarken Gesetz herzustellen. Vielmehr müsse das Verständnis von ihr in der Beziehung zwischen dem Subjekt und der sozialen Praxis ihren Ausgang nehmen.[828] So gesehen sei Autonomie eine Form sozialer Praxis, wobei die Partizipation des Subjekts an diesen Praktiken wiederum dessen Autonomie generiere.[829] Die Transformation des eigenen Willens in Gesetze, die sich das Subjekt zum Grund seiner Handlung nimmt und die das Subjekt insoweit ausmachen, passiere dann im Vollzug der „soziale[n] Teilhabe“[830], d.h. in der Partizipation des Subjekts an den Praktiken.

Laut Menke gelte das gleichermaßen für Urteile, die ein Subjekt fällt. Auch sie setzen immer schon die Partizipation des Subjekts an einer Praxis voraus, weshalb daraus geschlossen werden könne, dass das Subjekt, sofern es etwas beurteilt, dieses Objekt als Teil einer Praxis beurteile. Das Urteil werde demnach nach Maßgabe derjenigen Regeln gefällt, die genauso die Praxis formatieren. Wenn das Subjekt also Urheber eines Urteils sei, sei es Partizipierender der Praxis, anhand deren Regeln es das Objekt beurteilt – etwa ob das Objekt das Gute der Praxis adäquat verwirklicht.[831] Da das Subjekt das Objekt anhand der Gesetze der spezifischen Praxis beurteilt, an der es selbst teilhat, seien die Gesetze der Praxis zugleich auch

---

824 *Menke*, Autonomie und Befreiung, in: Khurana/Menke (Hg.), Paradoxien der Autonomie, S. 149 (155 f.).

825 Ebd., S. 149 (156).

826 Ebd., S. 149 (150).

827 Ebd., S. 149 (150, 157).

828 Ebd., S. 149 (150).

829 Ebd., S. 149 (151 f., 158 f.).

830 Ebd., S. 149 (158).

831 Ebd., S. 149 (159).

die Gesetze des Subjekts. Damit wäre das Problem der Äußerlichkeit der Gesetze überwunden, weil die äußeren Gesetze der Praktiken als Wissen innerlich-selbstbewusst[832] in den Partizipierenden vorhanden seien.[833] Das Subjekt handele mithin autonom, da es um die Gesetze wisse und diese als Gründe anerkenne, die auch der Praxis zugrunde liegen.[834]

Wenn man nun vor diesem Hintergrund Menkes sittlichkeitstheoretische Überlegungen auf seinen Begriff des Rechts überträgt, lichtet sich der erste Teil des Rätsels um die *Gewalt des Rechts*, die der Autonomisierung durch das Recht beigestellt sein soll. Wie schon Hegel, so denkt auch Menke das Subjekt in einer Wechselbezüglichkeit zum Recht als Institution. Zu seiner Wirklichkeit müssen die Subjekte an ihm als soziale Praktik durch seine Strukturgesetze partizipieren. Bei den Strukturgesetzen, die das Recht als Praktik formatieren, handelt es sich um die Verfahrensordnung des Rechts, die seine allgemeine Gerechtigkeit garantiert. Diese erfahren sie, soweit die Streitbeteiligten von sich abstrahieren und sich gegenseitig als gleichberechtigte Partei anerkennen,[835] die von einem unbeteiligten und allein entscheidungsberechtigten Richter trianguliert werden. Die „doppelte Dezentrierung", die im Subjekt selbst stattfinden müsse, wäre damit der autonome Vollzug der Prozessordnung, die Zu-eigen-Werdung der Verfahrensordnung im Subjekt. In ihrem Vollzug besteht die Verfolgung des Guten der Rechtspraxis, die Verhinderung der sozialschädlichen Rache. Das Recht ist darin autonom[836], weil sich seine Gesetze, die sein Gutes verwirklichen, „aus eigener Einsicht" als vernünftige Gründe anerkennen lassen sollen.[837] Praktisch passiert die Anerkennung seiner Gesetze beispielsweise über das Stellen von Beweisanträgen in einem Gerichtsverfahren, wodurch die Teilnehmer des Prozesses „Gefangene ihrer eigenen Teilnahme"[838] werden. Hierbei bringt das Subjekt seinen Willen in die Form der Gesetze der Praktik, etwa als Beweisantrag, und macht den eigenen Willen in der vernünftigen Gesetzesform zum Grund seiner Handlung. Weil nun erstens die Urteile einer Praktik nach

832 Vgl. *Hegel*, Grundlinien der Philosophie des Rechts, § 142; *Menke*, Autonomie und Befreiung, in: Khurana/Menke (Hg.), Paradoxien der Autonomie, S. 149 (161).

833 *Menke*, Autonomie und Befreiung, in: Khurana/Menke (Hg.), Paradoxien der Autonomie, S. 149 (159 f.).

834 Ebd., S. 149 (160 f., 163).

835 Vgl. *Menke*, Tragödie im Sittlichen, S. 227.

836 Vgl. *Menke*, Recht und Gewalt, S. 48.

837 *Menke*, Tragödie im Sittlichen, S. 229.

838 *Luhmann*, Das Recht der Gesellschaft, S. 209.

Maßgabe ihrer Gesetze erfolgen, zweitens Autonomie in der Teilnahme des Subjekts an einer Praktik und drittens die Gesetze der Praktik zum Eigenen des teilnehmenden Subjekts werden, kann Menke also behaupten, dass sich ebenso das verurteilte Subjekt das rechtliche Urteil zu eigen macht. Im Gegensatz zur gewaltvollen Vollstreckung rächender Urteile, die lediglich der Ansicht des Rächenden entsprechen, erweise sich die gewaltvolle Durchsetzung der Urteile des Rechts damit als legitim, da das Urteil des Rechts infolge der intersubjektiven Anerkennung in der Teilnahme an der Rechtspraxis schließlich auch das Urteil des Verurteilten sei.[839]

Obschon die gewaltvolle Vollstreckung rechtlicher Urteile aufgrund der Autonomie des Subjekts legitim ist, kann man das Menke zufolge jedoch nicht über die Autonomisierung des Subjekts sagen. Vielmehr ist die Autonomie, die die Grundlage für die Legitimation der Herrschaft des Rechts ist, für ihn ganz und gar heteronom veranlasst.[840] Um das zu verstehen, ist es erforderlich, sich noch einmal Menkes Autonomieverständnis zuzuwenden, das er im Ausgang von Hegel erarbeitet hat. Dass die Äußerlichkeit des Gesetzes einfach dadurch überwunden werde, dass das Subjekt an dieser partizipiere, ist für ihn bloß ein Trugschluss. Zum eigenen Gesetz werde ein Gesetz für ein Subjekt nämlich nur, wenn und soweit das Subjekt an der Praktik partizipiert, die dieses Gesetz konstituiert. Das Subjekt eigne sich dieses Gesetz nur an, insofern es dieses Gesetz als eigene Grundlage anerkenne. Dadurch stehe die Autonomie des Subjekts in Abhängigkeit von der Anerkennbarkeit der Gesetze in der „Welt“ als Grund.[841] Die Anerkennbarkeit der Gesetze der Praktiken sei somit ein selbstständiges Moment im Autonomisierungsprozess des Subjekts. Die Praktik ist also ihrerseits autonom.[842] Damit bedinge die Autonomie der Praktik die Autonomisierung des Subjekts, genauso wie die Partizipation

---

839 *Menke*, Recht und Gewalt, S. 47; so ja auch *Hegel*, Grundlinien der Philosophie des Rechts, § 100: „Die Verletzung, die dem Verbrecher widerfährt, ist nicht nur *an sich* gerecht – als gerecht ist sie zugleich sein *an sich* seiender Wille, ein Dasein seiner Freiheit, *sein* Recht –, sondern sie ist auch ein Recht *an den Verbrecher* selbst, d.i. in seinem *daseienden* Willen, in seiner Handlung *gesetzt*.“

840 Vgl. *Menke*, Recht und Gewalt, S. 46.

841 *Menke*, Autonomie und Befreiung, in: Khurana/Menke (Hg.), Paradoxien der Autonomie, S. 149 (164).

842 Ebd., S. 149 (164).

des Subjekts an den Praktiken die Nachahmung und Wiederherstellung dieser anerkennbaren Gründe bedinge.[843]

Laut Menke begreift Hegel diesen wechselseitigen Zusammenhang von Subjekt und Praktik als „Geist".[844] Der Geist bezeichnet bei ihm den Prozess, in welchem das Subjekt wie auch die Praktik durch die Partizipation des Subjekts an der Praktik und die Praktik durch die Partizipation des Subjekts autonom werden. Der Geist selbst ist für Hegel kein Naturprodukt, sondern etwas, das sich autopoietisch ins Werk gesetzt hat, um den Menschen aus seiner Natur zu emanzipieren. Aus diesem Grund sei er „*geschichtlich*" aufzufassen und befinde sich stets „im Werden".[845] Den Geist genealogisch und in einer Wechselbeziehung zwischen Subjekt und Praxis zu begreifen, verleiht ihm nach Menke zwei Dimensionen, die sich nicht immer unbedingt synchron zueinander verhalten, ihn aber definieren, was wiederum Auswirkungen darauf habe, wie Autonomie zu definieren sei.[846] Die Voraussetzung von Autonomie war ja, dass sich die Gesetze, die die Praxis formatieren, als vernünftige anerkennen lassen. Die Selektion und Umformung von Gründen aus der Natur in solche, die sich als vernünftige aneignen lassen, sei dabei Sache des Geistes. Da der Geist im Werden begriffen sei, passiere dies stets. Die Anerkennung von Gründen setze aber auch voraus, dass das Subjekt überhaupt in der Lage ist, Gründe als vernünftige anerkennen zu können, um autonom zu werden.[847] Grundsätzlich werde das für Hegel durch „*Bildung*"[848], d.h. durch „Abrichtung und Disziplinierung [der] Seele"[849] des Subjekts geschaffen.[850] Jedoch bleibt es nicht einfach nur bei dem Bildungsverhältnis zwischen Lehrer und Schüler. Hinzu kommt, dass der Mensch, wie Menke unter Bezugnahme auf Hegel schreibt, zur „Gewohnheit"[851] neige. Der Mensch neige dazu, Handlungen auszuführen, ohne Einsicht in die Vernünftigkeit ihrer Gründe zu nehmen. Aufgrund dieses Hanges zur Gewohnheit könne es dazu

843 *Menke*, Autonomie und Befreiung, in: Khurana/Menke (Hg.), Paradoxien der Autonomie, S. 149 (164 f.).
844 Ebd., S. 149 (165).
845 Ebd., S. 149 (166 f.).
846 Vgl. ebd., S. 149 (168).
847 Ebd., S. 149 (168).
848 *Hegel*, Grundlinien der Philosophie des Rechts, § 187.
849 *Menke*, Autonomie und Befreiung, in: Khurana/Menke (Hg.), Paradoxien der Autonomie, S. 149 (178).
850 Ebd., S. 149 (170 f.).
851 *Hegel*, Enzyklopädie der philosophischen Wissenschaften im Grundrisse, § 410; *Menke*, Autonomie und Befreiung, in: Khurana/Menke (Hg.), Paradoxien der Autonomie, S. 149 (174).

kommen, dass der Mensch Handlungen ausführt, die zu einer vergangenen Zeit zwar dem Geist entsprachen, nun aber nicht mehr dem Zeitgeist entsprechen.[852] Infolge der prozessualen Verfassung des Geistes[853], derentwegen er nur dann existiere, wenn er sich von der Natur befreie, und dem Umstand, dass er nur in der Seele des Subjekts existiere, gehöre damit zum autonomen Geist ebenfalls ein gewisser Hang zur Natur.[854] Deshalb müsse der Geist regelmäßig durch „Bildung“ gegen die Naturverfallenheit des Menschen und sein eigenes Anderes generiert werden. Hierbei nimmt er eine äußere Stoßrichtung an, was vom Individuum nicht selten als „Zwang“ erfahren werde, der mit seiner „inneren Natur“ ringe.[855] Folglich ließe sich aber die Emanzipation des Subjekts zur Autonomie selbst nicht mehr als autonom ausweisen.[856] Die Ausbildung und Reproduktion des Geistes, wie er Gestalt im Subjekt gewinnt, um es zur Autonomie zu befähigen, ist für Menke selbst nicht autonom, weil hier die Gründe in einem Zustand und mit einem Gehalt an das Subjekt herangetragen werden, an deren praktischer Ausbildung das Subjekt wegen seiner Gewohnheit nicht beteiligt war. Daher ist ebenfalls die Befreiung zur Autonomie in Hegels Sittlichkeitskonzeption, so wie Menke sie darstellt, mit einem heteronomen Moment verknüpft.[857]

Entsprechend beinhaltet auch der Moment des erstmaligen Kontakts mit dem Recht, in welchem sich das Individuum als Person zu erachten hat, um an der autonomen Praxis Recht partizipieren zu können, ein Moment äußerlichen Zwangs, weil sich hier das Subjekt des Rechts den Vorbestimmungen des Rechts unterwerfen müsse (genau das bringt das Englische in dem Begriff *„to subject“*, *„etwas unterwerfen“*, präziser zum Ausdruck[858]), an deren Genese es praktisch nicht beteiligt war.[859] Und

---

852 Vgl. *Menke*, Autonomie und Befreiung, in: Khurana/Menke (Hg.), Paradoxien der Autonomie, S. 149 (172-174).

853 Ebd., S. 149 (168).

854 Ebd., S. 149 (175 f.).

855 Ebd., S. 149 (179).

856 Ebd., S. 149 (180, 182).

857 Ebd., S. 149 (184).

858 Vgl. dazu *Butler*, Paradoxien der Subjektivation, in: Khurana/Menke (Hg.), Paradoxien der Autonomie, S. 113 (113-147).

859 *Menke*, Recht und Gewalt, S. 48; vgl. *Hegel*, Grundlinien der Philosophie des Rechts, § 35 f.: „Die Persönlichkeit enthält überhaupt die Rechtsfähigkeit und macht den Begriff und die selbst abstrakte Grundlage des abstrakten und daher *formellen* Rechtes aus. Das erste Rechtsgebot ist daher: *sei eine Person und respektiere die anderen als Personen.*“ Entsprechend lautet die amtliche Überschrift des ersten Abschnitts im 1. Buch des Bürgerlichen Gesetzbuchs: „Person“. Geregelt

dieser Fluch des autonomen Rechts könne sich, so Menke, in dem Moment, in dem das Recht vom Subjekt generell verlangt, sich selbst und alle Rechtsgenossen ganz abstrakt als *„Person“* zu bemessen, gar zur Gewalt steigern.[860]

Bevor sich jedoch der zweite Teil des Rätsels auflöst, weshalb das Gebot zur Personifikation ein Ausdruck *der Gewalt des Rechts* sei, lohnt es, sich zunächst der Etymologie des Wortes „Person“ zuzuwenden. Der Begriff „Person“ leitet sich von dem lateinischen Wort *„persona“* ab. Die *„persona“* bezeichnete ursprünglich eine den ganzen Kopf des Schauspielers bedeckende Maske, die eine trichterförmige Mundöffnung zum Verstärken der Stimme aufwies. Etwas später beschrieb das Wort dann auch die darzustellende Rolle des Schauspielers bzw. das von ihm darzustellende oder dargestellte Individuum. Mit der Übersetzung lateinischer Komödien kam das Wort ca. im 16. Jahrhundert als Fremdwort in die deutsche Sprache und bedeutete dann so viel wie „gemachtes Angesicht“.[861] Bereits von Hobbes im Rechtskontext gebraucht[862], erlangt das Wort *Person* im 18. Jahrhundert bei Kant ein additives Moment. Sie steht bei ihm in der *„Metaphysik der Sitten“* für das Rechtssubjekt, dem eine Handlung zugerechnet werden kann.[863] „Der Begriff des Rechts“, schreibt er, „betrifft erstlich nur das äußere und zwar praktische Verhältnis einer Person gegen eine andere“.[864] Systematisch fungiert die Person damit als die rationalisierte begriffliche Anknüpfung für die äußere Ausgestaltung des Verkehrs im Wege von Rechten und Pflichten. Sie ist quasi der Aufhänger für das System an Regeln der Zuordnung. Insoweit ist sie auch nicht konkret, sondern, wie Hegel dies im Anschluss an Kant hervorhebt, begrifflich abstrakt verfasst.[865] Der „Begriff“ Person versucht damit „nicht die individuelle Einzigartigkeit der konkreten Natur des Einzelmenschen zu treffen. Er bleibt seinem Sinn nach eine Kollektividee.“[866]

---

wird dort insbesondere die Rechtsfähigkeit, die Fähigkeit, in der Entsprechung als Person Träger von Rechten und Pflichten zu sein, vgl. § 1 BGB.

860 *Menke*, Recht und Gewalt, S. 48.

861 *Grimm/Grimm* (Hg.), Deutsches Wörterbuch (Bd. 13, Schlagwort „Person“, Sp. 1561-1566).

862 *Hobbes*, Leviathan, S. 134 f.

863 Vgl. *Kant*, Die Metaphysik der Sitten, A 22; vgl. zum Personenbegriff bei Kant, *Mohr*, Der Begriff der Person bei Kant, Fichte und Hegel, in: Sturma (Hg.), Person, S. 103 (103-115).

864 *Kant*, Die Metaphysik der Sitten, A 32.

865 Vgl. *Hegel*, Phänomenologie des Geistes, S. 355.

866 *Luhmann*, Die Form „Person“, S. 141.

Das Konstrukt *„Person“* ist jedoch keine neutrale Angelegenheit, sondern gerade wegen der Abstraktionsleistung dieses Begriffs, seiner systematischen Funktion im Recht und den daraus folgenden sozialen Konsequenzen kritikwürdig. Genauer gesagt kann der „Positivismus“[867] des Personen-Begriffs in zweierlei Hinsicht kritisiert werden, wobei Menke nur letzteren Kritikpunkt aufgreift: Der erste betrifft dabei, *ob* man Person ist, der zweite, *wie* das Recht Personen und die dahinterstehenden Individuen „adressiert“[868].

Wegen der Abstraktion, die der Begriff Person vornimmt, kann die Frage aufkommen, *ob* man Person ist. Mit dieser Frage ist jedoch nicht weniger verbunden als die Frage, ob einem Wesen Rechtssubjektivität zuteilwird, denn es ist ja die Person, der die Rechte und Pflichten nach dem Gesetz zukommen und nicht das hinter ihr stehende Wesen.[869] Aufgrund der juridischen Fiktionalität dieses Begriffs[870] liegen die Kriterien, die das Recht zur Voraussetzung für das *Personsein* aufgestellt hat, nicht unbedingt in der Hand des Individuums, das sich auf Rechte beruft, und der Faktizität seines Daseins, sondern an den Herrschafts- und Machtverhältnissen innerhalb einer Gesellschaft[871]. Dies aber begründet die Möglichkeit, Individuen im extremsten Falle die „Rechtspersonalität“[872] abzusprechen, um sie so zu Menschen ohne Rechte zu machen.[873] Unter diesem Gesichtspunkt sind auch Derridas Ausführungen zum „Phallogozentrismus“ – einer männlichen Dominanz in der metaphysischen Axiomatik der Sprache – einzuordnen, mit dem er den Fakt zu erklären sucht, wonach in der Rechtsgeschichte des Abendlandes die Subjekte der Menschenrechte zumeist nur die „erwachsenen weißen männlichen fleischessenden opferbereiten Europäer“ waren.[874]

Die zweite Frage, also die Frage, *wie* das Recht Personen anspricht, sieht Menke in einem Zusammenhang mit der Autonomie des Rechts stehen. Wie der Autor unter Bezugnahme auf Hegels *„Phänomenologie des Geistes“* herausarbeitet, erlaube die Person dem Recht, wegen ihrer Abs-

---

867 Vgl. *Menke*, Tragödie im Sittlichen, S. 207.
868 *Menke*, Tragödie im Sittlichen, S. 215; Menke bezieht sich an dieser Stelle ausdrücklich auf *Derrida*, Gesetzeskraft, S. 31 f.
869 Einführung von Ernest Baker zur englischen Übersetzung von *Gierke*, Natural law and the theory of society, S. LXX ff.
870 Ebd., S. LXXI.
871 Vgl. *Menke*, Kritik der Rechte, S. 116.
872 Vgl. dazu *Bushart*, Integrität und Verantwortung.
873 Vgl. *Arendt*, Über die Revolution, S. 136.
874 *Derrida*, Gesetzeskraft, S. 39, 37.

traktheit jedem Individuum unter der Maßgabe rechtlicher Gleichheit zu begegnen.[875] Das ermögliche es jedem (soweit er die Kriterien fürs Personsein erfüllt), an der Rechtspraxis zu partizipieren.[876] Allerdings wirke sich die Berücksichtigung des Einzelnen als Person, die ihm die Autonomie einräumt, an der Rechtspraxis zu partizipieren, auch auf die rechtliche Berücksichtigung der materiellen Ansprüche aus, die eine Partei während eines Rechtsprozesses artikuliert. Das Recht berücksichtige den Einzelnen nämlich auch hier nicht als ein konkretes Individuum mit einem „‚authentischen' Guten"[877], sondern immer abstrakt als einzelne Person in Relation zu allen anderen Personen. Das könne, so Menke, in gewissen Fällen dazu führen, dass hierdurch die freie „Selbstbestimmung"[878], die das Recht dem Einzelnen mit Blick auf seine Beteiligung am Verfahren verspricht und die laut Menke gar die Voraussetzung des Rechtszustands sei[879], im Ergebnis konterkariert werde, wodurch es den Einzelnen in seiner „Selbstverwirklichung" verletze.[880] Der Einzelne könne diesen Verletzungen dabei nur dadurch entgehen und eine vollumfängliche Autonomie im Recht erreichen, soweit er sich von seinem selbst bestimmten Guten zu distanzieren vermag, um es lediglich als *Person*, verzerrt im Lichte der Gleichheit, zu erstreben.[881] Für Menke bedeutet diese Distanzierung vom eigenen Guten in letzter Konsequenz eine „Normalisierung und Normierung der Individualität".[882]

Die handlungsverunmöglichende, also das „*Vermögen des Subjekts*"[883] begrenzende *Gewalt des Rechts*, die Menke als „Fluch" der Autonomisierung bezeichnet, ist insofern keine religiöse bzw. sprachliche Struktur im Recht, sondern die Manifestation eines konkreten Dilemmas, in das das Recht den Einzelnen stürzt, wenn es ihn mit der Aussicht konfrontiert, dem Recht entweder nicht zu folgen und ihm insoweit äußerlich gegenüber zu stehen, so dass er von ihm zu seiner Maßgabe gezwungen wird, oder

875 Vgl. *Hegel*, Phänomenologie des Geistes, S. 355.
876 *Menke*, Tragödie im Sittlichen, S. 205 f.
877 Ebd., S. 141.
878 Ebd., S. 195.
879 Vgl. ebd., S. 137-198.
880 Ebd., S. 213, 232-236, 265 f.
881 Ebd., S. 295.
882 Ebd., S. 297.
883 *Menke*, Kraft, S. 44. „[E]in Vermögen zu haben [heißt], *etwas* zu vermögen: etwas ausführen, etwas verwirklichen zu können. […] Ein Vermögen auszuüben *heißt*, das Gute zu verwirklichen, auf das das Vermögen gerichtet ist.", a.a.O.

aber sich dem Recht zu unterstellen und dann entsprechend nur nach den Gehalten des Rechts agieren zu können.

In diesem Sinne berühren Menkes Überlegungen zur Autonomie und zur Normalisierung des Subjekts Foucaults Thesen aus „*Überwachen und Strafen*", worin auch die bereits erwähnte Kontroverse mit Agamben begründet liegt. Foucault analysiert in diesem Werk vordergründig eine Veränderung der Strafpraktiken im ausgehenden 18. und beginnenden 19. Jahrhundert. Diese Veränderung beobachtet er anhand einer Abkehr von den „grausamen Martern" und dem Aufkommen subtiler Techniken der Macht, die auf die „Seele" des Delinquenten, aber auch aller anderen disziplinierend einwirken.[884] Jene Techniken der Disziplinarmacht schreiben sich dabei für ihn bis in die heutige Gesellschaft fort.[885] Ihr Effekt ist die „Gelehrigkeit [...] und Unterwerfung" des „Körpers" unter die politischen „Machtverhältnisse"[886]. Durch diese Produktion gelehriger, gefügiger und nützlicher Subjekte steigere sie Herrschaft.[887] Es ist hier nicht mehr der Souverän, der unmittelbar Gewalt ausübt; es sind die Subjekte, die infolge subtiler Disziplinierung die Normierung schließlich auch gegen sich selbst anwenden,[888] als das Recht zu einer „Selbsttechnik"[889] wurde. Vor dem Hintergrund von Menkes Rechtsphilosophie besteht die zentrale These Foucaults, die Agamben übersieht, also darin, dass es sich beim Fluch des Gesetzes nicht um eine Technik der Biomacht handele, sondern um eine der Disziplinarmacht, da sie unmittelbar auf die Kontrolle des Individuums aus ist, nicht aber auf die der Bevölkerung.[890]

d. Kritik

Aus rechtstheoretischer Sicht scheint es, als skizziere Menke hier ein etwas einseitiges Bild vom Recht und dem Ideal einer unversehrten, eben authentischeren Individualität. Es drängt sich der Verdacht auf, Menke betrachte die Einbettung des Subjekts in gesellschaftliche Prozesse, kon-

---

884 *Foucault*, Überwachen und Strafen, S. 21, 38, 41 f., 139.
885 Ebd., S. 43.
886 Ebd., S. 36 f.
887 Ebd., S. 176 f.
888 Vgl. ebd., S. 220.
889 Vgl. *Foucault*, Sexualität und Wahrheit II, S. 18.
890 Vgl. zum Unterschied von Biomacht und Disziplinarmacht bei *Foucault*, In Verteidigung der Gesellschaft, S. 285 f.; vgl. zur Kontroverse zwischen Agamben und *Menke*, Recht und Gewalt, S. 107 Fn. 30.

kret: in die Praxen des Rechts, tendenziell zu atomistisch, wenn er soweit beklagt, dass die Form Person oder später in „*Kritik der Rechte*" die Form der subjektiven Rechte eine subtile Herrschaftstechnik darstelle, die das Subjekt und die ihm möglichen Verhaltensweisen begrenze,[891] weil für ihn bereits das Subjekt, das sich etwa auf die institutionell gewährleistete Freiheit beruft, durch Unterwerfungsprozesse konstituiert sei, zu denen gleichermaßen das Recht und insbesondere der Gebrauch subjektiver Rechte beitragen.[892] Was er während seiner Kritik an der entsubjektivierenden, d.h. normalisierenden Wirkung des Rechts aber beharrlich außer Acht lässt, sind jedoch all die Verhaltensweisen menschlicher Interaktion, die erst auf Grundlage des Rechts möglich werden. Dass das Recht Handlungen ermöglicht, zeigt sich insbesondere an den Grundrechten in ihrer Funktion als subjektive Abwehr-, Freiheits-, Gleichheits- oder Gewährleistungsrechte oder den verschiedenen Rechtsinstituten, wie dem Eigentum, das auf dem Boden relativ klarer Zuordnungsregeln errichtet ist. Als negative Abwehrrechte geben die Grundrechte Handlungen des Grundrechtsträgers frei und ermöglichen sie darin, indem sie das staatliche Verhalten unter besondere Anforderungen stellen bzw. ganz verbieten.[893] Die Überbetonung der normalisierenden Effektivität des Rechts ignoriert schlechthin den Fakt, dass eine komplexe zwischenmenschliche Interaktion eine Verschleifung von Welthorizonten erfordert. Schließlich können bei zwei Interaktionspartnern beide nie voneinander hundertprozentig wissen, wie sich der Andere verhalten wird. Das macht eine erfolgreiche Kommunikation und eine gelingende Interaktion an sich unwahrscheinlich. Demgegenüber ermöglichen Rechtsnormen einen Umgang mit dem Problem „doppelter Kontingenz"[894], indem sie ein bestimmtes Verhalten festschreiben und damit die Bandbreite möglicher Verhaltensweisen reduzieren.[895] Insbesondere der Personenbegriff im Recht trägt dazu seinen Teil bei, wie dies Luhmann betont, indem sich über ihn Individuen beobachten lassen: Die Betrachtung eines Individuums als Person erlaubt es dem Beobachter, durch die Zuschreibung der „Verhaltensmöglichkeiten (i. Orig. kursiv, C.K.)", die typischerweise von Personen zu erwarten sind, die potenziell von Individuen möglichen Verhaltenserwartungen auf

891 Vgl. *Menke*, Kritik der Rechte, S. 12.

892 Vgl. dazu *Menke*, Subjektive Rechte: Zur Paradoxie der Form, in: Teubner (Hg.), Nach Jacques Derrida und Niklas Luhmann, S. 81 (99-101) und etwas ausführlicher: *ders.*, Kritik der Rechte.

893 Vgl. *Alexy*, Theorie der Grundrechte, S. 174-181.

894 Vgl. dazu *Luhmann*, Soziale Systeme, S. 148-190.

895 *Luhmann*, Die Form „Person", S. 143.

diejenigen zu begrenzen, die eben nur von Personen erwartet werden können.[896] Dementsprechend ermöglicht es die Orientierung an Normen bzw. Personen dem Beobachter, ein etwas näher umgrenztes Verhalten vom Anderen erwarten zu können und anhand dieser normativ erzeugten Erwartung das eigene Verhalten auszurichten. Auf die Vorzüge, die in dieser Hinsicht Rechtsnormen gegenüber moralischen Normen haben, wurde an anderer Stelle schon hingewiesen.[897] Erst der Ausschluss abweichenden Verhaltens durch die Anpassung an Normen erlaubt das Glücken von Interaktion, auf die der Mensch als soziales oder politisches Lebewesen notwendigerweise angewiesen ist. Die Einengung einer partikularen individuellen Selbstverwirklichung kann also im Einzelfall erforderlich sein, damit im Großen und Ganzen Interaktionsformen gelingen können; Interaktionenformen, die wiederum an anderer Stelle die Bedingung für eine individuelle Selbstentfaltung darstellen.

5. Zwischenbetrachtung

Im Gegensatz zu theologischen oder transzendentalphilosophischen Begründungsversuchen des Rechts, die seine Quelle etwa in Gott oder in einer zu fingierenden Grundnorm suchen, wird es von den Autoren konsequent als ein sich selbst pro- und reproduzierender Zusammenhang begründet. Dieser abweichende Begründungsansatz erlaubt es ihnen, einen anderen Blick auf das Verhältnis von Recht und Gewalt einzunehmen. Hiernach kann die prinzipielle Unterscheidung, die das Recht zwischen sich und der Gewalt macht, nicht mehr aufrechterhalten werden. Gewalt ist folglich nicht, wie das der naturrechtliche Legitimationsmythos behauptet, das Andere des Rechts. Ebenso wenig sind Recht und Gewalt miteinander *nur* analytisch verknüpft. Ihre Relation ist um einiges diffiziler: Genauso wie das Recht dazu da ist, Gewalt zu unterbinden, ist es schlechthin existenziell auf Gewalt angewiesen. Anders als dies die klassischen Rechtsstaatstheorien behaupten, gebraucht das Recht Gewalt demnach nicht nur zur Durchsetzung seiner Zwecke, zur Verwirklichung seiner positiv festgeschriebenen Gehalte. Im Gegenteil: Soweit sich das Recht reproduziert, ist es sich selbst keine Grenze. Im Bestreben, sich selbst zu erhalten, ist es notorisch entgrenzend. Denn wann immer sich das Recht in einem Vollzug wiederherstellt, neigt es dazu, in Lebensbereiche einzu-

896 *Luhmann*, Die Form „Person“, S. 142.
897 Vgl. Kap. B.II.

dringen, die – zeitlich besehen – vorher noch als rechtsfreie Räume zu qualifizieren waren. Diese Bewegung der Verselbstständigung, die weder durch die rechtsetzende Gewalt legitimiert ist noch in der Funktion der exekutiven oder legislativen Gewalt vollends aufgeht, lässt sich insoweit neben den drei Teilgewalten als eine eigenständige Größe, als eine *vierte Gewalt*, definieren. Da diese *Gewalt des Rechts* nicht sonderlich kontrollierbar ist, als sie sich nicht in sich selbst erschöpft, handelt es sich bei ihr, das heben insbesondere Benjamin und Menke hervor, um keine heroische, sondern um „schicksalhaft gekrönte Gewalt"[898]; schicksalhaft deshalb, da sie nur zur „Selbsterhaltung"[899] des Rechts ergeht, darin aber zugleich das Potenzial aufweist, sowie es das Recht schützt, es ebenso zu riskieren.

Über die Ursache für die *Gewalt des Rechts* sind sich die Autoren relativ einig. Sie resultiert aus einem defizitären, instrumentellen Sprachgebrauch, aus der durch die Sprache vermittelten spezifischen Logik der Ausnahme, welche mit dem Recht aufgrund seiner Textform innig verbunden sind. Da es nach (s)einer Deutung verlangt, welche eine Beziehung mit dem Leben herstellt, diese aber wegen Iteration und *différance* einem Bedeutungswandel unterliegt, steht es dadurch zumeist konträr zu der zu beurteilenden Sache. Oder um es kürzer und etwas komplizierter mit Menke zu umschreiben: Die Ursache für die *Gewalt des Rechts* liegt an der Form in der Form. Sie ist die Folge einer Paradoxie, die sich aus der Differenz zwischen der Rechtsnorm und dem ihr gegenübergestellten heterogenen und stetig im Fluss befindlichen Leben ergibt. Bei Menke verweist die Ursache damit zugleich auf ihren Ort: der Spalt zwischen dem positiven Recht und dem Leben.

Der Status der *Gewalt des Rechts* ist jedoch ambivalent. Das hat sich insbesondere im Kontext von Derridas Gerechtigkeitsbegriff gezeigt. Genauso wie sie dazu geeignet ist, ungerechte Deutungen zu perpetuieren und Ausschlüsse zu produzieren, entpuppt sie sich für die normative Anerkennung des heterogenen Anderen produktiv. Dass der Bedeutungswandel im Zuge der Auslegung in Krisensituationen zwangsläufig in Bedeutungslosigkeit und Anomie umschlagen muss, wie dies Agamben annimmt, hat sich demgegenüber aber als eine wirklichkeitsverzerrende Verallgemeinerung erwiesen. Auch wenn Menke den Konflikt zwischen dem Individuum und seiner gesellschaftlichen Einbettung etwas einseitig betrachtet, kommt bei ihm die Ambivalenz der *Gewalt des Rechts* noch einmal in seiner machtkritischen Analyse zum Ausdruck: In gleicher Weise wie die kriegerische

---

898 *Benjamin*, Zur Kritik der Gewalt, GS II.1, S. 188.
899 *Menke*, Recht und Gewalt, S. 53.

Gewalt im Groben, hinterlässt genauso die *Gewalt des Rechts* faktisch feinsinnige Spuren auf ihren Adressaten. Denn zur Durchführung seines Prozedere ist das Recht schlechterdings auf ein *bestimmtes* Verhalten seiner Beteiligten angewiesen, das es zu garantieren sucht.

III. Zur Überwindung (der Gewalt) des Rechts

Da es sich in den Augen der Autoren bei der *Gewalt des Rechts* und den Pathologien, die sie produziert, um keine Naturnotwendigkeit handelt, sondern vielmehr um das Produkt einer bestimmten menschlichen Praxis, sind sie darum bemüht, Auswege aus ihr – zugunsten eines gerechteren Rechts – aufzuzeigen. Dazu befruchten sich ihre Ansätze, genauso wie sie um Abgrenzung bemüht sind. Was allerdings auf den ersten Blick etwas verwundern dürfte, ist, dass sich Benjamins, Agambens und Derridas Entwürfe zur Transformation des Rechts vordergründig einer Reihe von Denkfiguren bedienen, die sie der jüdischen und frühchristlichen Theologie, jüdischen Mystik und dem Messianismus entlehnen. Demgegenüber fällt Menke aus dieser theologisch inspirierten Richtung seinem Wortlaut nach deutlich heraus. Dies liegt im Wesentlichen an seinem verfahrensförmigen Gerechtigkeitsbegriff, den er ja bereits im hiesigen Recht verwirklicht sieht. Aus diesem Grund skizziert er eine anspruchsvollere Systemdifferenzierung des Rechts, um es von seiner Fluch-Gewalt gegenüber dem Unentscheidbaren zu befreien.

Bevor die jeweiligen Gewaltüberwindungsstrategien Eingang erfahren, sollen daher zunächst in einem kurzen Exkurs ganz allgemein die Semantik messianischen Denkens und seine Ausdrucksformen bei Benjamin, Agamben und Derrida zur Sprache kommen.

1. Exkurs: Zum Messianischen bei Benjamin, Agamben und Derrida

Als *Messianismus* bezeichnet man grundsätzlich die Vorstellung von der Ankunft des Messias, der die grassierende Ungerechtigkeit in der Welt überwindet und – in seiner jüdischen Prägung – aus der Fremdherrschaft befreit und dem Volk den Weg aus dem Exil zurück nach Israel weist. Obwohl es sich beim Messianismus um eine religiöse Bewegung handelt, ist ihr wegen des diesseitigen Bezugs des Erlösungsgedankens eine politische Dimension eingeschrieben.[900] Scholem, der auch die Primärquelle für Benjamin war, macht dabei in der messianischen Idee zwei miteinander verflochtene Kräfte aus: eine restaurative und eine utopische.[901] Die Verschränkung bestehe darin, dass die Restauration des vergangenen, idealen davidischen Reiches die Vision für die Utopie bildet.[902] Ihre Auswirkung auf die Idee ist dabei katastrophal, nicht in dem Sinne, dass es schlecht für die Theorie sei, sondern dass für sie ein revolutionäres Moment zentral ist, welchem die historische Gegenwart umstürzt und einen Übergang zur messianischen Zukunft schafft.[903]

Seit der Aufklärung hat es eine Reihe säkularisierter Varianten dieser messianischen Idee gegeben. Eine altbekannte säkularisierte „Escha-teleologie“[904], in der eine Trennung von den religiösen Gehalten – insbesondere dem restaurativen Moment – vollzogen wurde, die dann ihre Kraft[905] aus der Ideologie zog, ist der Fortschrittsglaube, der auf dem Glauben an innerweltliche Entwicklungen in der Geschichte beruht, die in der Erlösung münden[906]. Die Ausbildung der klassenlosen Gesellschaft nach Marx und Friedrich Engels ist hierbei nur eine Spielart.

Ganz so vollkommen ist die Relance des Messianischen bei den hier behandelten Philosophen allerdings nicht, obgleich die Idee einer klassenlosen Gesellschaft auch bei Benjamin ihre Spuren hinterlassen hat. Vornehmlich erscheint bei ihnen der „abrahamitische Messianismus“ als ein „atheologisches Erbe“, als eine „universale Struktur“, über die bestimmte Beziehungen ihre Darstellung erfahren sollen.[907] Auch wenn theologische Quellen angerufen werden, handelt es sich bei ihren Motiven lediglich um Auszüge des Messianischen, Fragmente, die mit ihrem religiösen Erbe changieren.

Diese Elemente zeigen sich auf mannigfaltige Art und Weise.

---

900 *Nachama/Homolka/Bomhoff*, Basiswissen Judentum, S. 468.

901 *Scholem*, Zum Verständnis der messianischen Idee im Judentum, Judaica 1, S. 11 f.

902 Ebd., S. 12 f.

903 Ebd., S. 20.

904 *Derrida*, Gesetzeskraft, S. 52.

905 Zur Säkularisierung: *Schmitt*, Politische Theologie, S. 43; *Agamben*, Profanierungen, S. 74; kritisch zur Säkularisierungsthese: *Arendt*, Über die Revolution, S. 30, die die „Verweltlichungsfähigkeit“ von transzendenten Ideen anzweifelt.

906 *Scholem*, Zum Verständnis der messianischen Idee im Judentum, Judaica 1, S. 24 f.

907 *Derrida*, Marx' Gespenster, S. 228 f.; so auch *Khatib*, „Teleologie ohne Endzweck“, S. 25, über den Messianismus bei Benjamin, den er als „Darstellungsmodus“ und „Gegenstandsbereich“ qualifiziert.

Die Ungerechtigkeit in der Welt besteht für Benjamin primär in der Logik des Kapitalismus, die nahezu alle Lebensbereiche, und so auch das Recht, in Form von Äquivalenzverhältnissen[908] kontaminiert habe. Dies macht er neben seinem Essay *„Zur Kritik der Gewalt“* unter anderem in dem Fragment *„Kapitalismus als Religion“* (1921) sehr deutlich, wo er den Kapitalismus als eine aus dem Christentum hervorgegangene, parasitäre „religiöse Struktur“ charakterisiert, die einzig einen Schuldkult zelebriere, ohne ein Interesse daran zu haben, von ihr zu entsühnen.[909] Gegen seine „pseudo-messianischen, endlos aufgeschobenen Versprechen“ von „Fortschritt“, „Innovation“ oder „Nachhaltigkeit“ ist nun Benjamins Idee des Messianischen diametral positioniert, um eine „innere Abweichung, Entgleisung, messianische Zurechtstellung *und* Destruktion des falschen“ zu erwirken, wie dies Sami Khatib annimmt.[910] Wenn Benjamin dann insoweit zum Ende seines Gewaltaufsatzes Staat und Recht im Wege eines „proletarischen Generalstreik[s]“[911] zu überwinden trachtet, ist er nicht nur materialistischer Denker, der im Staat und im Recht einen „juristische[n] und politische[n] Überbau“ einer „Gesamtheit der Produktionsverhältnisse“ sieht, die die eigentliche „Struktur der Gesellschaft“[912] einnehmen, welche er mit dem Anhalten der Maschinen zum Einsturz bringen möchte. Gleichfalls erstreckt sich hierin aufgrund der Vollzugsweise wie auch der geschichtsphilosophischen Bedeutung des proletarischen Generalstreiks ein messianischer Gedanke. Und dieser besteht darin, dass diese revolutionäre Gewalt des proletarischen Generalstreiks einen surrealistischen „Chock“ auslöse, der endlich den „homogenen Verlauf der Geschichte“ zum Sillstand bringt.[913] Anders als bei Marx fungiert die Revolution bei Benjamin damit nicht als „Lokomotive der Geschichte (i. Orig. kursiv, C.K.)“[914], sondern als deren „Notbremse“.[915] Sie bringt die katastrophalen[916] Bedingungen kapitalistischer Herrschaftsverhältnisse

---

908 Das Recht stellt in „dämonisch-zweideutiger Weise ‚gleiche‘ Rechte [...] den Vertragschließenden“ zur Verfügung, *Benjamin*, Zur Kritik der Gewalt, GS II.1, S. 198.

909 *Benjamin*, Kapitalismus als Religion, GS VI, S. 100-103.

910 *Khatib*, „Teleologie ohne Endzweck“, S. 27.

911 *Benjamin*, Zur Kritik der Gewalt, GS II.1, S. 193.

912 *Marx*, Zur Kritik der Politischen Ökonomie, MEW Bd. 13, S. 8.

913 *Benjamin*, Über den Begriff der Geschichte, GS I.2, S. 703.

914 *Marx*, Die Klassenkämpfe in Frankreich 1848 bis 1850, MEW Bd. 7, S. 85.

915 *Benjamin*, Anmerkungen zu: Über den Begriff der Geschichte, GS I.3, S. 1232.

916 Vgl. *Benjamin*, Zentralpark, GS I.2, S. 683: „Der Begriff des Fortschritts ist in der Idee der Katastrophe zu fundieren. Daß es ‚so weiter‘ geht, *ist* die Katastrophe. Sie ist nicht das jeweils Bevorstehende sondern das jeweils Gegebene. Strind-

zum Stoppen, um eine Sphäre zu eröffnen, in der ein „authentisches politisches Handeln“[917] möglich wird, welches ins „Glück“[918] führt und nicht weiter verschuldet.

Bei Agamben blitzen Momente messianischen Denkens in seiner Vision vom „wirklichen Ausnahmezustand“[919] auf, mit dem er sich gegen die permanente Produktion von „Absonderung[en]“[920] respektive Ausschließungen durch die Struktur der Ausnahme wendet. Um zu diesem zu gelangen, bedürfe es eines anderen „Gebrauch“ des Rechts, den „Studium“ und „Spiel“ erreichen sollen.[921] Der Witz besteht darin, dass es sich einerseits beim Studium um eine substanzielle Tugend, wie auch Praktik, innerhalb des Judentums handelt, über die Gerechtigkeit und Gottes Reich auf Erden Wirklichkeit werden sollen.[922] Andererseits richtet sich ein „Gebrauch“ erst dann ein, wenn eine Sache, die zu Gunsten des Bereichs des Heiligen abgesondert war, aus diesem wieder entlassen wird.[923] Hinter dem Heiligen und seiner „Zone der Ununterscheidbarkeit“ verbirgt sich, wie bereits dargelegt, die Logik der Ausnahme.[924] Denn die Logik der Ausnahme „definiert“ die „Struktur der Souveränität“.[925] Und die souveräne Entscheidung über die Ausnahme ist der Primat, von dem aus die „juridische Lokalisierung“ zwischen der Einbeziehung und dem Ausschluss ihren Ausgang nimmt, den auch das Heilige kennzeichnet.[926] Agamben polt damit die Bewegungen von Ausschluss und Einschluss um. Mit Studium und Spiel installiert er eine „Gegenbewegung“[927], die in umgekehrter Richtung auf derselben Schwelle zwischen den Registern des Heiligen und des Profanen angesiedelt ist, auf der auch die Ausnahme steht. Statt der Heiligung des Lebens erwirken sie – durch einen anderen Gebrauch des Rechts – seine Rückgabe in den Besitz der Menschen und damit eine Depotenzierung

bergs Gedanke: die Hölle ist nichts, was uns bevorstünde – sondern *dieses Leben hier.*“

917 *Khatib*, „Teleologie ohne Endzweck“, S. 167.

918 *Benjamin*, Über den Begriff der Geschichte, GS I.2, S. 693.

919 *Agamben*, Homo sacer, S. 66.

920 Ebd., S. 190.

921 *Agamben*, Ausnahmezustand, S. 77.

922 *Nachama/Homolka/Bomhoff*, Basiswissen Judentum, S. 133-138. Meinen Blick auf die jüdischen Bezüge gerichtet zu haben, verdanke ich der Lektüre von *Loick*, Kritik der Souveränität, S. 283.

923 Vgl. *Agamben*, Profanierungen, S. 80.

924 *Agamben*, Homo sacer, S. 95 f.

925 Ebd., S. 28.

926 Ebd., S. 29.

927 *Agamben*, Ausnahmezustand, S. 102.

seiner potenziellen Tötbarkeit.[928] Messianisch ist hier also die Aufhebung der Spaltungen, die durch das Politische vollzogen werden.[929]

Bei Derrida begegnet einem das Messianische in der Ereignishaftigkeit[930] der Gerechtigkeit.[931] Denn auch das messianische Denken besteht im Wesentlichen in einem „Denken des anderen und des kommenden Ereignisses“[932]. Es ist die Erwartung an eine gelingende Dekonstruktion, die Öffnung des Sinns für das Andere. Gewissermaßen ist die perfekte Begegnung des Anderen von derselben Ereignishaftigkeit wie das Erscheinen des Messias.[933] Der strukturelle Unterschied zum reinen Messianismus besteht bei Derrida jedoch darin, dass die Ereignishaftigkeit der Gerechtigkeit insoweit a-teleologisch verstanden werden müsse und auch keine regulative Idee sein könne, als jedes „teleologische Denken [...] stets die Ereignishaftigkeit des Kommenden“ hemme oder gar verhindere.[934] Gleich der Unvoraussagbarkeit der Ankunft des Messias[935] muss die Gerechtigkeit „jede bestimmte Antizipation übersteigen und überraschen“[936]. Sie durchbricht „den Fluss der geordneten Zeit“, in der das Zukünftige durch das Gegenwärtige vorbestimmt wird.[937] Somit ergibt sie sich für Derrida allein aus einer unbeschriebenen „Zu – kunft“[938]. Für die Möglichkeit der Gerechtigkeit als Ereignis muss daher ein Korridor offengehalten werden, durch den sie treten und sich ereignen kann. Blockiert wird dieser Zugang durch unexorzierte Geister der Vergangenheit und Versprechungen, die sich mit Gewalt erhalten.[939] Allerdings soll sich diese notwendige Öffnung durch die Dekonstruktion befördern lassen, die sich praktischerweise auf textueller Ebene zwischen Recht und Gerechtigkeit abspielt.[940]

---

928 Siehe dazu: Kap. C.III.3.a.

929 *Brumlik*, Zwischen Schmitt und Benjamin – Giorgio Agambens Kommentar zum Römerbrief, in: Loick (Hg.), Der Nomos der Moderne, S. 90 (96).

930 Vgl. zu Derridas Ereignisbegriff: *Derrida*, Schurken, S. 191-193, 198. Von einem „Ereignis“ spircht Derrida nur, soweit es sich um etwas „Un-vorhersehbares“, „Unberechenbares“ handelt, das jegliche Idealität, jeglichen „Erwartungshorizont“ überschreitet.

931 *Derrida*, Marx' Gespenster, S. 229.

932 Ebd., S. 88.

933 Vgl. *Derrida*, Marx & Sons, S. 82.

934 *Derrida*, Schurken, S. 173.

935 Vgl. zur Unvoraussagbarkeit: *Scholem*, Zum Verständnis der messianischen Idee im Judentum, Judaica 1, S. 27.

936 *Derrida*, Marx & Sons, S. 82.

937 *Ladeur*, Die Textualität des Rechts, S. 61.

938 *Derrida*, Gesetzeskraft, S. 56.

939 Vgl. *Derrida*, Marx' Gespenster, S. 11 f.

940 *Derrida*, Gesetzeskraft, S. 44.

2. Die göttliche Gewalt (Benjamin)

Benjamins Überwindungsstrategie konzentriert sich wieder ganz und gar auf die Unzulänglichkeit des Zweck-Mittel-Schematismus. Erinnert sei an dieser Stelle noch einmal an seine zentrale Einsicht, nach der jedes instrumentell gebrauchte Mittel an der „Problematik des Rechts" teilhabe.[941] Es sei nämlich infolge seiner Zweideutigkeit immerzu zugleich Zweck oder Mittel und darin rechtsetzend oder rechtserhaltend.[942] Denn wann immer ein Mittel seinen Zweck erstrebt und dadurch eine „Grenze" zieht, kann dieser Grenze nur mit einer Gegengewalt begegnet werden, die ihrerseits rechtsetzend ist.[943] Effektiv tradiert so jedes instrumentell gebrauchte Mittel das Schwankungsgesetz aus rechtsetzender und rechtserhaltender Gewalt, wodurch es den Zyklus der mythischen Rechtsstrukturen am Leben hält.

Unter diesen Bedingungen, wonach nur mit Gewalt Gewalt begegnet werden könne, Gewalt als instrumentelles Mittel aber immer nur mehr Gewalt provoziere, verheißt Benjamin als Lösung dieser „Aporie"[944] eine „reine unmittelbare Gewalt", die über den mythischen Zirkel der Gewalt triumphiert[945] und eine eindeutige Verständigung ermöglicht, indem sie der Zweideutigkeit Einhalt gebietet. Dabei nehmen die Begriffe „rein" und „unmittelbar" eine Schlüsselposition im Text ein, über die sich einige wesentliche Gedankenstränge vereinen. Das Charakteristikum der „Reinheit" drückt zunächst einmal eine Divergenz zum Zweck-Mittel-Verhältnis aus.[946] In diesem Sinne markiert sie einen Horizont, vor dem ein allgemeiner Abbau von Gewalt stattfinden kann.[947] Was Benjamin unter dem Begriff der Reinheit genau versteht, lässt sich dabei einem Brief vom 29. Januar 1919 an Ernst Schön entnehmen. Dort schreibt er: „Die Reinheit eines Wesens ist *niemals* unbedingt, oder absolut, sie ist stets einer Bedingung unterworfen. Diese Bedingung ist verschieden je

941 „Alle Gewalt ist als Mittel entweder rechtsetzend oder rechtserhaltend.", *Benjamin*, Zur Kritik der Gewalt, GS II.1, S. 190.

942 *Hamacher*, Afformativ, Streik, in: Hart Nibbrig (Hg.), Was heißt „Darstellen"?, S. 340 (341).

943 *Benjamin*, Zur Kritik der Gewalt, GS II.1, S. 198.

944 *Lindemann*, Kritische Justiz : Vierteljahresschrift für Recht und Politik 2010, S. 113 (115).

945 *Benjamin*, Zur Kritik der Gewalt, GS II.1, S. 199.

946 *Honneth*, „Zur Kritik der Gewalt", in: Lindner (Hg.), Benjamin-Handbuch, S. 193 (196).

947 Vgl. *Benjamin*, Zur Kritik der Gewalt, GS II.1, S. 191.

nach dem Wesen um dessen Reinheit es sich handelt; *niemals* aber liegt diese Bedingung in dem Wesen selbst. Mit andern Worten: Die Reinheit jedes (endlichen) Wesens ist nicht von ihm selbst abhängig. [...] Für die Natur ist die außerhalb ihrer selbst liegende Bedingung ihrer Reinheit die menschliche Sprache."[948] Die Reinheit eines Mittels ist also keine Frage des konkreten Mittels, sondern, wie Agamben diesen Brief kommentiert, eine Frage seiner Relation im Moment seines Gebrauchs.[949] Ein und dasselbe Mittel kann demnach sowohl rein als auch unrein sein, entscheidend ist demnach, ob es als *Mittel zu einem Zwecke* gebraucht wird oder nicht.[950] Entsprechend relational ist dann auch ab dieser Stelle Benjamins Begriff der Gewalt zu verstehen. Insoweit ist Gewalt als Mittel dann rein, wenn sie nicht zweckgerichtet gebraucht wird, sondern wenn sie sich allein in ihrem Vollzug ausdrückt.[951]

Das Paradigma einer solchen sozialintegrativen Unmittelbarkeit ist für Benjamin dabei die Sprache, sofern sie nicht nur als Hilfsmittel zum Zwecke der Mitteilung benutzt wird[952]: Die „reine Sprache"[953], die der adamitischen Namenssprache entspreche, sei durch ihre „*Unmittel*barkeit" reine *Mitteil*barkeit.[954] Sie verweise auf nichts, das außerhalb von ihr liegt, sondern ist nur *Mittel*, das sich selbst mit-*teilt*.[955] Entgegen seiner etwas kategorischeren Sichtweise in seinem Sprachaufsatz, in der er die Fähigkeit des Menschen zur reinen Sprache verneint,[956] geht Benjamin in seinem Gewaltaufsatz davon aus, dass man eine solch unmittelbare Sprachweise in der „Unterredung als Technik ziviler Übereinkunft" vorfinden könne, weshalb sie eine gewaltlose Streitbeilegung ermögliche.[957] Im Gegensatz zum Rechtsprozess, in dem eine Einigung formal durch ein richterliches Urteil zwischen den Streitparteien hergestellt wird, sei in einer Unterredung eine

---

948 *Benjamin*, Gesammelte Briefe, Bd. 2, S. 11 f.

949 *Agamben*, Ausnahmezustand, S. 73.

950 Vgl. Benjamins Beispiel des revolutionären gegenüber dem politischen Generalstreik, *Benjamin*, Zur Kritik der Gewalt, GS II.1, S. 193.

951 *Agamben*, Ausnahmezustand, S. 75.

952 *Benjamin*, Über Sprache überhaupt und die Sprache des Menschen, GS II.1, S. 142, 144 f.; *Agamben*, Ausnahmezustand, S. 75.

953 *Benjamin*, Die Aufgabe des Übersetzers, GS IV.1, S. 13.

954 *Benjamin*, Über Sprache überhaupt und die Sprache des Menschen, GS II.1, S. 142.

955 *Agamben*, Noten zur Geste, S. 61; *Hamacher*, Afformativ, Streik, in: Hart Nibbrig (Hg.), Was heißt „Darstellen"?, S. 340 (347).

956 Vgl. dazu Kap. C.I.1.

957 *Benjamin*, Zur Kritik der Gewalt, GS II.1, S. 192.

echte „Verständigung"[958] angelegt, weil in ihr die Einigung gerade nicht durch eine fremdbestimmte Entscheidung herbeigeführt wird, sondern das Resultat eines geistigen Austausches zwischen den Redenden ist. Jede Entscheidung durch einen Richter birgt schließlich die Gefahr in sich, von einer Partei als Niederlage empfunden zu werden, womit dann auch der zu Grunde liegende Konflikt keine Lösung erfährt.[959] Anders als der zivilrechtliche Vertrag oder der Prozess, zu deren Förmlichkeit immerzu auch ein Anspruch auf die Wahrhaftigkeit der Willenserklärungen gehört, kann die Unterredung und die durch sie vermittelte Einigung gleichwohl mit der Lüge leben.[960] Denn der Zwang zur Wahrhaftigkeit rückt die Suche nach ihr in den Mittelpunkt. Dadurch verkommt die Wahrheitssuche zum eigentlichen Zweck des Austauschs, wohingegen in einer zwanglosen Unterredung durch die Sprache in ihrer reinen Mittelbarkeit über die „Art ihres Meinens"[961] eine gegenseitige Übereinkunft möglich werde. Einen solchen Impuls möchte Benjamin in der Diplomatie und in der Schiedsgerichtsbarkeit veranlagt wissen.[962]

Für die Diplomatie mag das zutreffen, unter Zugrundelegung von Benjamins Maßstäben, die er für die Reinheit von Mitteln aufstellt, hat er in Bezug auf die Reinheit der Schiedsgerichtsbarkeit aber geirrt. Zwar handelt es sich bei Schiedsgerichten um keine staatliche Gerichtsbarkeit, da sie auf privaten Parteivereinbarungen beruhen. Hiernach obliegt der Vereinbarung die Gestaltung des Verfahrens, wie auch die Bestellung der Schiedsrichter. Außerdem kann über das anzuwendende Recht privatautonom disponiert werden. Prozessual sitzen dem Schiedsgericht aber trotzdem Richter vor, die eine Entscheidung fällen und deren Schiedsspruch unter den Parteien die Wirkung eines rechtskräftigen gerichtlichen Urteils entfaltet. Demnach reduziert sich die Übereinkunft nur auf die prozessualen Voraussetzungen. Das Ergebnis des Konflikts ist hingegen dem Austausch entzogen, da es vom Urteil eines Dritten abhängt. Letztendlich können auch Schiedssprüche durch staatliche Gerichte für vollstreckbar erklärt und im Wege der Zwangsvollstreckung gewaltvoll durchgesetzt

---

958 *Benjamin*, Zur Kritik der Gewalt, GS II.1, S. 192; so auch *Habermas*, Handlungsrationalität und gesellschaftliche Rationalisierung, S. 387.

959 *Montada/Kals*, Mediation, S. 18.

960 Diesen Gedanken verdanke ich Tom Vandeputte; vgl. *Benjamin*, Zur Kritik der Gewalt, GS II.1, S. 192.

961 *Benjamin*, Die Aufgabe des Übersetzers, GS IV.1, S. 16.

962 *Benjamin*, Zur Kritik der Gewalt, GS II.1, S. 195.

werden, womit das Schiedsverfahren wiederum der staatlichen Gewalt unterliegt.[963]

Was diesbezüglich seiner Intention allerdings etwas näherkommen dürfte, ist die gegenwärtig unter Juristen in Mode gekommene *Mediation*. Bei einer Mediation wird von miteinander in Konflikt liegenden Parteien statt eines Richters ein möglichst neutraler Dritter, der Mediator, eingeschaltet. Im Gegensatz zu einem Richter der staatlichen oder freiwilligen Gerichtsbarkeit kommt ihm in dieser Funktion gerade keine Entscheidungsbefugnis zu.[964] Vielmehr besteht die Aufgabe des Mediators darin, zwischen den Parteien zu *vermitteln*. Dazu übernimmt er die Kontrolle über das Verfahren und fördert die Kommunikation in einer Weise, dass die Parteien selbst einvernehmliche Lösungen erarbeiten können.[965] Sofern divergierende normative Erwartungen konfliktauslösend waren, sollen sich diese diskursiv behandeln lassen, indem über eine argumentative Klärung emotionale Überzeugungen rationalisiert und hierüber relativiert werden, um schließlich die gegenseitige Anerkenntnis von Interessen zu erreichen, die für eine nachhaltige Beilegung des Konflikts Voraussetzung ist.[966] Ziel der Mediation ist also, dass am Ende des Verfahrens statt einer heteronomen Entscheidung ein autonomer Konsens steht. Diesen, und wie nach dem Ergebnis der Mediation die Zukunft zu gestalten ist, schreiben die Medianten zu guter Letzt in einer Abschlussvereinbarung fest.[967] Zugegeben: Auch die Mediation ließe sich von Benjamins Standpunkt aus als Bastardierung der „Unterredung" abtun. Zwar findet in ihr ein indirekter Austausch über die Sache vermittels einer Sprache statt, die auf Vermittlung und auf Einsicht aus ist. Jedoch steht die Mediation nicht ohne Beziehung zum Recht. Einerseits hat sie mit dem Mediationsgesetz[968] eine rechtliche Grundlage erhalten. Zum anderen wird sie durch die Formalität des Verfahrens überformt, indem zu Beginn eine Mediationsvereinbarung zur

---

963 Vgl. §§ 1025-1066 ZPO, zu den Wirkungen und der Vollstreckbarkeit von Schiedssprüchen insbesondere § 1055, § 1060 f. ZPO.

964 *Breidenbach*, Mediation – Komplementäre Konfliktbehandlung durch Vermittlung, in: Breidenbach/Henssler (Hg.), Mediation für Juristen, S. 1 (3).

965 *Hehn*, Entwicklung und Stand der Mediation – ein historischer Überblick, in: Haft/Schlieffen (Hg.), Handbuch Mediation, § 2 (Rn. 59); *Montada/Kals*, Mediation, S. 25 f.; *Besemer*, Mediation, S. 14.

966 Vgl. *Montada/Kals*, Mediation, S. 64-66.

967 *Fischer*, Vertragsbeziehungen in der Mediation, in: Haft/Schlieffen (Hg.), Handbuch Mediation, § 25 (Rn. 88 ff.).

968 Gesetz zur Förderung der Mediation und anderer Verfahren der außergerichtlichen Konfliktbeilegung vom 21.7.2012, BGBl. I, S. 1577.

Durchführung der Mediation zwischen den Mediaten getroffen wird, die dem bürgerlichen Recht untersteht,[969] und am Ende das Ergebnis der Mediation in einer nicht selten rechtlich bindenden Abschlussvereinbarung vertraglich festgehalten werden soll[970]. Durch diese Verträge verkommt der Austausch wieder zu einem Mittel mit Zweckbestimmung, die außer ihm liegt. Bedenklich sind deshalb insbesondere Fälle, in denen die Abschlussvereinbarung rechtlich bindend ist. In derartigen Fällen repräsentiert der Vertrag, wie Benjamin allgemeine über Verträge schreibt, wieder die Gewalt des Rechtsstaats in seinem „Ursprung": Diese Form erlaubt es schließlich ein jeder Vertragspartei im Falle eines Vertragsbruches der anderen Partei, über die Zwangsvollstreckung wieder Gewalt in Anspruch zu nehmen.[971] Streng genommen handelt es sich also auch bei der Mediation um kein reines Mittel, das sich als außergerichtliches Verfahren der Streitbeilegung „jenseits aller Rechtsordnung und also [der] Gewalt"[972] bewegt, da sie infolge ihrer gesetzlichen Fundierung und dem vertraglich festgehaltenen Ergebnis Rechtswirkungen entfaltet, was die Motivation zur Gewaltfreiheit wieder mit Gewalt kontaminiert. Nichtsdestotrotz artikuliert die große Nachfrage nach Mediationen, wie dies ihre rechtliche Kodifikation beweist, ein Bedürfnis nach alternativen Konfliktlösungsstrategien jenseits des Rechtsstreits. Dieses Bedürfnis wird zuvörderst von der Möglichkeit getragen, eben auch die Tiefenstrukturen eines Konflikts ansprechen zu können, die keinen Ausdruck in justiziablen Ansprüchen gefunden haben,[973] worin auch Benjamins Ansinnen einer a-teleologischen Kommunikation besteht.

Abgesehen von der Diplomatie und der Schiedsgerichtsbarkeit benennt Benjamin noch eine Reihe an Beispielen, die über die bereits genannten hinausgehen und für weltliche Verhältnisse relativ reine Mittel darstellen sollen. Es handelt sich dabei um die Erziehung, den Zorn und den revolutionären Generalstreik.[974] Sie alle eine, dass sie sich „nicht als Mittel

969 *Fischer*, Vertragsbeziehungen in der Mediation, in: Haft/Schlieffen (Hg.), Handbuch Mediation, § 25 (Rn. 47).

970 Ebd., § 25 (Rn. 94 ff.).

971 Vgl. *Benjamin*, Zur Kritik der Gewalt, GS II.1, S. 190; *Fischer*, Vertragsbeziehungen in der Mediation, in: Haft/Schlieffen (Hg.), Handbuch Mediation, § 25 (Rn. 105).

972 *Benjamin*, Zur Kritik der Gewalt, GS II.1, S. 195.

973 *Montada/Kals*, Mediation, S. 10, 81.

974 *Benjamin*, Zur Kritik der Gewalt, GS II.1, S. 200, 196, 194. Auch wenn Benjamin hier nicht ausdrücklich einen Zusammenhang herstellt, liegen doch auch Zorn und Revolte phänomenal nah beieinander: „La rage, ouais la rage ou l'essence

auf einen vorgesetzten Zweck bezieh[en]“, sondern pure „Manifestation“ sind.[975] Sie bewegen sich nicht im Zweck-Mittel-Schematismus, da sich ihr Zweck in ihrer Expression[976] erschöpft. Aus diesem Grund komme den reinen Mitteln nun auch das Potenzial zu, das Recht samt seiner Gewalten zu *entsetzen*, was Benjamin mit dem paradoxen Begriff der „reine[n] Gewalt“ prädikatiert.[977]

Der entsetzenden[978] Qualität dieser reinen Mittel, die Benjamin hier wieder etwas apodiktisch behauptet, kann aber nicht ganz unwidersprochen gefolgt werden. Inwieweit die Erziehung von Gewalt befreien könnte, hat dabei insbesondere Menke genauer bedacht. Laut Menke bringt sie zwar den Unterschied zwischen Recht und bloßem Leben zum Verschwinden; so wie sie es anstellt, löst sie aber auch gleich das Recht als Praxis mit auf. Zu dieser Einebnung der Differenz zwischen Normativität und der dieser externen Lebendigkeit komme es, indem die Paideia das „bloße Leben“[979] zu einem tugendhaften forme.[980] Das Recht werde hierbei als ein Leitfaden der Erziehung verstanden, an dessen Gehalte der Zögling zu gewöhnen sei, auf dass er sie in seinen Handlungen zum Ausdruck bringe.[981] Die Erziehung intendiert insoweit eine Sozialisierung, in der das Individuum konditioniert werde, freiwillig das zu tun, was von ihm erwartet werde.[982] Es gilt, ihn also an das Recht zu gewöhnen. Äußerlich seien das Recht und die Gewalt, die es gebraucht damit nur, solange es erzieht, bis der Zögling einen entsprechenden Habitus ausgebildet habe.[983] Die Kehrseite der Erziehung sei dabei jedoch, dass die Inhalte des Rechts durch die Gewohnheit wiederum zur „zweiten Natur“[984] des Menschen werden.

---

de la révolution“ wie Keny Arkana rappt: *Arkana*, La Rage, erschienen auf: Entre Ciment et Belle Étoile, Paris 2006.

975 *Benjamin*, Zur Kritik der Gewalt, GS II.1, S. 196.

976 *Honneth*, „Zur Kritik der Gewalt“, in: Lindner (Hg.), Benjamin-Handbuch, S. 193 (206).

977 Vgl. *Benjamin*, Zur Kritik der Gewalt, GS II.1, S. 202.

978 Benjamin skizziert zum Ende seines Essays eine göttliche Gewalt, die von der rechtsetzenden und der rechtserhaltenden Gewalt befreien soll und spricht entsprechend von einer „Entsetzung des Rechts samt den Gewalten“, ebd., S. 202. In einer Beziehung zu dieser göttlichen, entsetzenden Gewalt stehen auch die „reinen Mittel“.

979 *Benjamin*, Zur Kritik der Gewalt, GS II.1, S. 202.

980 *Menke*, Recht und Gewalt, S. 67.

981 *Menke*, Kritik der Rechte, S. 68.

982 Vgl. *Bauman*, Retrotopia, S. 183.

983 *Menke*, Kritik der Rechte, S. 68 f.

984 *Menke*, Recht und Gewalt, S. 67. Ein Bezug zu Menkes Rekurs auf Hegels Autonomiekonzept liegt hier nicht fern, vgl. Kap. C.II.4.c. Der Begriff „zweite

Dadurch, dass den Menschen nur noch das Politische umgebe, verliere das Recht sein Gepräge als politisch Gesetztes und damit eben auch Veränderbares. Mit dem Verlust der Differenz zur zweiten Natur wäre das Politische an sich aufgehoben und insoweit die Voraussetzung für die Emanzipation des Menschen aus der Gewaltspirale der Rache zunichte.[985] Die Einebnung der Differenz zwischen Recht und Leben beendet damit zwar die Gewalt des Rechts, es besteht jedoch andererseits die Gefahr, dass die Gewalt, die durch das Recht kanalisiert wird, wiederauflebt.

Benjamins mehrseitige Lektüre des revolutionären Generalstreiks nach Georges Sorel[986] spricht allerdings dafür, dass auch er der Erziehung keinen allzu großen Stellenwert einzuräumen scheint, wenn es darum geht, mit ihr die Gewalt zu überwinden. Er denkt größer, ja gar von einer „Politik der reinen Mittel“[987], die für ihn mit dem revolutionären Generalstreik umsetzbar sei. Warum gerade der revolutionäre Generalstreik ein reines Mittel und dahingehend gewaltlos sein soll, ergibt sich aus dem entscheidenden Unterschied zum betriebsbezogenen bzw. „politischen“ Streik.[988] Der politische Streik[989] ist kein reines Mittel, da er, wie im vorgehenden Kapitel schon zu sehen war, von erpresserischer Art ist. Bei ihm untersteht die Arbeitsniederlegung einem Zweck, der darin besteht, eine Verbesserung der Arbeitsbedingungen zu erstreiten. Er bewegt sich damit im überkommenen Schema des modernen Rechts, in welchem widerstreitende Interessen über subjektive Rechtsansprüche ausgeglichen werden.[990] Insoweit fungiert er als Mittel zu außer sich liegenden Zwecken, womit er in die Problematik des Rechts verwickelt ist. Spätestens der Vertrag, in welchem die Einigung rechtlich festgehalten wird, erlaubt wieder den

---

Natur“ wäre dann so zu verstehen, dass sich in der Erziehung der „Geist“, also die Wechselwirkung zwischen autonomer Praxis und der Autonomie des Praxisteilnehmers, in einem Zustand der Naturverfallenheit kondensiert. Das Zusammenleben wird insoweit nicht durch autonom bestimmte Normen geregelt, deren Inhalt von den Gesellschaftsmitgliedern verändert werden kann, sondern verliefe nach dem Motto: das haben wir schon immer so gemacht.

985 Vgl. *Menke*, Recht und Gewalt, S. 67.

986 *Benjamin*, Zur Kritik der Gewalt, GS II.1, S. 193-195.

987 Ebd., S. 193.

988 Ebd., S. 193 f.

989 Mit politischen Streik ist der durch sozialdemokratische Gewerkschaften geführte Streik gemeint, vgl. *Khatib*, „Teleologie ohne Endzweck“, S. 398.

990 Vgl. *Benjamin*, Zur Kritik der Gewalt, GS II.1, S. 193: „Um Menschen zum friedlichen Ausgleich ihrer Interessen diesseits aller Rechtsordnung zu bewegen“.

„Rückgriff“ auf staatliche Gewalt zur Durchsetzung seiner Gehalte.[991] Nicht so der revolutionäre. Der revolutionäre Generalstreik gibt sich nicht mit Konzessionen zufrieden, vielmehr „vollzieht“ er den „Umsturz“[992] der staatlichen Verhältnisse. Darin soll er im Wesentlichen „anarchistisch“ sein.[993] Der Hintergedanke ist bei ihm derjenige, wonach über eine kollektive Unterbrechung der Produktionsverhältnisse die Selbstreproduktion der Bedingungen der Herrschaft – der juristisch-politische Überbau – ins Wanken gebracht werde[994], um von Ausbeutung und Herrschaft an sich zu befreien.[995] Der revolutionäre Generalstreik ist deshalb als reines Mittel qualifizieren, da die *action directe* „afformativ“[996] ist: Ihr *Vollzug* ist nur auf die „Abschaffung des Staates“[997] angelegt, ohne darin rechtsetzend und damit machtsetzend zu sein. Sie entsetzt das Recht, indem sie die Menschheit rückstandslos „*vom* Recht scheidet“[998]. Aus diesem Grund ist die „revolutionäre Gewalt“ in Benjamins Koordinatensystem selbst die „höchste Manifestation reiner Gewalt“, die „durch den Menschen“ möglich ist.[999]

In der Art und Weise, wie die revolutionäre Gewalt den Umsturz vollzieht, kommt ihm ebenso eine geschichtsphilosophische Bedeutung zu, wie man sie auch aus Benjamins geschichtsphilosophischen Thesen und seinem „*Theologisch-politischen Fragment*“ kennt. So soll sie einen „Chock“ auslösen, der eine „gesteigerte Geistesgegenwart“[1000] bewirkt, die für die „Jetztzeit“ erforderlich ist, um den „homogenen Verlauf der Geschichte“ zum Stillstand zu bringen.[1001] Dergestalt durchbricht sie den mythischen

---

991 Vgl. *Hamacher*, Afformativ, Streik, in: Hart Nibbrig (Hg.), Was heißt „Darstellen“?, S. 340 (343).

992 *Benjamin*, Zur Kritik der Gewalt, GS II.1, S. 194.

993 Ebd., S. 194.

994 *Hamacher*, Afformativ, Streik, in: Hart Nibbrig (Hg.), Was heißt „Darstellen“?, S. 340 (352, 357 f.).

995 Vgl. *Marx*, Zur Kritik der Politischen Ökonomie, MEW Bd. 13, S. 9.

996 Die reine Gewalt zeichnet sich gerade dadurch aus, dass sie nicht setzend, sondern eben entsetzend ist. Sie lässt sich nicht darstellen. Seit Derrida wissen wir allerdings, dass performative Akte setzend sind. Entsetzende Akte sind dagegen undarstellbar. Afformative Akte stehen damit in Kontrast zu performativen, denn sie suspendieren das Charakteristikum der Performative, nämlich erfolgreich zu sein., vgl. *Hamacher*, Afformativ, Streik, in: Hart Nibbrig (Hg.), Was heißt „Darstellen“?, S. 340 (345 f. Fn. 4, 359-361).

997 *Sorel*, Über die Gewalt, S. 197.

998 *Menke*, Recht und Gewalt, S. 62.

999 *Benjamin*, Zur Kritik der Gewalt, GS II.1, S. 202.

1000 *Benjamin*, Nachtrag zu: Das Kunstwerk im Zeitalter seiner technischen Reproduzierbarkeit, GS. VII.1, S. 379 Fn. 16.

1001 *Benjamin*, Über den Begriff der Geschichte, GS I.2, S. 703.

Kreislauf aus Setzung und Verschuldung, indem sie das Recht samt seiner Gewalten *entsetzt*, sowie sie ein „neues geschichtliches Zeitalter" begründet.[1002]

In dieser Denkbewegung greift Benjamin eine moderne Zeiterfahrung auf, die mit den großen Revolutionen in das Bewusstsein der Menschen gekommen ist. Wenn er von einer Authentizität der „Jetztzeit", die sich in der Revolution ereignet, spricht, spielt er auf das „Pathos" der Revolution an, wovon auch Arendt in ihrer Studie „*Über die Revolution*" schreibt:[1003] Die *Jetztzeit* steht synonym für eine „Erfahrung des In-Freiheit-Handelns", einer Erfahrung „etwas neues anfangen zu können" und insoweit eine Erfahrung politischer Selbstbestimmung, die für ein Leben in politischer Freiheit (d.h. einer Freiheit von Fremdherrschaft) Voraussetzung sei, welche das handelnde Subjekt mit der Revolution mache.[1004] Ein derartiges Selbstbewusstsein auszulösen, erhofft sich Benjamin nun vom revolutionären Generalstreik.

Und trotz dieser Hoffnungen hält der Autor das Erlösungspotenzial des revolutionären Generalstreiks für begrenzt. Die absolute Manifestation reiner Gewalt ist nach Benjamin nämlich nur von Gott zu erwarten. Denn nur die *göttliche Gewalt* dient keinem anderen Zweck als der Gerechtigkeit.[1005] So gesehen ist Gerechtigkeit nichts, das dem irdischen Recht obliegt. Sie ist sein Anderes, das sich nicht durch Setzung erzeugen lässt.[1006] Allenfalls in Bereichen, die wegen ihrer erlösenden Kraft, wegen ihrer Reinheit, einen Bezug zum Göttlichen aufweisen, wie dies bei der Sprache und der Politik der Fall ist, mag man sie erahnen.[1007] In seinem Koordinatensystem verhält sich die göttliche Gewalt damit als transzendenter[1008], extramundaner[1009] Kontrahent zur mythischen Gewalt: „Ist die mythische Gewalt rechtsetzend, so die göttliche rechtsvernichtend, setzt jene Grenzen, so vernichtet diese grenzenlos, ist die mythische verschuldend und

1002 *Benjamin*, Zur Kritik der Gewalt, GS II.1, S. 202.

1003 *Arendt*, Über die Revolution, S. 44.

1004 Ebd., S. 33, 36, 40 f.

1005 *Benjamin*, Zur Kritik der Gewalt, GS II.1, S. 198.

1006 „Gerechtigkeit ist das Prinzip aller göttlichen Zwecksetzung, Macht das Prinzip aller mythischen Rechtsetzung.", ebd., S. 198.

1007 Folkers spricht von einem „antiteleologischen Grundzug" in Benjamins messianischem Denken, *Folkers*, Recht und Politik im Werke Benjamins, in: Garber/Rehm (Hg.), Global Benjamin, Bd. 3, S. 1724 (1725).

1008 *Khatib*, „Teleologie ohne Endzweck", S. 388.

1009 *Baratella/Rücker*, Gewalt: essentialistisch, demokratisch, theologisch. Zu den Gewaltbegriffen von Carl Schmitt, Hannah Arendt und Walter Benjamin, in: Blättler/Voller (Hg.), Walter Benjamin, S. 177 (187).

sühnend zugleich, so die göttliche entsühnend, ist jene drohend, so diese schlagend, jene blutig, so diese auf unblutige Weise letal."[1010] Ihr Wesen und ihre Bedeutung verbleiben damit einigermaßen rätselhaft. Dass sie existiere, entnimmt Benjamin religiösen Überlieferungen wie der „Rotte Korah"[1011].[1012] Jedoch kennzeichnet sie, im Gegensatz zu der Gewalt Gottes im Sündenfall, ein „entsühnende[r] Charakter"[1013]. Ihre extraterritoriale Herkunft entzieht sie einer menschlichen Verfügbarkeit. Außerdem sei sie für den Menschen noch nicht einmal im Moment ihres Aufscheinens, sondern allenfalls retrospektiv erkennbar.[1014] Dabei macht ihre rechtsvernichtende und demzufolge staatsvernichtende Qualität, d.h. ihr „Nihilismus"[1015], mit der Geschichte der Gewalt ein für alle Mal Tabula rasa. Dies aber nicht als politisches Ziel, sondern vermittels ihrer „Methode"[1016].[1017] In dieser Weise lässt sie sich als das göttliche Pendant zum weltlichen revolutionären Generalstreik interpretieren.[1018] Diese strukturelle Ähnlichkeit zwischen göttlicher Gewalt und revolutionärem Generalstreik könne deshalb auch einen Hinweis auf ihre Bedeutung im Text liefern, wie dies etwa Khatib[1019] annimmt. Danach geht es bei der göttlichen Gewalt um die Austreibung der Mythen und einer „Ersatzmetaphysik"[1020], die den Kapitalismus samt seiner Wiederholungszwänge am Leben halten. Sie wäre dann die Utopie einer Katastrophe, die den homogenen Verlauf der Geschichte revoltiert und ein Zeitalter öffnet, das von den mythischen Formen der Gewalt befreit ist und in der eine Politik der reinen Mittel praktiziert wird, die zur „Erfüllung der ungesteigerten Menschhaftigkeit"[1021] beiträgt.[1022]

1010 *Benjamin*, Zur Kritik der Gewalt, GS II.1, S. 199.
1011 4. Buch Mose 16.
1012 *Benjamin*, Zur Kritik der Gewalt, GS II.1, S. 199.
1013 Ebd., S. 199.
1014 Ebd., S. 202 f.
1015 *Benjamin*, Theologisch-politisches Fragment, GS II.1, S. 204.
1016 Ebd., S. 204.
1017 Vgl. *Khatib*, „Teleologie ohne Endzweck", S. 340. Khatib interpretiert Benjamins Nihilismus als einen Nihilismus der Ziele, also bloße Methode, die keine politischen Ziele verfolge, weil es solche nicht gebe. Eine solche Methode finde nur in einer Politik des reinen Mittels statt.
1018 Vgl. ebd., S. 396.
1019 Ebd., S. 26 ff., 403-598.
1020 *Raulet*, Theorie der Gewalt und Ausnahmezustand, in: Blättler/Voller (Hg.), Walter Benjamin, S. 135 (150).
1021 *Benjamin*, Welt und Zeit, GS VI, S. 99.
1022 So gesehen hat zumindest auch Herbert Marcuse mit seiner Aussage Recht, wenn er diesbezüglich schreibt, dass „Angesichts der im Recht und Unrecht sich perpetuierenden Gewalt [...] die Gewaltlosigkeit messianisch und nichts

Sehr viel konkreter wird Benjamin insgesamt nicht. Zum einen liegt das an der Unvollständigkeit seiner Arbeit über Politik. Zum anderen kann, gemäß dem anarchistischen Grundgedanken, den er hier pflegt, auch kein Text vorwegnehmen, auf welche Weise sich die Verhältnisse der Menschen in einer postrevolutionären Zeit zueinander gestalten, da jegliche Positivität nur den entsetzenden Auftrag der reinen Medien konterkariert. Sie muss dem ziellosen Experiment vorbehalten bleiben. Auch das ist ein Ausfluss seiner Geschichtsphilosophie, die im „Eingedenken“[1023] auf das Vergangene auf ein „zukunftsoffene[s] Zeitbewusstsein“[1024] verpflichtet – ein Motiv, das sich ebenfalls im folgenden Kapitel wiederholt.

Aus einer rechtstheoretischen Perspektive bleibt jedoch zu bedenken, dass mit der Abschaffung des Rechts auch die durch es ermöglichten Funktionen verkümmern. Damit einher geht ein Verlust seiner befriedenden Funktion und des Gerichtsprozesses als Ultima Ratio zur Lösung gewalttätiger Konflikte. Neben dieser scheint außerdem die von ihm gewährleistete Erwartungsstabilität, die eine institutionell abgesicherte Beständigkeit voraussetzt, der Politik der reinen Mittel zum Opfer zu fallen. Für die Politik der reinen Mittel ist schließlich stets das Gegenwärtige von hervorgehobener Bedeutung, worauf sich im Augenblick des Vollzugs mit Blick auf die Zukunft und in Anbetracht der historischen Gewordenheit der gegenwärtigen Position verständigt wurde. Vor diesem Hintergrund genießen in der Vergangenheit wurzelnde Erwartungen und auf diesen gründende Positionen nur einen geminderten Vertrauensschutz, da sie sich auf kein positives und institutionell abgesichertes Medium mehr stützen können. Die in der Vergangenheit begründeten Positionen sind zwar im Eingedenken mit einzubeziehen; berücksichtigt man diesbezüglich den durch die Gegenwart determinierten Sinnhorizont, wird sich ihre Vergegenwärtigung in eben diesen Bahnen bewegen.

Das permanente ideologische Risiko einer Umgestaltung etablierter sozialer Verhältnisse dürfte die Ausbildung und Verfestigung von Routinen daher erschweren. Letztlich fehlt es in einer solchen Gesellschaft ohne Recht an einem gemeinsam geteilten Medium, über das sich allgemeine „Geltungsansprüche“ reproduzieren ließen.[1025] Es mangelte mithin an

---

weniger“ sei, *Marcuse*, Nachwort, in: Walter Benjamin, Zur Kritik der Gewalt und andere Aufsätze, S. 100.

1023 *Benjamin*, Über den Begriff der Geschichte, GS I.2, S. 704.

1024 *Habermas*, Der philosophische Diskurs der Moderne, S. 22.

1025 Vgl. *Habermas*, Faktizität und Geltung, S. 23.

einer Ausgangsbasis, die es erlaubt, normativ einen Anspruch auf „gleiche Berücksichtigung aller“[1026] zu erheben.[1027]

3. Der wirkliche Ausnahmezustand (Agamben) und der hermeneutische Generalstreik (Derrida)

Was mit dem Recht ab seiner „Entsetzung“ passiert und wie zu ihr zu gelangen sei, hat Agamben unter dem Einfluss von Derridas Zeichentheorie und im Rückgriff auf Benjamins *„Geschichtsphilosophische Thesen“* und *„literarische Essays“* weiter ergründet. Auf den folgenden Seiten sollen daher Agambens und Derridas Transformationsentwürfe parallel verglichen und beleuchtet werden, wo Agamben Derridas Ansatz verlässt.

a. Kafkas Messianismus und das Studium

Den Fluchtpunkt für die Entsetzung des Rechts bildet in Agambens Überlegungen dabei abermals die spezifische Struktur der Ausnahme. Die eigentümliche Verfassung des Gesetzes im Ausnahmezustand ist die, dass es gilt, ohne etwas zu bedeuten.[1028] So hat das Recht in dieser Lage seine normativ-referenzielle Wirkung eingebüßt, allein um seinen Fortbestand durch entsprechende Maßnahmen sichern zu können, die sich nicht im Speziellen rechtfertigen müssen. Da demzufolge jeder souveräne Akt in einer Beziehung zum Gesetz steht, welches soweit nur noch als leere Hülle fungiert[1029], sollen sich das „bloße Leben“, demgegenüber der souveräne Akt ergeht, und das Recht nicht mehr unterscheiden lassen können. Einen Ausweg aus diesem für Agamben universellen Zustand lässt Benjamin in seiner achten geschichtsphilosophischen These anklingen, die er unter den Eindrücken des Hitler-Stalin-Paktes[1030] und unter einer indirekten Bezugnahme auf Schmitt[1031] verfasst hatte. Dort heißt es: „Die Tradition der Unterdrückten belehrt uns darüber, daß der ‚Ausnahmezustand‘, in dem wir

---

1026 *Menke*, Spiegelungen der Gleichheit, S. 22.

1027 Vgl. auch *Menke*, Recht und Gewalt, S. 100: „jenseits des Rechts herrscht die Ungleichheit“.

1028 *Agamben*, Homo sacer, S. 62.

1029 Vgl. ebd., S. 62.

1030 *Tiedemann/Schweppenhäuser*, Nachträge, GS VII, S. 770-773.

1031 *Taubes*, Ad Carl Schmitt. Gegenstrebige Fügung, Berlin 1987, S. 28, zit. nach: *Bredekamp*, DZPhil 1998, S. 901 (914).

leben, die Regel ist. Wir müssen zu einem Begriff der Geschichte kommen, der dem entspricht. Dann wird uns als unsere Aufgabe die Herbeiführung des wirklichen Ausnahmezustands vor Augen stehen; [...].“[1032] Agamben greift diese Vision von einem „wirklichen Ausnahmezustand“, der den „virtuellen“, d.h. den realpolitischen Ausnahmezustand, ablöst,[1033] auf und konturiert dessen Struktur anhand einer Doppellektüre von Benjamins Kafka-Aufsatz[1034].

Im Mittelpunkt von Agambens Lektüre steht dabei die Parabel vom Türhüter aus Franz Kafkas *„Der Prozeß“*. Im Kontext von Kafkas Gesamtwerk erkennt Agamben in der Situation des „Mannes vom Lande“ eine entgegengesetzte Lage zur Situation von „K“ vor der Dachbodenjustiz und der Lage des „Landvermessers“ im Dorfe am Schlossberg. Die Situation von „K“ sowie die Lage des „Landvermessers“ erinnern Agamben an ein Leben im Ausnahmezustand, weil beide dem Geltungsbereich eines Gesetzes unterworfen sind, das nichts mehr bedeutet.[1035] Dagegen erreicht nun aber der „Mann vom Lande“ – im Vergleich zur Lage des „Landvermessers“ und zur Situation von „K“ – einen ganz anderen Umgang mit dem Gesetz. Nach Jahren des erfolglosen Wartens auf Einlass in das Gesetz bittet er nämlich kurz vor seinem Tode den Türhüter um Auskunft, für wen überhaupt der Eingang bestimmt sei, woraufhin der Türhüter ihn mit den Worten anbrüllt: „Hier konnte niemand sonst Einlaß erhalten, denn dieser Eingang war nur für Dich bestimmt. Ich gehe jetzt und schließe ihn.“[1036]

Entgegen der häufig vertretenen Ansicht, die den „Mann vom Lande“ als gescheitertes Wesen liest, erachtet ihn Agamben als eine „verhinderte

---

1032 Und weiter heißt es: „und dadurch wird unsere Position im Kampf gegen den Faschismus sich verbessern. Dessen Chance besteht nicht zuletzt darin, daß die Gegner ihm im Namen des Fortschritts als einer historischen Norm begegnen. – Das Staunen darüber, daß die Dinge, die wir erleben, im zwanzigsten Jahrhundert ‚noch‘ möglich sind, ist kein philosophisches. Es steht nicht am Anfang einer Erkenntnis, es sei denn der, daß die Vorstellung von Geschichte, aus der es stammt, nicht zu halten ist.“, *Benjamin*, Über den Begriff der Geschichte, GS I.2, S. 697; Benjamin zitiert den Begriff „Ausnahmezustand“ an dieser Stelle aus Carl Schmitts Buch „Politische Theologie“, das ihm, wie seine Habilitationsschrift „Ursprung des deutschen Trauerspiels“ [GS. I.1 S. 245] beweist, vertraut ist, vgl. *Agamben*, Der Messias und der Souverän, S. 288

1033 *Agamben*, Homo sacer, S. 65.

1034 Vgl. *Benjamin*, Franz Kafka, GS II.2, insb. S. 437 f.

1035 *Agamben*, Homo sacer, S. 66.

1036 *Kafka*, Der Prozess, S. 198.

[…] Messiasfigur".[1037] Diese theologische Deutung ist dabei von Agambens Kommentar zum Römerbrief des Apostel Paulus beeinflusst,[1038] in dem er sich mit dem paulinischen Messianismus und dem Zustand des Gesetzes nach seiner Erfüllung auseinandersetzt. Im Kern beruht dieser Messianismus auf der Vorstellung, dass die 613 Ge- und Verbote der Tora, die Mizwot, welche von den Juden im Alltag zu befolgen sind, mit der Ankunft des Messias und dem Anbruch der messianischen Zeit ihre Geltung verlieren. In der paulinischen Theologie bewirkt die Ankunft des Messias aber nicht die Befolgung dieser Normen. Nach Paulus ist es das „Gesetz des Glaubens"[1039], welches er von den Ge- und Verboten der Tora unterscheidet, das mit der Ankunft des Messias seine Erfüllung erfährt. Insoweit setze die Erfüllung des Glaubens die Tora außer Kraft.[1040] Dabei zerstöre das Messianische die Normen nicht einfach nur, sondern evoziere deren Deaktivierung, indem es ihren Befolgungsanspruch beende, da es die Tora in ihren ursprünglichen Zustand einer bloßen chaotischen Ansammlung von Buchstaben zurücksetze.[1041] Agamben summiert, dass die messianische *„katárgēsis"* die Gesetze der Tora auf diese Weise bewahre *und* vollende, in Hegels Worten also ihre „Aufhebung" veranlasse.[1042] Mit dieser Bewegung verhält sich das Gesetz in der *katárgēsis* wie das Gesetz im Ausnahmezustand, allerdings in umgekehrter Richtung, indem das unbestimmte Gesetz des Glaubens die bestimmten Normen der Mizwot außer Kraft setzt, ohne sie weiterhin als Potenz zu erhalten.[1043]

Genau diese Bewegung zeichnet sich für Agamben nun in Kafkas Parabel des „Mannes vom Lande" ab. Sie gilt ihm als Allegorie eines wirklichen Ausnahmezustands, da der „Mann vom Lande" gegen den Bann des Gesetzes die messianische Verheißung von der Aufhebung der Geltung des Gesetzes endlich erreicht habe, wenn er den Türhüter dazu veranlasst, den Zugang zum Gesetz zu verschließen.[1044] Die Aufhebung erreiche er aber

---

1037 *Agamben*, Homo sacer, S. 66. Genau genommen übernimmt Agamben diese Interpretation von Kurt Weinberg, *Kafkas Dichtungen. Die Travestien des Mythos*, Bern, München 1963, S. 132, zit. nach Agamben, Homo sacer, S. 66.

1038 Auch Loick legt seiner Interpretation von Agambens Rechtsphilosophie dessen Ausführungen zu Paulus zugrunde, vgl. *Loick*, Von der ~~Gesetzes~~kraft zum Gesetz~~eskraft~~, in: Loick (Hg.), Der Nomos der Moderne, S. 194 (204 ff.).

1039 Röm. 3, 27.

1040 Vgl. *Agamben*, Die Zeit, die bleibt, S. 112.

1041 *Agamben*, Die Zeit, die bleibt, S. 109, 111; *Agamben*, Der Messias und der Souverän, S. 298.

1042 *Agamben*, Die Zeit, die bleibt, S. 113.

1043 Ebd., S. 118-122, 125.

1044 *Agamben*, Homo sacer, S. 66; *Agamben*, Der Messias und der Souverän, S. 307.

nicht durch eine besondere Gesetzestreue, sondern vielmehr durch „Untätigkeit“[1045]. Dadurch gelingt es ihm, die Bedeutungslosigkeit nicht einfach weiter ins Indefinite aufzuschieben. Der „Mann vom Lande“ erfüllt die Bedeutung und beendet mit ihr gleichsam die Geltung des Gesetzes, wodurch er das Leben aus dem Bann des Gesetzes entlässt.[1046]

Um das Leben aus der souveränen Gewalt endgültig zu emanzipieren, sei aber noch ein weiterer Akt erforderlich. Der Schritt, der nach der Entlassung aus dem Bann noch zu gehen ist – das, was der „Mann vom Lande“ in diesem Sinne noch nicht erreicht hat –, ist die „Einschreibung des natürlichen Lebens in die Ordnung des Rechts“[1047], die Wiedervereinigung von ζωή und βίος. Auch zu diesem zweiten Schritt hält Kafkas Werk eine Strategie bereit. Für Benjamin wie auch Agamben figuriert diese „Dr. Bucephalus“ aus der Erzählung *„Der neue Advocat“*.[1048] Die Geschichte handelt von Bucephalus, dem einstigen Streitross Alexanders des Großen, das an keinen Schlachten mehr teilnimmt und stattdessen eine Anstellung als Advokat in einem Büro gefunden hat, wo es ganz ungezwungen die Seiten der Gesetzesbücher liest.[1049] Benjamin, und im Anschluss an ihn Agamben, deuten Bucephalus‘ berufliche Neuausrichtung so, dass von ihm das Recht nun nicht mehr angewandt, wie er es unter dem Sattel Alexanders getan hat, sondern eben nur noch „studiert“ werde.[1050] Beide erblicken in dessen neuer Praxis eine eminente Chance auf einen anderen Umgang mit dem Recht. Beinahe messianisch beschließt Benjamin seine Abhandlung über Kafka mit einer praktischen Anleitung, die aus den mythischen Strukturen des Rechts führen soll: „Das Recht, das nicht mehr praktiziert und nur noch studiert wird, das ist die Pforte der Gerechtigkeit.“[1051] An dieses Zitat knüpft Agamben mit seiner Prophezeiung an, dass „[e]ines Tages […] die Menschheit mit dem Recht spielen [wird] wie Kinder mit ausgedienten Gegenständen, nicht um sie wieder ihrem angestammten Gebrauch zurückzuführen, sondern um sie endgültig von ihm zu befreien. Was sich hinter dem Recht befindet, ist nicht ein in höherem Maße eigentlicher oder ursprünglicher Gebrauchswert, der dem Recht vorausgeht, sondern ein neuer Gebrauch, der erst nach ihm erwächst.

1045 *Agamben*, Ausnahmezustand, S. 77.
1046 *Agamben*, Der Messias und der Souverän, S. 307 f.
1047 *Agamben*, Homo sacer, S. 38.
1048 *Benjamin*, Franz Kafka, GS II.2, S. 437; *Agamben*, Homo sacer, S. 69; *ders.*, Ausnahmezustand, S. 76 f.
1049 *Kafka*, Der neue Advokat, S. 9 f.
1050 *Benjamin*, Franz Kafka, GS II.2, S. 437; *Agamben*, Ausnahmezustand, S. 76 f.
1051 *Benjamin*, Franz Kafka, GS II.2, S. 437.

Auch der Gebrauch, der vom Recht kontaminiert ist, muß vom eigenen Wert befreit werden. Diese Befreiung ist Aufgabe des Studiums – oder des Spiels. Und dieses gelehrsame Spiel ist die Bahn, die zu jener Gerechtigkeit Zugang zu finden erlaubt [...].“[1052]

Warum aber sollen gerade Studium und Spiel vom Recht befreien und zur Gerechtigkeit hinführen? Daniel Loick hat vor dem Hintergrund von Benjamins und Agambens Bezugnahmen auf das Studium die Verknüpfung zu dessen Bedeutung im Judentum herausgestellt, als die dortige religiöse Praktik des Studiums zu *der* zentralen Idee gerann, um zur Gerechtigkeit zu gelangen.[1053] Bekanntlich ist es eine religiöse Pflicht eines jeden Juden, die Tora zu studieren und über die Einhaltung der Mizwot das Reich Gottes auf Erden zu erwirken.[1054] Die Bedeutung, die dem Studium im Judentum zukommt, ist dabei auch eine Folge historischer Geschehnisse, worauf Agamben an anderer Stelle aufmerksam macht.[1055] Infolge der Zerstörung des zweiten Tempels im Jahre 70 n. Chr., die Vertreibung und Exil nach sich zog, hatten die Juden keinen Ort mehr, an welchem sie gemeinsam ihre Opferrituale vollführen konnten. Fortan war die Religion durch die Diaspora bestimmt, da mit ihr an verschiedenen Orten Synagogen entstanden, in denen die Tora nicht mehr Priester, sondern einfache Schriftgelehrte lasen, so dass gewissermaßen das Studium selbst zum gemeinsamen „Tempel“ der Israeliten wurde.[1056] Entsprechend prägte das Studium ebenfalls die *Halacha*, die jahrtausendealte jüdische Rechtstradition. Obschon es eine Reihe an Versuchen gab, die mündlichen Überlieferungen der Tora mit der Mischna und dem Talmud zu systematisieren, sind die Spuren des Studiums nicht zu übersehen.[1057] Schon der Name „Talmud“ zeigt dies an, der ins Deutsche mit „Studium“ übersetzt wird. Das Besondere am Talmud ist dabei, dass er die Lehrmeinungen, die aus dem Studium der Mischna hervorgingen, und die im Zeitpunkt seiner Entstehung an den Akademien vertreten wurden, nicht einfach nur linear wiedergibt. Bereits in seiner Gestaltung findet die diskursive Kommentarform ihre Ausprägung. Sein dialogischer Aufbau in Form von Textsäulen,

---

1052 *Agamben*, Ausnahmezustand, S. 77.

1053 *Loick*, Kritik der Souveränität, S. 283; vgl. auch *ders.*, Juridismus, S. 313-323.

1054 *Nachama/Homolka/Bomhoff*, Basiswissen Judentum, S. 134, 136.

1055 *Agamben*, Idee der Prosa, S. 51.

1056 Ebd., S. 51.

1057 *Nachama/Homolka/Bomhoff*, Basiswissen Judentum, S. 77, 80 f. In heutigen gedruckten Talmudausgaben wird auch der Kommentar von Rabbi Schlomo ben Jizchak (kurz: Raschi) aus dem 11. Jhd. mit abgedruckt, der soweit selbst den Charakter gültigen Rechts angenommen hat, a.a.O. S. 92.

die von kleinen gedruckten Kommentaren zur rechten und linken Seite flankiert werden, ist Ausdruck jener Effekte, die das Studium auch intellektuell ausmacht.[1058] Denn einen Text zu studieren bedeutet, ihn intensiv zu lesen, heißt ihn aus verschiedenen Perspektiven zu betrachten, ihn mit anderen Texten zu vergleichen und an ihn mit diesen anzuknüpfen und darin die subjektiven Voraussetzungen für die Erkenntnis beständig zu erweitern. Jeder, der sich schon einmal eindringlich mit einem Text auseinandergesetzt hat, gleich ob literarischer, religiöser, juridischer oder philosophischer, wird dabei die Erfahrung gemacht haben, dass sich die Textaussagen erst von Zeit zu Zeit erschlossen haben und sich der subjektiv zugrunde gelegte Textsinn im Verstehen verändert hat. Diese Erfahrung lässt sich epistemologisch dahingehend sogar zuspitzen, dass sich, je länger das Studium des Textes fortgesetzt werden würde, niemals eine endgültige Textaussage einstellen wird.[1059] Den jüdischen Rechtsgelehrten war diese Erfahrung jedenfalls nicht fremd, was etwa die Piske ha-Rosch, ein weiteres klassisches Werk jüdischen Rechts, in ihrem Kerngedanken zum Ausdruck bringt. Nach diesem kommt der Entscheidung eines früheren Rechtsgelehrten nicht zwangsläufig mehr Gewicht zu als der eines späteren. Deshalb steht es einem jeden Gelehrten zu, die Meinung eines anderen zurückzuweisen.[1060]

b. Sinn – Dekonstruktion – Gerechtigkeit und zur Kritik der Revolution

Derrida liefert mit seiner Zeichentheorie, die ebenfalls durch die Heuristik der rabbinischen Tora-Interpretation inspiriert ist[1061], die grundlegende Epistemologie für die Effekte des Studiums und dürfte mit ihr insoweit für Agamben[1062] Pate gestanden haben. Zudem proklamiert auch er das Studium als Lösung für die *Gewalt des Rechts*, wenn er die Juristenzunft zu einer Revolutionierung ihres alltäglichen Handwerks – zum „hermeneutischen Generalstreik“[1063] – aufruft, damit sie das Recht dekonstruie-

1058 *Nachama/Homolka/Bomhoff*, Basiswissen Judentum, S. 80 f.
1059 Darauf weist vornehmlich *Agamben*, Idee der Prosa, S. 52, hin.
1060 *Nachama/Homolka/Bomhoff*, Basiswissen Judentum, S. 93.
1061 Vgl. zu den Bezügen: *Handelman*, Jacques Derrida and the Heretic Hermeneutic, in: Krupnick (Hg.), Displacement, S. 98 (98-129).
1062 Agamben bezieht sich in seinem Buch „*Ausnahmezustand*“ explizit auf Derridas „*Gesetzeskraft*“, vgl. *Agamben*, Ausnahmezustand, S. 47 ff.
1063 *Vismann*, Rechtshistorisches Journal 1992, S. 250 (250).

re.[1064] Die Prädestination des Rechts für die Dekonstruktion sieht er gerade in der absolut grundlosen „Struktur“ des Rechts wie auch in der Gerechtigkeit fundiert. Ebenso erkennt er in der Kraft, die in der Textinterpretation steckt[1065], ein rechtsinhärentes Korrektiv, das für ihn eine „politische Chance historischen Fortschritts“ bietet.[1066] Der Grundgedanke ist hierbei wieder der, dass es sich schließlich genauso beim Recht um Text handelt, um ein „differentiales Netz, ein Gewebe von Spuren, die endlos auf Anderes verweisen, sich auf andere differentiale Spuren beziehen“[1067]. In Ermangelung eines transzendentalen Zentrums, welches den Sinn des Zeichens definitiv versichern würde, werde dem Text stets mehr Sinn hinzugefügt, wobei dieses Surplus seinerseits in Bewegung bleibe, um den Mangel der Abgeschlossenheit auszufüllen. Aus dem Flottieren der Signifikanten ergebe sich ein Bedeutungsüberschuss, der sich als Unabschließbarkeit textueller Verweisungsmöglichkeiten bemerkbar mache, weshalb einem Text immer neuer Sinn zugeschrieben werden könne.[1068] Entsprechend verhält es sich auch mit den Anerkennungsverhältnissen, die in den Normen des Rechts geronnen sind. Wer etwa Rechtsperson ist und wer nicht, erscheint aus einer transhistorischen Perspektive beliebig. Das spricht dafür, dass auch Anerkennungsverhältnisse auf kein letztes Wissen, auf keinen absoluten Grund, der sie rechtfertigt, zurückgeführt werden können. Auch sie unterliegen insoweit wegen Iteration und *différance* der Veränderung und sind aus guten Gründen veränderbar. Hierzu kommt nun die Dekonstruktion ins Spiel: Als Praxis des Befragens, als Verlangen nach Rechtfertigung überkommener Rechtsverhältnisse, rege sie neue Begründungen und die Erweiterung dieser Rechtsverhältnisse um Aspekte an, die vormals noch nicht ihr Bestandteil waren.[1069] Dadurch erfahre das Recht eine „Politisierung“.[1070] Zur sozialen Wirklichkeit gelangt das dekonstruierende Studium dabei über Performativa, die neue Konventionen stiften, deren Etablierung das Recht relativ machtlos gegenüber steht.[1071]

1064 Vgl. *Derrida*, Gesetzeskraft, S. 80-82.
1065 Ebd., S. 81.
1066 Ebd., S. 30.
1067 *Kofman*, Derrida lesen, S. 156.
1068 Vgl. dazu Kap. C.I.3.
1069 *Wolf*, Gerechtigkeit als Dekonstruktion, S. 236.
1070 Vgl. *Derrida*, Gesetzeskraft, S. 30, 58.
1071 Vgl. *Derrida*, Marx' Gespenster, S. 77.

Damit die Einbeziehung des Anderen[1072] in den Gesetzestext im Zuge der Auslegung aber auch praktisch erfolgreich ist, ist es erforderlich, dass diese über Wortlaut, Systematik, Zweck und Entstehungsgeschichte[1073] hinausgeht. Die Exegese muss mit der Norm auf die Andersartigkeit des Anderen referieren und den Normtext dahin „erweiter[n], radikalisier[en], entstell[en], metaphorisier[en] oder metonymisier[en]“[1074], um aus dem Recht ein „dialogisches, dialektisches und dynamisches“[1075] Gesetzestextgefüge zu machen. Soweit die Erweiterung, also die Öffnung des Rechts gegenüber dem zuvor Unberücksichtigten gelingt, manifestiert sich in diesem Gelingen jene Kraft durch Anerkennung, die Derrida als das Wesen der Gerechtigkeit definiert hat. Damit wird die Dekonstruktion, soweit sie sich im „Zwischenraum“ zwischen Recht und Gerechtigkeit ereignet, in der Ermöglichung von normativer Autorität zur Erfüllungsgehilfin der Gerechtigkeit.[1076]

Als diesbezüglich relativ erfolgreiches Beispiel hat Derrida hierbei die Menschenrechte vor Augen, die von ihrer phallogozentristischen Grundausrichtung gegenüber Frauen und Menschen nicht-europäischer Herkunft geöffnet wurden und sich öffnen lassen.[1077]

Aus methodischer Sicht mag der hermeneutische Generalstreik zwar zunächst etwas befremden. Vor dem Hintergrund der Menschenrechte oder der Dürig-Kommentierung[1078] sollte sich jedoch gezeigt haben, dass die intensive Deutung oder das Studium des Rechts insofern nichts mit dem Recht anstellt, was nicht sowieso schon tagtäglich passiert – nur ein wenig exzessiver.

Was aber auf den ersten Blick irritieren muss und von Derrida überdies nicht sonderlich ausführlich aufgeklärt wird, ist eine scheinbare Parallele zwischen dem hermeneutischen Generalstreik und der Polizei. Schließlich erweitert auch sie das Recht permanent,[1079] wie es bei Benjamin zu sehen war, und bleibt darin gegenüber der „Leseordnung“ des etablierten

---

1072 Vgl. zum Programm der Dekonstruktion im Gegensatz zum Programm der emanzipatorischen Politik: *Menke*, Für eine Politik der Dekonstruktion, in: Haverkamp (Hg.), Gewalt und Gerechtigkeit, S. 279 (285).

1073 So die Methode der Auslegung nach Friedrich Karl von Savigny.

1074 *Derrida*, Gesetzeskraft, S. 87.

1075 *Nachama/Homolka/Bomhoff*, Basiswissen Judentum, S. 81. Die Autoren halten diese Qualitäten für ein Kennzeichen des Talmuds.

1076 *Derrida*, Gesetzeskraft, S. 30.

1077 Vgl. *Derrida*, Gesetzeskraft, S. 37, 39; *ders.*, Schurken, S. 205.

1078 Vgl. Kap. C.II.3.a.

1079 Vgl. *Derrida*, Gesetzeskraft, S. 94 f.

Kanons unlesbar.[1080] Die Art und Weise, wie sich die Polizei zum Recht verhält, bricht jedoch die Parallelen, so dass sich ihre Handlungen nicht so auswirken wie ein Generalstreik.[1081] Das Spezifikum der Polizei ist die Wiederherstellung der Ordnung unter Anwendung bzw. Androhung von körperlich wirkendem Zwang. Im Falle von Gesetzesüberschreitungen gereicht die geglückte Restitution zur rückwirkenden Rechtfertigung ihrer Taten. Allerdings passiert die Entstellung des Rechts bei ihr stets zur Restauration der Ordnung. Demgegenüber sei der hermeneutische Generalstreik für den Sinn der Auslegung offen, weil sich die Entscheidung gerade am Anderen orientiere.[1082]

In dem Ansinnen, das Recht durch seine Interpretation zu verbessern und damit an ihm festzuhalten, artikuliert sich überdies eine Kritik an Benjamins Strategie, das Recht durch einen proletarischen Generalstreik abzuschaffen, um so der Gerechtigkeit (oder dem, was auf Erden annähernd möglich ist) Platz zu machen. Bei all seiner Revolutionsromantik ignoriert Benjamin hierin das Gesetz der Iteration und der „*differantielle*[*n*] *Kontamination*".[1083] Mit der Revolution der alten Verhältnisse verschwinden die Spuren nicht gleich aus den Köpfen der revoltierenden und revoltierten Subjekte. Genauso wenig lässt sich das Neue, das durch die Revolution etabliert werden soll, unabhängig vom Vokabular, von den Vorstellungen und Gedanken des geschichtlich bisher Gewesenen artikulieren. Soweit nun also ein proletarischer Generalstreik die Institution Recht abschafft, um eine Politik der reinen Mittel installieren zu können, werden auch noch nach der Revolution die einstmals rechtlich verbrieften Anerkennungsverhältnisse Auswirkungen auf die intersubjektiven Beziehungen haben. Insofern wird der Geist des Rechts, d.h. etwa die Struktur der subjektiven Rechte, Vorstellungen von der Rechtsperson oder vom Eigentum etc. fortleben und durch die Namen und Kostüme spuken, derer sich die Politik der reinen Mittel zu ihrer eigenen Ausdeutung bedient. Der Geist des Rechts wird sich demnach wiederholen, fortexistieren und dergestalt die Politik der reinen Mittel vor sich hertreiben und ihre Entfaltung determinieren. Jener Reinheitsgrad einer Politik der reinen Mittel,

1080 *Derrida*, Gesetzeskraft, S. 80 f.
1081 Ebd., S. 91.
1082 Vgl. *Derrida*, Gesetzeskraft, S. 54, 56; *Vismann*, Rechtshistorisches Journal 1992, S. 250 (263).
1083 *Derrida*, Gesetzeskraft, S. 81-84.

den Benjamin insoweit antizipiert, wird sich über die Revolution folglich niemals erreichen lassen.[1084]

Ein weiteres Argument, welches Derrida gegen den proletarischen Generalstreik und die Verwirklichung von Gerechtigkeit jenseits des Rechts anführt, war bereits an anderer Stelle zu hören: Gerechte Entscheidungen bedürfen, wie dies die „*Epoché* der Regel" nahelegt, des Rechts. Eine Entscheidung ohne den Kontrollmaßstab des Rechts ist mindestens willkürlich, wenn sie sich nicht geradewegs „in nächster Nähe zum Bösen"[1085] bewegt. Deshalb zerstört der hermeneutische Generalstreik den Gesetzestext nicht einfach, sondern *ruiniert* ihn nur.[1086] Damit wird eine gewisse Kontrolle und Nachvollziehbarkeit der Entscheidung gewährleistet, obgleich sich der Sinn der zugrundeliegenden Norm im Zuge ihrer Deutung verändern kann. Insoweit lebt der Text endlich als Splitter in den aus ihm neu begründeten Normen fort. Der Gesetzestext erhält so den Status einer Quelle, die zwar demokratisch legitimiert und daher mit einem gewissen Imperativ auftritt, deren Aussagegehalt aber in Ansehung des je Besonderen nicht mehr absolut gesetzt wird. Im Wissen um die Möglichkeit seiner Unpässlichkeit wird die Lektüre des Gesetzestextes relativ. Dadurch wird das Imperative seiner Gesetzlichkeit, das unreflektierte *du sollst*, entschärft.

c. Parallelen und Differenzen zwischen Agamben und Derrida

In einem Gleichnis des Kommentators Origenes, das Agamben zitiert, stellt Origenes Paulus' Text einem Palast gegenüber, der aus vielen Türen und Schlössern besteht, zu den dahinter sich verbergenden Gemächern aber kein vollumfassender Eintritt möglich ist, da die jeweils *passenden* Schlüssel vertauscht worden sind.[1087] Diese Metapher fasst den Sinn des Studiums und des hermeneutischen Generalstreiks sehr trefflich zusammen. Für Agamben, wie auch für Derrida, verspricht die unreglementierte Auslegung des Gesetzestextes nichts weniger, als den passenden Schlüssel zu ihm zu finden. Darin fungiert die exzessive Deutung als ein Werkzeug, um den Spalt, der sich aus der Unzulänglichkeit des Rechtstextes gegen-

1084 Vgl. zu diesem Gedanken Derridas Ausführungen zu Marx, Der achtzehnte Brumaire des Louis Bonaparte, in: *Derrida*, Marx' Gespenster, S. 135-171.

1085 *Derrida*, Gesetzeskraft, S. 57.

1086 Ebd., S. 91-93.

1087 Vgl. *Origenes*, Commentarii in epistulam ad Romanos / Römerbriefkommentar, S. 40 ff.; *Agamben*, Die Zeit, die bleibt, S. 105.

über der Singularität des Falles ergibt, zu verfugen[1088]. Für Derrida, weil sie eine Annäherung an den Anderen wahrscheinlicher macht und einzelfallbezogene Entscheidungen erlaubt. Für Agamben, weil sie die Transgression vom virtuellen in den wirklichen Ausnahmezustand vollbringt, da die Verabsolutierung des hermeneutischen Zugangs den Text für vielfältige und reflexive Interpretationen und Deutungsschemata öffnet, die – umgekehrt zur Bedeutungslosigkeit des Norminhalts im Ausnahmezustand – das Leben in seiner Mannigfaltigkeit im Text wiedergeben und dadurch das Leben seiner Bannbeziehung entheben.[1089] Beide erkennen also im Studium des Textes eine „*schwache* messianische Kraft“[1090], die die Verirrung des Sündenfalls, wie sie von Benjamin beklagt wird, zu kompensieren vermag, indem es Wort und Ding wieder in Kongruenz bringt.[1091]

Auch wenn sich die Transformationsbewegungen des Rechts durch das Studium und den hermeneutischen Generalstreik im Umgang mit dem Gesetzestext bei Derrida und Agamben recht nahekommen, geht Agamben gegenüber Derrida in seinem Umgang mit dem Recht als Institution noch einen Schritt weiter in eine anarchische Richtung. Wie sich aus seiner oben zitierten Prophezeiung entnehmen lässt, ist es für Agamben nicht nur das Studium, das zu einem anderen Gebrauch mit dem Recht beitrage, überdies soll auch das Spiel aus der „~~Gesetzes~~kraft“ das „Gesetz~~eskraft~~“[1092] entlassen. Das Spiel deshalb, weil es für ihn ein Akt der Profanierung ist. „Profan“, so zitiert Agamben den römischen Juristen Trebatius, „heißt im eigentlichen Sinn das, was zuerst heilig und religiös war und nun wieder dem Gebrauch und dem Besitz der Menschen zurückgegeben wird“.[1093] Im römischen Recht war die Profanierung ein Rechtsakt, durch welchen Gegenstände, die zuvor den Göttern gewidmet waren, den Menschen zu einem neuen Gebrauch retourniert wurden. So gesehen ist die Profanierung die Gegenbewegung zur *sacratio*.[1094] Der Reimport aus der Sphäre des Heiligen in den Bereich des Profanen war aber auch in der römischen Gesellschaftsordnung nicht allein Rechtssache, sondern konnte ebenso durch

---

1088 Vgl. *Heidegger*, Der Spruch des Anaximander, S. 357; vgl. *Derrida*, Marx' Gespenster, S. 41.

1089 Vgl. *Agamben*, Homo sacer, S. 66-68.

1090 *Benjamin*, Über den Begriff der Geschichte, GS I.2, S. 694.

1091 Vgl. bereits *Benjamin*, Franz Kafka, GS II.2, S. 437: „Umkehr ist die Richtung des Studiums, die das Dasein in Schrift verwandelt“.

1092 *Loick*, Von der ~~Gesetzes~~kraft zum Gesetz~~eskraft~~, in: Loick (Hg.), Der Nomos der Moderne, S. 194 (206).

1093 *Agamben*, Profanierungen, S. 70.

1094 Ebd., S. 70.

eine dem Ritus zuwiderlaufende, inadäquate Handhabung passieren: das Spiel.[1095] Das Spiel zertrümmert in diesem Sinne, wie man mit Benjamin sagen kann, die „Aura" des Heiligen.[1096] Aus diesem Grund ist das Spiel für Agamben von besonderem Interesse. Denn seine Bewegung ist ubiquitär einsetzbar und nicht nur der Profanierung religiöser Riten und Sachen vorbehalten, was für ihn das Spiel der Kinder „mit irgendwelchem Gerümpel", sei´s ein „Auto, eine Schusswaffe, ein juristischer Vertrag" beweise, das sich unter ihren „Fingern" ohne Weiteres in „Spielzeug" verwandele.[1097] Gerade im Spiel der Kinder zeige sich die entschärfende Kraft des Spiels, die nicht einfach bloß zerstört, sondern in ihrem unbedarften Umgang mit dem Zeug eine Varietät seiner Gebrauchsmöglichkeiten ankündigt. Denn das Spiel lässt sich nichts von der Zweckbestimmung des Zeugs durch die Macht vorschreiben, sondern entbindet von dieser.[1098] Kurzum: Dem Zeug wird über das Spiel eine andere Bedeutung „aufgepropft"[1099]. Dadurch „emanzipiert" der spielerische Umgang von der Determination jener Zwecke der Macht, was wiederum einen Raum für Handlungen eröffnen soll, die sich als „reine Mittel" qualifizieren lassen.[1100] Und diese seien schließlich, das ist schon von Benjamin bekannt, die Vorbedingung für eine vom Recht befreite Politik, die zu einem allgemeinen Abbau von Gewalt beitrage.[1101]

Fraglich bleibt jedoch noch, wie sich Agamben ein durch Spiel befreites Recht vorstellt: Unter den bisherigen Eindrücken muss bei ihm bereits das Studium als eine Spielart mit dem Recht erachtet werden, da schon es von ihm einen anderen Gebrauch macht. Schließlich ist der Zweck des Rechts dann nicht mehr seine souveräne Durchsetzung, die das nackte Leben in seinen Bann schließt, sondern eben nur noch sein Studium. Dieses aber ist zweckfrei. Denn ein Recht, das lediglich studiert werde, entspreche nichts weniger als einem „Wort, das nicht verpflichtet, nicht befiehlt noch

---

1095 *Agamben*, Profanierungen, S. 72. Kulturanthropologisch sind eine Reihe von Spielen Inversionen heiliger Riten, wie etwa der Ringelreihen ursprünglich ein Hochzeitsritus war oder das Ballspiel, das sich von den Kämpfen der Götter um den Besitz der Sonne ableitet, a.a.O.

1096 Vgl. Benjamins Definition der „Aura": Eine „einmalige Erscheinung einer Ferne sie sein mag", *Benjamin*, Das Kunstwerk im Zeitalter seiner technischen Reproduzierbarkeit, GS I.2, S. 479; *Agamben*, Profanierungen, S. 74.

1097 *Agamben*, Profanierungen, S. 73.

1098 Ebd., S. 75.

1099 *Derrida*, Signatur Ereignis Kontext, S. 335. Vgl. allgemein zur Pfropf-Prozedur: *Kofman*, Derrida lesen, S. 10 ff.

1100 *Agamben*, Profanierungen, S. 75, 84.

1101 *Agamben*, Ausnahmezustand, S. 104.

etwas verbietet, sondern nur sich selbst spricht“ und darin *dem* Paradigma reiner Mittel: der Sprache.[1102] Ein Recht, das nicht mehr praktiziert, sondern einzig und allein studiert wird, ist also ein Recht, das zwar noch als Text Informationen überliefert, aber ihre Aufnahme und Umsetzung den Adressaten überlässt. Es verzichtet insoweit auf das Moment der Entscheidung. Da es somit von keiner souveränen Entscheidung mehr abhängt, muss es auch nicht mehr für den Fall seiner Nichtbeachtung mit Gewalt garniert werden, um ihm endgültig zur Durchsetzung zu verhelfen, wie dies insbesondere Loick betont.[1103] Was mit dem Recht als Text passiert, ist den Studierenden überlassen, deren Umgang, so scheint es, mit ihm umso freier ist, als es seine drohende und verschuldende Wirkung eingestellt hat. In dieser Form bleibt es nicht mehr bloß dem Dienst des Staates und seines Gewaltmonopols überlassen. Nicht zu vernachlässigen sind weiterhin die Auswirkungen, die dieser spielerische Umgang auf das Individuum hat, worauf ebenfalls Loick hinweist. Wie jede Praktik, die ja nicht nur objektiv in den Beiträgen der Handelnden existiert, sondern darin subjektivierende Effekte gegenüber dem Handelnden entwickelt, wird sich auch die *Veränderung* des Gebrauchs auf die Psyche der Spielenden auswirken.[1104] Das Spiel verspricht, eine Vielseitigkeit der Gebrauchsmöglichkeiten erfahrbar zu machen und darin ein Bewusstsein für einen diverseren Umgang mit dem Recht zu schaffen, wenn es die Konventionen auflockert, auf denen die Entscheidungen beruhen. Gleich dem proletarischen Generalstreik verspricht es dadurch, den Weg für unberechenbare Ereignisse in einer gerechteren Zukunft zu bereiten.

Mit anderen Worten: Die Unausführbarkeit des Gesetzes, die der „wirkliche Ausnahmezustand“ erreichen soll, beinhaltet den Verzicht auf eine souveräne Anwendung der Norm auf das Leben im Wege der Entscheidung. Umgekehrt zur souveränen Entscheidung im Ausnahmezustand oder der gerechten Entscheidung gemäß einem Recht im Inbegriff seiner Dekonstruktion, in der nur die *Kraft*, nicht aber der Gehalt des *Gesetzes* durchschlägt, existiert dann nur noch ein *Gesetz* ohne *Kraft*. Analog zur Halache, die ebenso durch keine Staatsmacht verbürgt wird, sondern allein aus dem Glauben zu Gott ihre Geltungskraft zieht,[1105] obliegt die Umsetzung des Rechts fortan den Betroffenen. Ganz im Sinne des paulinischen

1102 *Agamben*, Ausnahmezustand, S. 104.
1103 *Loick*, Von der ~~Gesetzes~~kraft zum Gesetz~~eskraft~~, in: Loick (Hg.), Der Nomos der Moderne, S. 194 (197).
1104 Vgl. Ebd., S. 194 (200-204).
1105 Vgl. *Nachama/Homolka/Bomhoff*, Basiswissen Judentum, S. 133.

Messianismus soll damit die „Schwäche“ im Hinblick auf seine heteronome Durchsetzung zur Stärke des postsouveränen Rechts werden.[1106]

Im Vergleich zu Agambens „Deaktivierung“[1107] des Rechts macht Derrida den Anschein, weniger konsequent zu sein. Wie seine Aporie von der „Heimsuchung durch das Unentscheidbare“[1108] nämlich nahelegt, werde Gerechtigkeit nur dann praktisch, wenn ihr eine „ausschlaggebende Entscheidung“ vorausgehe.[1109] Obwohl Letzterer im Wege des hermeneutischen Generalstreiks die Gesetzesinterpretation modifiziert, verbleibt er also doch mit dem Diktum der „Heimsuchung durch das Unentscheidbare“ der Logik eines souveränen Rechts verhaftet und darin – überspritzt formuliert – der Tradition des *Dezisionismus*.[1110] Jedoch sprechen gute Gründe für Derridas Dezisionismus und gegen Agambens Spiel. Der spielerische Umgang mit dem Recht, der es zu einer zwecklosen Sache macht, eliminiert in erster Linie die Differenz zwischen Recht und Leben bzw. zwischen Recht und Nichtrecht, wie dies auch schon Menke hervorgehoben hat[1111]. Der Kerngedanke dieses zweckbefreiten Rechts liegt darin, dass es ihm nicht mehr um den Selbsterhalt geht, d.h. um die Anwendung und Durchsetzung seiner normativen Gehalte und darin um eine Festigung von Machtverhältnissen. Das schließt logischerweise die Existenz von Gerichtsverfahren und Richtern aus, die dazu berufen wären, einen Fall im Sinne des Rechts zu entscheiden, weil dadurch nur das Recht wieder in sich selbst bekräftigt werden würde. Allerdings würde eine derartige Gesellschaft, genauso wie im Zuge des revolutionären Generalstreiks, mit einer ganzen Reihe von Problemen konfrontiert werden, von denen ein institutionell gesatztes und nötigenfalls auch zwangsweise durchsetzbares Recht Entlastung verschafft.[1112] Zuvörderst fehlte es an einem gemeinsamen Kanon, an dem sich einigermaßen stabil orientieren ließe. Im Gegensatz zum Talmud genießt das verspielte Recht noch nicht einmal eine religiöse Autorität, die ihm eine gewisse Verbindlichkeit und Breitengel-

---

1106 Vgl. *Agamben*, Die Zeit, die bleibt, S. 154 f.

1107 Vgl. *Agamben*, Ausnahmezustand, S. 104.

1108 „Ohne ausschlaggebende Entscheidung kann keine Gerechtigkeit in der Gestalt des Rechts eine praktische Anwendung erfahren.“, vgl. dazu *Derrida*, Gesetzeskraft, S. 49-53.

1109 Ebd., S. 49.

1110 Dies kritisiert insbesondere Loick als gravierenden Schwachpunkt von Derridas Theorie: *Loick*, Kritik der Souveränität, S. 245-252.

1111 Menke unterstellt das zu tun auch dem Studium, *Menke*, Kritik der Rechte, S. 130.

1112 Vgl. zu den Funktionen des Rechts Kap. B.VI.

tung einimpft. Infolgedessen ist an eine soziale Integration der gesellschaftlichen Subsysteme in ein Netz gesamtgesellschaftlicher Kommunikation nicht mehr zu denken. Überdies dürften sich faktisch existente soziale oder biologische Ungleichheiten zwischen einzelnen Gesellschaftsmitgliedern bei der Austragung gemeiner Konflikte wieder bemerkbar machen, die in einer prozessual-strukturierten Rechtspraxis durch die Zuerkennung einer äquivalenten Partizipation am Verfahren kompensiert werden und die sich daher selbst als eine Minimalbedingung der Gerechtigkeit qualifizieren ließen. (Dies gilt im Übrigen auch für eine Gesellschaft, die der Politik reiner Mittel untersteht). Zu guter Letzt mangelte es an einer unparteiischen Instanz, die einen Konflikt an sich zu ziehen vermag, um ihn durch eine Entscheidung zu klären.[1113] Darin überbietet Agamben sogleich sein Ideal vom jüdischen Recht in seiner Eigenschaft als nicht-souveränes Recht, wo (zumindest im Mittelalter) den im Talmud geschulten Rabbinern auch die Aufgabe zukam, als Gemeinderichter zu wirken[1114].

Wenngleich die Dekonstruktion des Rechts bzw. der hermeneutische Generalstreik zu einer Annäherung der Normen an die Begebenheiten des nichtnormativen Lebens führt, bleibt hier doch der konstitutive Unterschied zwischen Recht und Leben bestehen. Die Öffnung des Rechts gegenüber dem exkludierten Anderen ist ein an sich unendlicher Prozess, der unter Gesetzesbindung stattfindet. Derrida geht schließlich nicht davon aus, dass die Dekonstruktion des Rechts ohne Weiteres Gerechtigkeit hervorbringe. Vielmehr verbleibt sie, wie oben bereits erwähnt, nur *„im Kommen“*; der hermeneutische Generalstreik soll unter Beibehaltung der Grundstrukturen des Rechts, zu denen die richterliche Entscheidung gehört, weil es sich bei ihr um eine Möglichkeitsbedingung der Gerechtigkeit handelt, zu seiner kontinuierlichen transformativen Bewegung beitragen. Dabei kann diese Bewegung jedoch vor der Unendlichkeit des Anderen niemals zu einem endgültigen Abschluss gelangen. Die Anerkennung der Unmöglichkeit, sich an das Unendliche anzugleichen, sowie das Erfordernis der Entscheidung indizieren demzufolge die Voraussetzung einer Differenz zwischen dem Normativen und dem Leben, die mit jeder Entscheidung, die getroffen wird, zwar minimiert, effektiv aber auch tradiert wird. Egal wie weit der Text dekonstruiert bzw. gewoben wird, wird es wegen der sinnstiftenden Differenzierung gleichfalls Ausschlüsse geben,

---

1113 Vgl. zu diesem Gedanken meine Ausführungen zu Menke, Kap. C.I.4.b.
1114 Vgl. *Nachama/Homolka/Bomhoff*, Basiswissen Judentum, S. 106 f.

die im Zuge dieses unendlichen Prozesses nach einer Einbeziehung verlangen.[1115]

Die stete Veränderung des Normsinnes, die der hermeneutische Generalstreik beschleunigt, könnte jedoch auf längere Sicht hin auch zu einem Problem für die Autorität des Rechts werden, da hierdurch zeitlich vorgelagerte Deutungen schneller und damit ebenso für das einzelne Rechtssubjekt spürbarer relativiert werden. Damit einher geht ebenso eine Relativierung gesetzgeberischer Zwecksetzungen, was wiederum das sachlich-inhaltliche demokratische Legitimationsniveau[1116] gerichtlicher Entscheidungen absenkt. Dies ist erst recht in einem Rechtssystem problematisch, in welchem die Veränderung des Normsinnes durch die Rechtsanwender beschleunigt wird. Damit verbunden ist ein erheblicher kognitiver Mehraufwand, der zu betreiben ist, um die rechtlichen Entscheidungen nachvollziehen und insoweit Träger staatlicher Gewalt kontrollieren zu können. Es ist außerdem fraglich, ob die erhöhten Anforderungen, die der Nachvollzug der kontinuierlichen Sinnneuschöpfungen und die Veränderungsprozesse, die durch die Aufgabe vermeintlich traditioneller Deutungen ausgelöst werden, in breiten Teilen der Gesellschaft Gefühle der Abwertung und des Zorns nach sich ziehen[1117]. Offen bleibt also die Frage, ob ein so praktiziertes, weniger vorhersehbares Recht noch Vertrauen für sich in Anspruch nehmen kann, oder ob der durch es ausgelöste Veränderungsstress nicht zu seiner Abwertung und letztlich zu seiner Degeneration beiträgt.

4. Selbstreflexion des Rechts (Menke)

Dass Derrida das Recht nicht vollends im Leben auflöst, dürfte den Grund dafür bilden, weshalb Menke seinen Ansatz weiterdenkt.[1118] Benjamins Verirrung, das emanzipative Potenzial des Rechts zu übersehen,

---

1115 So auch *Menke*, Für eine Politik der Dekonstruktion, in: Haverkamp (Hg.), Gewalt und Gerechtigkeit, S. 279 (285-287).

1116 Vgl. *Böckenförde*, Demokratie als Verfassungsprinzip, in: Isensee/Badura/Achterberg u. a. (Hg.), Handbuch des Staatsrechts der Bundesrepublik Deutschland, HStR Bd. II, § 24 (Rn. 21-24).

1117 Vgl. zu den Risiken von gesellschaftlichen Transformationsbewegungen, die durch den Fokus auf das je Besondere ausgelöst werden, *Reckwitz*, Die Gesellschaft der Singularitäten.

1118 Der Einfluss von Derridas Denken auf das von Menke wird bereits deutlich in: *Menke*, Tragödie im Sittlichen, S. 310 ff.

führt Menke hierbei auf dessen kritischen Begriff des „Schicksals" zurück. Soweit mit ihm das Recht im Ganzen als schicksalhaft abgetan werde, erweise sich dieser als zu grobschlächtig, da auch eine totale „Scheidung" vom Recht ins Schicksal zurückwerfe.[1119] Der „Bruch mit der schicksalhaften Gewalt" kann für Menke deshalb „*nur durch* das Recht *hindurch* erfolgen".[1120] Um diese These zu verstehen, lohnt es sich, sich noch einmal Menkes formgenealogischer Untersuchung der Ontologie des Rechts zuzuwenden.[1121] In dieser wies er nach, dass die Unterscheidung zwischen Recht und Nichtrecht genauso wie die Unterscheidung zwischen Recht und Unrecht zum Rechtssystem gehöre, weil es auf Erstere rekurriere, wenn es zwischen Recht und Unrecht unterscheide. Wenn das Recht die Unterscheidung zwischen Recht und Unrecht treffe, operiere es normativ:[1122] Es beurteilt menschliches Verhalten nach Maßgabe seiner Gesetze, von denen es normativ unterstellt, sie seien ebenso die Gesetze der Beurteilten[1123]. Weil diese Unterscheidung aber nur möglich sei, da es zwischen Recht und Nichtrecht unterscheide, wodurch dieser Unterschied auf der Innenseite des Rechtssystems wiederauftauche, versehe es sich auch Situationen, in denen seiner Ratio nicht gefolgt werde.[1124] Zu diesen könne das Recht allein eine nichtnormative, also gewaltvolle Beziehung haben. Da es das Nichtrecht aber nur durch das Recht gebe, gehöre zu einem vollständigen Bild des Rechts somit nicht bloß seine normative, sondern eben auch seine nichtnormative Seite.[1125] Recht bekomme man folglich einzig und allein zu dem Preis seiner Gewalt: Gibt es keine Gewalt, gibt es auch kein Recht, das dazu in der Lage ist, die Welt zu „verändern".[1126] Die Lücke zwischen Recht und Nichtrecht lässt sich mithin nicht schließen, ohne die für das Recht konstitutive Unterscheidung einzuebnen, was Agamben, wie eben dargelegt, mit Studium und Spiel versucht.

Was aber in Menkes Augen möglich ist, ist die Gewalt, die sich im rechtlichen Vollzug manifestiert, zu depotenzieren, und zwar indem die Differenz zwischen Recht und Nichtrecht über eine Selbstreflexion des Systems „entfalte[t]" wird.[1127] Auch wenn es Menke an dieser Stelle nicht explizit

1119 *Menke*, Recht und Gewalt, S. 60-62.
1120 Ebd., S. 62.
1121 Vgl. dazu in dieser Arbeit Kap. C.II.4.b.
1122 Vgl. *Menke*, DZPhil 2018, S. 143 (154).
1123 Vgl. *Habermas*, Faktizität und Geltung, S. 52.
1124 Vgl. *Menke*, Kritik der Rechte, S. 116 f.
1125 Vgl. *Menke*, DZPhil 2018, S. 143 (155).
1126 Vgl. auch *Menke*, Kritik der Rechte, S. 406.
1127 *Menke*, Recht und Gewalt, S. 68, 100; *ders.*, DZPhil 2018, S. 143 (156).

herausstellt, denkt er sein Programm wieder unter den Parametern von Luhmanns Systemtheorie. Eine „Entfaltung“ kommt nach der Systemtheorie dann zur Anwendung, wenn ein augenscheinlicher Widerspruch für konkrete Operationen anschlussfähig gemacht werden soll. Widersprüche sind für die Systemtheorie nichts anderes als Tautologien, die durch eine „verkürzte [...] Selbstreferenz“ entstehen.[1128] Bezogen auf das Rechtssystem ist das die Beobachtung der Innenseite der Unterscheidung zwischen Recht und Nichtrecht, die dem Recht angibt, was Recht ist, weil rechtlich operiert wird. Hier sieht das Recht, dass Recht Recht ist. Ein Widerspruch liegt in diesem Fall deshalb vor, weil die Identität von Recht die eigene Außenseite – das Nichtrecht – ausblendet, die ebenfalls zu ihm gehört.[1129] Die Entfaltung bewirkt nun, dass die „Identität“ (hier: Recht ist Recht) „mit Hilfe von Unterscheidungen [aufgebrochen wird], bei denen dann die Einheit der Unterscheidung selbst (im Unterschied zum Unterschied des Unterschiedenen) an die Stelle der Identität tritt“.[1130] Die Komplexität der Selbstreferenz wird also durch eine Operation gesteigert, bei der sich ein System als „Einheit“ mit „Eigenschaften“ im Unterschied zu seiner Umwelt identifiziert und diese Identifikation für sich beschreibt.[1131]

Bevor Menke auf den für das Recht konstruktiven Aspekt der Selbstreflexion kommt, gebraucht er sie aber als Maßstab, um das „normalbetriebliche“[1132] Recht zu beschreiben.[1133] Sie zeigt ihm die tragische Seite an seiner Form, die das Recht als System aufgrund seiner identifizierenden Unterscheidung dazu zwinge, sich auch im Nichtrechtlichen gewaltsam durchsetzen zu müssen.[1134] Für seine Darstellung verwendet Menke allerdings ein etwas ungünstiges Vokabular, wenn er dieses Phänomen in den Begrifflichkeiten des Rechts zu beschreiben sucht. Seit Benjamin ist bekannt, dass das Recht infolge seines „Geltungsanspruch[s]“[1135] die Tendenz hat, zu expandieren. Die Selbstreflexion verweise nun darauf, dass

---

1128 *Luhmann*, Soziale Systeme, S. 493.

1129 Das „nichtreflexive“ Recht „vergisst“ beständig, „dass es selbst durch seine Unterscheidung das Nichtrechtliche, gegen das es sich durchsetzen muss, erst hervorgebracht hat.“, *Menke*, Recht und Gewalt, S. 69.

1130 *Luhmann*, Das Recht der Gesellschaft, S. 56 f.

1131 *Luhmann*, Das Recht der Gesellschaft, S. 53 f.; *ders.*, Soziale Systeme, S. 601.

1132 *Menke*, Recht und Gewalt, S. 69.

1133 Menke ist an dieser Stelle ein getreuer kritischer Theoretiker, der analog zum ideologiekritischen Programm der *„Dialektik der Aufklärung“* das Recht über sich selbst aufklären lässt.

1134 *Menke*, Recht und Gewalt, S. 66.

1135 Ebd., S. 88.

dieses *„Recht des Rechts"* – wie Menke den Geltungsanspruch im Anschluss an Derrida[1136] und in Anlehnung an Max Weber[1137] tituliert – eigentlich mit einem *„Recht des Nichtrechtlichen"* korrespondieren müsse, weil nun mal auch „im Recht" das Recht des einen auf etwas in einem reziproken Verhältnis zum Recht des anderen gegen dieses stünde.[1138] Warum eine Anspruchskorrespondenz genauso für die Form des Rechts gelten *müsse*, leuchtet nicht ein, da in der Rechtstheorie die Idee der Reziprozität allein für die Form der subjektiven Rechte, nicht aber für das Recht als Ganzes steht. Jedenfalls verwirkliche das realexistierende Recht der subjektiven Rechte den Anspruch des Nichtrechts einzig und allein so, dass es dieses Recht „verletzt".[1139] So problematisch die Wortwahl auch sein mag, so richtig ist hier doch die Einsicht der Selbstreflexion, dass der Anspruch des Nichtrechts oder besser gesagt das Nichtrecht selbst verletzt wird, weil es im Recht ausschließlich in Form von rechtlichen Repräsentanten zur Geltung kommt, was es um seinen qualifizierenden Unterschied bringt. Diese Verletzung sei dem Dilemma geschuldet, wonach das Recht wegen seiner operativen Geschlossenheit nur an rechtliche Operationen anknüpfen könne.[1140] Hiergegen kommt jedoch der konstruktive Aspekt an der Selbstreflexion ins Spiel: Dieser besteht in der Erwägung, dass diese rechtliche Operation die identitätsstiftende Differenz auf der Innenseite des Rechts nachvollzieht. Die Anerkennung des Nichtrechtlichen im Recht als vom Recht Hervorgebrachtes soll sich dann wiederum auf den Herrschaftsanspruch des Rechts gegenüber dem Nichtrecht begrenzend auswirken und so zu seiner Transformation beitragen.[1141] Infolge dieser strukturiert sich die Asymmetrie zwischen Recht und Nichtrecht in ein paritätisches Verhältnis um. Was Menke sprachlich als normativen Schluss ausdrückt, darf also nur als Programmbeschreibung verstanden werden.

Wie ein so gestaltetes selbstreflexives Recht in Wirklichkeit aussehen könnte, illustrieren für ihn Heinrich von Kleists *„Der Zerbrochene Krug"* und Heiner Müllers Theaterstück des gleichnamigen Romans von

---

1136 *Derrida*, Gesetzeskraft, S. 76.

1137 *Weber*, Wirtschaft und Gesellschaft. Recht, S. 594.

1138 *Menke*, Recht und Gewalt, S. 88 f.

1139 Ebd., S. 90.

1140 Vgl. ebd., S. 91.

1141 *Menke*, Subjektive Rechte: Zur Paradoxie der Form, in: Teubner (Hg.), Nach Jacques Derrida und Niklas Luhmann, S. 81 (82, 97); *ders.*, Recht und Gewalt, S. 68 f.; „Geschehen kann diese Anerkennung des anderen nur durch die Begrenzung des Eigenen.", *ders.*, Spiegelungen der Gleichheit, S. 225; *ders.*, Kritik der Rechte, S. 131.

Alexander Bek „*Wolokolamsker Chaussee I und II*"[1142]. Im Zentrum der Lektüre von Kleists „*Der Zerbrochene Krug*" steht dabei die Schilderung einer berechtigten, trotzdem aber „andere[n], nichtrechtliche[n] Kommunikation"[1143] der Protagonisten dieses Dramas. Entgegen dem aufklärerischen Anspruch[1144] des Rechts, den Fall nach rechtlichen Maßstäben zu beleuchten, können die Figuren hier eine „Nichtbeteiligung am Recht"[1145] durchsetzen, indem sie das kontradiktorische Recht, über den Tathergang zu schweigen, für sich in Anspruch nehmen. Im Recht zu Schweigen erblickt Menke dabei ein Recht auf Nichtrecht gegenüber dem Recht.[1146] Denn es berechtige zu einer *anderen* „Kommunikationsform", die nicht unter den rechtlichen Bedingungen ablaufe, sondern auf „Vertrauen", „Hilfe" und „Verzeihung" beruhe[1147] (Kommunikationsformen, die in etwa auch schon Benjamin als reine Mittel aufzählt[1148]). In ihrer Anerkennung reflektiert sich das Recht und verzichtet auf seinen kolonisierenden Anspruch, die einzige Kommunikationsform zu sein, wodurch es das Nichtrecht neben sich zur Geltung kommen lässt und sich damit selbst limitiert.[1149]

Befreiung stellt sich danach unter zwei Gesichtspunkten ein. Zum einen entbindet die Selbstreflexion das Recht vom Zwang, sich gegenüber seinem Anderen durchsetzen zu *müssen*. Der Nachvollzug des Nichtrechts im Recht nimmt dem Nichtrecht so seine Bedrohung für das Recht, da das selbstreflexive Recht das Nichtrecht nunmehr als durch sich selbst Hervorgebrachtes identifiziert. Zum anderen entlässt es die Subjekte aus dem „Zwang zur Teilnahme am Recht"[1150]. Es erkennt ihr Bloßes-Mensch-sein trotz ihrer Geistes-Abwesenheit an und entbindet sie so vom Zwang zur Teilnahme an seiner Praktik und den Angeklagten von der Pflicht zur „Selbstverurteilung".[1151]

1142 *Müller*, Wolokolamsker Chaussee I-V.

1143 *Menke*, Recht und Gewalt, S. 74.

1144 Zum aufklärerischen Anspruch des Rechts, vgl. *Menke*, DZPhil 2018, S. 143 (146).

1145 *Menke*, Recht und Gewalt, S. 72.

1146 Ebd., S. 72 f.

1147 Ebd., S. 74.

1148 Vgl. Kap. C.III.2.

1149 *Menke*, Recht und Gewalt, S. 75; *ders.*, Kritik der Rechte, S. 136.

1150 *Menke*, Recht und Gewalt, S. 77.

1151 Ebd., S. 77 f. Menke insistiert darauf, dass die Entlassung aus dem Recht durch das Recht auf Nichtrecht dabei kein Akt der Gnade ist. Bei der Gnade handele es sich nämlich um einen reinen Rechtsakt, der lediglich auf eine Entscheidung korrigierend einwirkt, um vor der Entstellung des Besonderen zu bewahren, die seine Gleichbehandlung mit dem Allgemeinen sonst zur Folge

Die Frage, die Menke hiernach aufwirft, bezieht sich darauf, in welcher Lebenslage sich dann die rechtlich anerkannte Nicht-Person befindet, soweit sie also am Recht nicht mehr partizipiert.[1152] Dieser Problematik muss er sich stellen, weil er das Recht eingangs politisch definiert hat und sich danach – zumindest mit Agamben im Hintergrund – der Verdacht aufdrängt, dass sich die Position als rechtlich anerkannte Nicht-Person als Ausschluss entpuppt. Zum zweiten sieht sich seine Begründung mit dem Einwand konfrontiert – ein Einwand, den Menke bereits bei Kleist herausließt –, dass ein Leben im Nichtrecht dann völlig der Brutalität *ökonomischer Zwänge* ausgesetzt sei.[1153] Den Gedankengang hin zu diesem kritischen Vorbehalt rekonstruiert Menke als historische Erfahrung mit der Form der subjektiven Rechte.[1154] Wie es zu dieser Erfahrung kommen konnte, zeichnet er anhand der Kritik der politischen Ökonomie an den subjektiven Rechten nach.

Die politische Ökonomie begreift die subjektiven Rechte als das (inkonsequente) Resultat der bürgerlichen Revolution. Inkonsequent deshalb, weil sie den Menschen aufgrund ihrer „Form" nur in Teilen emanzipiert habe.[1155] Zu dieser partiellen Emanzipation komme es, da ihn die bürgerliche Gesellschaft in einen „*öffentlichen* und in [einen] *Privatmenschen*" spalte[1156]: Die Schizophrenie[1157] von Bourgeois und Citoyen mache ihn insoweit in allen öffentlichen Angelegenheiten „souverän"[1158], wogegen sie ihn in allen privaten Angelegenheiten „zum Mittel herabwürdigt und zum Spielball fremder Mächte"[1159] degradiere. Der „Liberalismus", den Menke als „Theorie" des bürgerlichen Rechts ausgemacht hat, erkläre diese Schizophrenie dagegen als Parallelogramm von Kräften, die einander in Schach halten: Der Mensch werde zum Bürger, wobei der Fluch, den seine vollumfängliche Teilnahme am Recht mit sich bringe, aber über die

---

hätte, a.a.O. S. 75 f.; zu Menkes Definition der Gnade: *Menke*, Spiegelungen der Gleichheit, S. 320 f.

1152 *Menke*, Recht und Gewalt, S. 79.

1153 Ebd., S. 80.

1154 Ebd., S. 80.

1155 *Menke*, Kritik der Rechte, S. 9. Menke entfaltet in dieser Studie eine dezidierte Kritik an den subjektiven Rechten.

1156 *Marx*, Zur Judenfrage, MEW Bd. 1, S. 356 f.

1157 Den Begriff entlehne ich *Loick*, Kritik der Souveränität, S. 159.

1158 *Constant*, „Über die Freiheit der Alten im Vergleich zu der der Heutigen", in: Werke, Bd. IV, Berlin 1972, S. 363 (369), zit. nach, *Menke*, Recht und Gewalt, S. 83.

1159 *Marx*, Zur Judenfrage, MEW Bd. 1, S. 355.

Freigabe eines Raums „negativer Freiheit"[1160] zur „privaten Interessenverfolgung"[1161] gebannt werden solle. Und diesen Raum negativer Freiheit skizziere der Liberalismus in Gestalt des Vertragsrechts, in Form von reziproken subjektiven Rechten, über die die außerrechtliche Willkür eine Legalisierung erfahre.[1162] Der Ideologie des Liberalismus entgegnet Menke nun unter Bezugnahme auf Weber, dass der Mensch im Liberalismus nicht wirklich frei von sozialer Herrschaft werde, weil er schlussendlich im privaten Raum der individuellen Interessenverfolgung den „Marktmachtinteressen"[1163] unterliege. Erfahrungsgemäß zieht zumeist derjenige die günstigeren Kautelen, der die bessere Marktstellung innehat. Menkes Diagnose lautet daher, dass „die Freigabe der privaten Interessenverfolgung [...] einen schicksalsgleichen Zwangszusammenhang [restituiert]".[1164] Der Einwand gegen einen partiellen Ausschluss von der Teilnahme am Recht scheint sich demnach auf den ersten Blick zu bewahrheiten.

Auf den zweiten Blick wird dieser Einwand der Sache aber nicht gerecht. Betrachte man nämlich die Ontologie der subjektiven Rechte, so zeige sich, dass hier die Begrenzung des Rechts nur durch eine äußerliche Gegenüberstellung dieser Sphären geschehe.[1165] Es handelt sich diesbezüglich zwar um einen selbstreflexiven Ansatz, dieser gerate nur aufgrund der Art und Weise, wie er sich vollziehe, mit sich selbst in Konflikt.[1166] Die unverstellte Verwirklichung des Nichtrechts im Recht, die seinen konstitutiven Unterschied beibehält, werde bei den subjektiven Rechten dadurch konterkariert, dass sie das Nichtrecht positivieren und in rechtlichen Masken im Recht zur Geltung bringen:[1167] Auch im bürgerlichen Recht sind es schließlich *Personen*, die *Eigentum* an *Sachen* haben und sich als *Kläger* oder *Beklagte* vor Gericht wiederfinden.

Menke stellt nun die These auf, dass sich dem Dilemma der rechtlichen Operationsweise, welches sich in den subjektiven Rechten nur zuspitzt, dadurch entkommen lasse, wenn man an der Schnittstelle, an der die Einbe-

---

1160 *Menke*, Subjektive Rechte: Zur Paradoxie der Form, in: Teubner (Hg.), Nach Jacques Derrida und Niklas Luhmann, S. 81 (89).

1161 *Menke*, Recht und Gewalt, S. 84.

1162 Vgl. *Menke*, Recht und Gewalt, S. 82-84; *ders.*, Kritik der Rechte, S. 96.

1163 *Weber*, Wirtschaft und Gesellschaft. Recht, S. 660.

1164 *Menke*, Recht und Gewalt, S. 84.

1165 Ebd., S. 86.

1166 Vgl. *Menke*, Subjektive Rechte: Zur Paradoxie der Form, in: Teubner (Hg.), Nach Jacques Derrida und Niklas Luhmann, S. 81 (101).

1167 *Menke*, Kritik der Rechte, S. 175. Menke entfaltet diesen Gedanken auf S. 101-171.

ziehung in das Recht passiert, ansetzt und die „*Urteilsweise* des Rechts" verändert.[1168] Demnach lasse sich der Zwang zur Autonomisierung aufheben, ohne dabei in die Rache zu regredieren, sofern sich das Recht im Moment der Entscheidung den „zwei einander ausschließenden Forderungen" nach seiner politisch-prozessualen Grundstruktur *und* nach einer Anerkennung des Nichtrechtlichen unterordne.[1169]

Wie die Möglichkeit einer solch widersprüchlichen Urteilsweise aussehen könnte, skizziert Menke anschließend anhand der „*Wolokolamsker Chaussee*". Das Theaterstück handelt von den Eindrücken der Schlacht um Moskau im Oktober 1941, als die Deutschen immer mehr in Richtung Moskau vorrückten. Im Mittelpunkt von Menkes Lektüre steht die Desertion eines Soldaten der Roten Armee, der sich aus Angst selbstverstümmelt, um sich kampfunfähig zu machen. Nachdem die Selbstverletzungshandlung entdeckt wurde, wird der Soldat stante pede vom Kommandeur zur Exekution verurteilt.

Menkes Lektüre konzentriert sich nun auf eine besondere Wendung des Theaterstücks: den Exekutionsbefehl „*nach* dem Kriegsrecht"[1170]. Da der Angriff, dessentwegen der Soldat desertierte, bloß vorgetäuscht war, ist die Rechtslage, die zu einer Exekution berechtige, durchaus strittig. Für Menke erfolgt der Befehl darum nicht „*aus* dem Kriegsrecht", sondern lediglich „nach" ihm.[1171] Damit ist der Exekutionsbefehl entsprechend zu Derridas „*Epoché* der Regel" keine unmittelbare Folge eines Rechtsurteils, sondern steht in alleiniger Verantwortung des Urteilenden.[1172] Zunächst erscheint der Befehl für eine kurze Zeit dabei als Akt souveräner Aufhebung des Rechts, weil er damit begründet wird, die Sowjetunion zu verteidigen, auf dass die Rechtsordnung als Ganzes bewahrt werde und man außerdem auf einen Prozess verzichtet, in dem auch der Verurteilte zu Wort kommt. Dies gilt allerdings nur bis zu einer Wendung, in der die Notwendigkeit der Symbolkraft einer Hinrichtung bezweifelt wird und sich auf einmal eine Begnadigung des Soldaten abzeichnet. Statt einer souveränen Aufhebung des Rechts zugunsten der Rechtsordnung scheint es so, als werde das Recht zugunsten einer „Gerechtigkeit jenseits [seiner] Herrschaft" suspendiert.[1173] Als dann die Begnadigung des Soldaten im Stück denselben

---

1168 *Menke*, Recht und Gewalt, S. 85-87.

1169 Ebd., S. 91 f.

1170 Ebd., S. 94.

1171 Ebd., S. 94 f.

1172 *Menke*, Recht und Gewalt, S. 95; *Derrida*, Gesetzeskraft, S. 47.

1173 *Menke*, Recht und Gewalt, S. 98; vgl. auch *ders.*, Spiegelungen der Gleichheit, S. 322.

„Realitätsgrad" wie seine Exekution angenommen hat, erfolgt abrupt eine zweite „Wende" und es ergeht doch noch der tödliche Schießbefehl.[1174]

Menke findet an diesen ganzen dramatischen Wendungen bemerkenswert, wie sich die Unausweichlichkeit des Exekutionsbefehls zur Kontingenz wandelt. Statt seiner schicksalhaften Exekution bekomme die Anwendung des Rechts den Status einer bloßen Möglichkeit, wodurch andererseits für die Anwendung und die Berücksichtigung des Nichtrechts (durch Begnadigung) Platz gemacht werde.[1175] Eine Selbstreflexion des Rechts wird also dadurch erzeugt, dass der Entscheider – freilich nach Einhaltung der politisch-prozessualen Grundstruktur – neben der Anwendung von Recht genauso seine Nichtanwendung prüfen muss. Sollte sich der Richter dann für die Anwendung des Nichtrechts entscheiden, handelt es sich laut Menke nicht um eine Aufhebung des Rechts, wie dies Schmitt für die Ausnahme skizziert hat, sondern um eine rechtlich legitimierte Suspension, weil sie – im Gegensatz zur Gnade – an der umfassenden Geltung des Rechts festhält.[1176] Im Einklang mit Derridas erster Aporie gerechten Entscheidens übernimmt der Richter durch sein Ringen mit diesen beiden Möglichkeiten die volle „Verantwortung" für die Entscheidung, da er diese nunmehr nicht einfach dem Recht zuschieben kann.[1177] Über die Degradierung der Rechtsanwendung zu einer bloßen Möglichkeit wird das Recht nicht nur von seinem Zwang, sich gegenüber dem Nichtrecht durchsetzen zu müssen, befreit, sondern auch der Angeklagte vom Fluch der Selbstverurteilung, weil die Teilnahme am Recht, infolge der Ungewissheit um seine Durchsetzung, damit ebenso kontingent wird. Ähnlich wie beim hermeneutischen Generalstreik erfährt das gesatzte Recht im Moment seiner Entscheidung eine „Politisierung", indem die Anwendung seiner Normativität – zu Teilen – in die Hände der am Entscheidungsprozess Beteiligten gelegt wird. Der durch Entscheidung im Gesetz vereinigte Wille aller wird so nachträglich wieder zur Disposition gestellt und dadurch aus der Form gebracht, die die gesetzgebende Entscheidung vorsah. Herauszustellen ist dabei, dass nunmehr ebenfalls die Verantwortung für eine Position im Nichtrecht nicht mehr dem Verurteilten obliegt, sondern dem Richter.[1178] Diese Verantwortungsverschiebung und die Diversifizierung von richterlichen Entscheidungsmöglichkeiten bewirken eine Befrei-

---

1174 *Menke*, Recht und Gewalt, S. 97 f.
1175 Ebd., S. 99.
1176 Ebd., S. 97 f.
1177 Vgl. dazu meine Ausführungen in Kap. C.II.3.d.
1178 Vgl. *Menke*, Recht und Gewalt, S. 101.

ung vom Fluch der Teilnahme und schieben der Normalisierung durch das Recht einen Riegel vor. Fortan ist die Gewalt, die sich ereignet, sobald sich das Recht durchsetzt, transparent.[1179] Der Geltungs- bzw. „Vorranganspruch“[1180] des Rechts wäre mithin nach seiner selbstreflexiven Entsetzung, ohne hinter seinen emanzipativen Standard zurückzufallen, allein über seinen widerwilligen Vollzug gebannt und darin sein schicksalhaftes Wirken gebrochen.[1181]

Den Versuch, einen positiven Entwurf eines solch wahrhaft selbstreflexiven, modernen Rechts zu formulieren, das mit sich in Widerstreit steht, hat Menke in *„Kritik der Rechte“* mit den „Gegenrechten“[1182] unternommen. Er skizziert sie in Abgrenzung zum bürgerlichen Recht, wie auch zu der kommunistischen Antwort auf die subjektiven Rechte, die eine Gesellschaft ohne Rechte anpeilte. Stattdessen kombiniert Menke für das neue Recht der Gegenrechte diese beiden gegenläufigen Ansätze miteinander. Die Gegenrechte erkennen an, dass der Mensch ein Bedürfnis danach habe, sich nicht am Recht und an der Politik zu beteiligen. Dafür sind sie so strukturiert, dass dies nicht über eine sphärische Trennung des Subjekts, die zu einer Entmündigung politischer Gestaltungsmacht führt, verwirklicht wird, was durch ihre „antipositivistisch[en]“ Wesensbestimmung gelänge.[1183] Gegenrechte verdinglichen nicht mehr nur den Willen des berechtigten Subjekts als „vorsoziale Tatsache“[1184] oder blenden ihn gar aus.[1185] Stattdessen öffnen sie den Willen des Subjekts für einen politischen Zugriff, indem sie ihn im Urteilen vermitteln, wodurch sie ihn verändern und negative Korrekturen ermöglichen.[1186] Auf diese Weise soll der Wille in den Gegenrechten, der im bürgerlichen Recht als Willkürfreiheit positiviert und zum „Grund“ der Rechte gemacht werde, zu einem bloßen „Moment“ herabgesetzt werden.[1187] Rechte soll auch nur derjenige haben, der passiv ist.[1188] Wer aktiv an der Regierung beteiligt ist, ist rech-

---

1179 *Menke*, Recht und Gewalt, S. 101.

1180 *Menke*, Tragödie im Sittlichen, S. 294. Der „Vorranganspruch“ bezeichnet bei Menke die Dynamik des Rechts, das „authentisch Gute“ eben nur als Person und damit verzerrt erstreben zu können, a.a.O. S. 294 f.

1181 *Menke*, Recht und Gewalt, S. 102 f.

1182 *Menke*, Kritik der Rechte, S. 369-401.

1183 Ebd., S. 381.

1184 *Loick*, Juridismus, S. 308.

1185 Vgl. *Menke*, Kritik der Rechte, S. 372 f.

1186 Ebd., S. 379 f.

1187 Ebd., S. 380.

1188 Ebd., S. 383.

telos, weil er Macht ausübt. Der Wille derjenigen, die an der Regierung beteiligt sind, müsse insoweit keine Berücksichtigung erfahren, da er ohnehin infolge ihrer Teilnahme an der Praxis in deren Urteile einfließt.[1189] Die Gegenrechte sollen damit, wie die bürgerlichen Rechte, Rechte des Subjekts gegen die Regierung und gegen eine soziale Teilhabe sein. Die Modifikation gegenüber den bürgerlichen Rechten bestehe nun darin, dass sie von den Regierenden in ihren Urteilen zu berücksichtigen sind. Über ihre Vermittlung im Urteilen der Regierenden „ermöglichen" sie so eine „Nichtteilnahme *in* der Teilnahme".[1190] Im Wege der adäquaten Berücksichtigung der Nichtteilnahme in den Urteilen der Teilnehmer verändere sich derweil die „Ordnung des Sozialen", so dass sie über die Beteiligung des Nichtteilnehmers „dem Subjekt gerecht" wird.[1191] Gerechtigkeit stelle sich dadurch ein, dass sie das Subjekt als Gespaltenes (als Teilnehmer und als Nichtteilnehmer) identifiziert, diese Identifikation über die Form des Urteilens sichere und nicht mehr das Soziale spalte, in dessen verschiedenen Sphären die bisherige soziale Ordnung das Subjekt sistiere.[1192] Die Gesetze, die die politische Selbstregierung der neuen sozialen Praktiken dabei erließe, wären Ausdruck dieser Spaltung, die das Gute der sozialen Praxis verwirkliche und die Praktik entsprechend strukturiere.[1193] Da der grundlegende Wille dieser Gesetze keine außersoziale Tatsache mehr sei, sondern nur noch ein politisch vermittelter Moment, verselbstständigten sich die Rechte nicht mehr gegenüber dem Politischen, um der „politischen Selbstregierung"[1194] Grenzen zu setzen. Die Gesetze im Recht der Gegenrechte wären vielmehr paradoxal verfasst: Sie taugten als Entscheidungsgrundlage, hätten aber als Norm keinen ubiquitären Sollens-Anspruch und fänden ihre Schranke in der politischen Selbstregierung.[1195]

Menkes Entwurf eines wahrhaft selbstreflexiven Rechts ist allerdings in funktionaler Hinsicht unter mehreren Gesichtspunkten bedenklich: Über die sittliche Vermittlung des Urteilenden entschärft sie zwar theoretisch die Gefahr willkürlicher, eben unsittlicher Urteile; eine transparente Nachprüfung des Urteils ist jedoch bei ihnen wegen ihrer antipositiven Verfassung nur eingeschränkt möglich. Aus dem gleichen Grund erscheint die Ausbildung von Erwartungsstabilität in einem solchen Rechtssystem

1189 *Menke*, Kritik der Rechte, S. 385.
1190 Ebd., S. 384.
1191 Ebd., S. 396 f.
1192 Ebd., S. 397-399.
1193 Ebd., S. 400.
1194 Ebd., S. 401.
1195 Ebd., S. 401.

erschwert. Auch wenn hier die mögliche Entscheidung für das Nichtrecht rechtlich legitimiert ist, bekommt die Entscheidung infolge der dezentralen Diversifizierung der Entscheidungsgewalt über den Rechtsinhalt die Dimension eines kleinen Ausnahmezustands.[1196] Denn sie ist mit der Politisierung des Gesatzten von der Bindung an den Gesetzeswortlaut gelöst, worin Menke implizit Derridas Dezisionismus folgt. Es ist zwar möglich, dass die Entscheidung für den Verurteilten aufgrund eines ausgiebigen Diskurses im Prozess transparent ist. Jedoch wird durch die Entbindung vom Gesetzeswortlaut ebenso die Gefahr einer willkürlichen Entscheidung geschaffen, die für alle Betroffenen nicht mehr nachvollziehbar ist. Obschon eine solch willkürliche Entscheidung qua definitionem illegitim ist, da sie nicht mehr zugunsten der Rechtsordnung geht, fehlt es an einem objektiven Kontrollmaßstab, wie man ihn bisher im positiven Recht gehabt hätte, über den sich die Illegitimität kenntlich machen ließe.

Wie es die „Gegenrechte" nahelegen, scheint Menke ihr Konzept dabei für sämtliches administrative Handeln zu denken. Demnach würde die Möglichkeit nicht-rechtlicher Entscheidungen auch im Bereich exekutiven Handelns Einzug erhalten. Dies hätte zur Konsequenz, dass man es mit Exekutivakten zu tun hätte, die sich nicht anhand des Gesetzes nachvollziehen lassen können. Die politische Gewaltausübung verlöre dann mitunter ihre Legitimation und die politische Agitation ihre Autorität, weil sie von willkürlichen Direktiven nicht mehr unbedingt unterschieden werden könnte und als eine Form despotischer Herrschaft wahrgenommen würde.

Es ist zudem fraglich, ob die systemspezifische Ausdifferenzierung, die Menke vorschwebt, im Rechtssystem überhaupt stabilisiert werden kann oder ob das Recht nicht durch diese schlechtweg verschwindet. Soziale Systeme degenerieren nach Luhmann schließlich, sobald die konstitutiven „momenthaften Elemente" nicht mehr mit anschlussfähigem Sinn versehen werden.[1197] Wie gesehen, gehört zu den momenthaften Elementen des Rechts in erster Linie die Leitunterscheidung zwischen Recht und Unrecht, die entlang der Rechtsnormen erfolgt. Wenn aber die Normativität in jeder Entscheidung potenziell um das Nichtrecht erweitert wird, geht die Leitunterscheidung des festen normativen Maßstabs verlustig, der von einem positiven Gesetzesrecht getragen wird. Es fragt sich insofern, ob nicht angesichts der Einbeziehung des Nichtrechts ins Recht das System mit Stoff konfrontiert wird, der die Autopoiesis des Systems destabilisiert, weil die selbstreflexive Konfrontation des Rechts mit dem

---

1196 So auch schon *Ladeur*, Die Textualität des Rechts, S. 114.
1197 Vgl. *Luhmann*, Soziale Systeme, S. 28.

Nichtrecht auf der Ebene der Beobachtung praktisch eine dreiwertige Logik etabliert. Schließlich müsste das System in puncto Nichtrecht mit Informationen zurande zukommen, die nicht mehr im binären Rechts-Code aufgehen und darum für Anschlussoperationen, welche den binären Rechtscode gebrauchen, unanschließbar sind. Als autopoietisches System ist es jedoch strukturell auf die „endlose Geschichte" in der reibungslosen Produktion weiterer „Elemente" angewiesen.[1198] Stattdessen wird mit der Möglichkeit nicht-rechtlicher Entscheidungen, also Entscheidungen für die Nichtanwendung der Unterscheidung Recht/Unrecht, die Entscheidungsfindung perspektivisch gegenüber der binären Code-Anwendung „verkomplizier[t]"[1199]. Dies erschwert die Entscheidungsfähigkeit der Gerichtsbarkeit erheblich, soweit in Anbetracht der Sache zwischen Recht, Unrecht oder Nichtrecht unterschieden und entschieden werden muss. Was hier bisher recht technisch kritisiert wurde, lässt sich jedoch auf ein rechtshistorisches Beispiel bringen: Menkes Vision eines Rechts, das über die Möglichkeit nicht-rechtlicher Entscheidungen – der Disposition über die eigene Anwendung – mit sich selbst auf Kriegsfuß gestellt werden soll, gleicht schlechterdings dem Recht in seinem Zustand vor dem Justizverweigerungsverbot.[1200] Besonders integrativ war dieses Recht, wie es die prozessrechtliche Einführung des Justizverweigerungsverbots nahelegt, wohl nicht. Denn die Möglichkeit einer nicht-rechtlichen Entscheidung, die die Beendigung rechtlichen Operierens bedeutet, droht für denjenigen, der ein Rechtsverfahren anstrebt und auf eine Entscheidung hofft, mit einer eindeutigen Enttäuschung zu enden. Danach wird es für jedes Rechtssubjekt zweifelhaft, ob es sich überhaupt lohnt, das rechtliche Verfahren zu beginnen. Insoweit brächten die aufkommenden Zweifel an der Entscheidungsfähigkeit der Gerichtsbarkeit die entlastende Qualität des Rechts zum Verschwinden. Die Konsequenz eines solch dysfunktionalen Rechts wäre die Desintegration der Verfahrensbeteiligten, womit der Grundstein für die Aufgabe des Rechts als Praxis gelegt wäre.

5. Zwischenbetrachtung und Bewertung

Vergleicht man die Gewaltüberwindungsstrategien miteinander, so ist es nur Benjamin, der zur Beseitigung der Gewalt des Rechts im Wege des

---

1198 *Luhmann*, Das Recht der Gesellschaft, S. 179.
1199 Ebd., S. 180.
1200 Vgl. ebd., S. 181.

revolutionären Generalstreiks mit dem Recht überhaupt schlussmachen möchte, um für eine Politik der reinen Mittel Platz zu machen. Dagegen halten Agamben, Derrida und Menke mehr oder weniger an der Existenz des Rechts fest. Derridas mahnende Worte veranlassen dazu, für die Verwirklichung von Gerechtigkeit nach Lösungen im Recht selbst zu suchen, um nicht, wie dies Menke betont hat, infolge seiner Abschaffung in mythische Gewaltverhältnisse zu regredieren. Trotz ihrer Unterschiede schimmert durch die Lösungsansätze aller Autoren der Gedanke einer Politisierung der Verhältnisse hindurch. Bei einer Gesamtbetrachtung zeigt sich, dass Benjamins Proklamation einer Politisierung der sozialen Verhältnisse im Wege ihrer Revolution bei Agamben, Derrida und Menke ins gesatzte Recht verschoben wird. So gesehen besteht eine autorenübergreifende Idee darin, die Diskrepanz zwischen Gesetzesrecht und bloßem Leben, das sich nicht in dieses zu fügen scheint, dadurch zu überwinden, dass die für zu statisch befundene positive Normativität ins Schwingen gebracht wird. Anstelle von polizeilicher Harmonisierung sollen Studium, Spiel und Selbstreflexion, wie es Adorno als die Aufgabe der Kunst bezeichnet hat, „Chaos in die Ordnung“[1201] bringen, um die permanente Bewegung des Rechts zu perpetuieren. Allerdings bleibt die demokratische Legitimation der nachträglichen Politisierung positiver Gesetze zumeist ungeachtet.

Im Übrigen dürfen die hier skizzierten Parallelen aber auch nicht über die feinen Unterschiede in den Ansätzen hinwegtäuschen, die sich bei einer funktionalen Betrachtung einigermaßen unterschiedlich auf das Recht in seiner Rolle als sozialintegrativer Erwartungsstabilisator auswirken. Diesbezüglich wird bei einer rechtstheoretischen Bewertung der transformierten Rechtsentwürfe das Moment der Entscheidung zum Schlüsselelement. Bei einer funktionalen Betrachtung, konkret: Unter dem Aspekt der befriedenden Wirkung des Rechts, kann deshalb Agambens infantile Vision eines postsouveränen Rechts, mit dem nur noch gespielt wird, nicht überzeugen. Agamben, genauso wie Benjamin, vernachlässigt diesbezüglich das destruktive und sozialschädliche Potenzial gewalttätiger Konflikte. Dass es zu solchen in jeder Zivilisationsform kommen kann, beweisen in der Geschichte der Menschheit die zahlreichen Riten zu ihrer Auflösung. Dieser kulturanthropologischen Einsicht, nach welcher es den Gerichtsprozess gibt, um dem „Teufelskreis“[1202] privater Fehden vorzubeugen, verschließen sich nur Derrida und Menke nicht. Die Lücke, die dahingehend bei einer Abschaffung des Rechts bzw. infolge eines

1201 *Adorno*, Minima Moralia, S. 428.
1202 *Girard*, Das Heilige und die Gewalt, S. 29.

anderen Umgangs mit ihm entsteht, kann weder von einer Politik der reinen Mittel noch von den veränderten Subjektivierungseffekten des Spiels kompensiert werden, während keine Instanz mehr existiert, die die Beurteilung des Falles nötigenfalls zwangsweise an sich zu ziehen vermag, um im Wege einer autoritativen Entscheidung die Vergeltungsmaßnahmen zu kanalisieren und das Ausmaß der Gewalt abzumildern. Wie schon Benjamins, so lässt daher ebenfalls Agambens Entwurf einen Rückfall in mythische Gewaltverhältnisse erwarten. Unter systemtheoretischen Gesichtspunkten hat dann schließlich aber auch Menkes Selbstreflexion des Rechts enttäuscht, da die Verkomplizierung der Entscheidungsprozeduren das Recht weniger praktikabel macht. Derridas hermeneutischer Generalstreik erweist sich demgegenüber als gangbar, weil er für die Öffnung des Rechts zum Anderen die Form des Rechts unangetastet lässt und lediglich die Auslegung strapaziert. Im Gegensatz zu Menkes Modell nicht-rechtlicher Entscheidungen verschleiert der textbasierte hermeneutische Generalstreik die Einbeziehung des Außerrechtlichen, was die Entscheidungsfindung für die Gerichtsbarkeit nicht verkompliziert und das Enttäuschungsrisiko für externe Beobachter reduziert, weil es für sie nach wie vor so scheint, als wäre nur zwischen Recht und Unrecht unterschieden worden. Allerdings birgt auch die Öffnung des Rechts Risiken für die Autorität des Rechts. Was gleichfalls von Derrida vernachlässigt wird, ist die Gewährleistung eines Mechanismus, der die für das Gelingen performativer Urteilsakte notwendige Autorität stabilisiert.

D. Ausblick

Da trotz ihrer wichtigen kritischen Impulse keiner der hier vorgestellten Transformationsentwürfe – aus einer juristisch-pragmatischen Sicht – für sich allein überzeugen kann, soll abschließend der Versuch unternommen werden, auf Basis von Derridas Dekonstruktion des Rechts ein neues, verändertes Rechtssystem zu skizzieren, das den funktionalen Errungenschaften des herkömmlichen Rechts wie auch einer Annäherung an den Anderen gerecht werden könnte. Um diesen Anforderungen entsprechen zu können, muss es sich insoweit um einen positiven Rechtsentwurf handeln, der Erwartungsstabilität erzeugt, sozialintegrativ ist, als Medium der Konfliktlösung taugt und sich zugleich als hinreichend flexibel für die Öffnung der Normativität gegenüber dem Nichtrechtlichen erweist.

Anders als dies Agamben oder Menke meinen, bedarf es für die Approximation des Rechts an die Andersartigkeit des Anderen nicht eines anderen Gebrauchs des Rechts oder einer Paradoxierung der Entscheidungsprozedur. Vielmehr kann eine Depotenzierung der *Gewalt des Rechts* im Wege des hermeneutischen Generalstreiks gelingen, soweit gewisse Modifikationen auf institutioneller Ebene vorgenommen werden. Der Grundgedanke, der im Folgenden entfaltet wird, ist der, dass die Politisierung des Rechts nicht nur bei der Entscheidung ansetzen kann und darf, sondern primär auch die zur Entscheidung vorgesehenen Institutionen – die Gerichte – einbeziehen muss. Hierfür gilt es an die im Begriff des Gesetzes verschränkten Ideen – Autonomie und Demokratie[1203] – anzuknüpfen und an diesen auch die Organisation der Institution auszurichten, die über die Anwendung des Gesetzes im Streitfall zu entscheiden hat.

Den Ausgang dieser Überlegung bildet der Umstand, dass der institutionelle Rahmen der gegenwärtigen Rechtspraxis schließlich auf eine Harmonisierung der Gesetzesexegese getrimmt ist, was nicht zuletzt von der Denkfigur der Souveränität herrührt. Die hierarchisch-zentralisierte Organisation des gerichtlichen Instanzenzuges bewirkt jedenfalls eine Vormachtstellung der höchstrichterlichen Rechtsprechung in Fragen der Auslegung und Anwendung des Rechts gegenüber der Rechtsauffassung der Eingangsinstanzen und der Parteien. Denn mit der Möglichkeit der Kassation ist es Berufungs-, Revisions- und Beschwerdeinstanzen letztlich er-

1203 Vgl. dazu Kap. B.II., B.IV. und B.V.

laubt, die Rechtsauffassung der vorhergehenden Instanzen des Rechtswegs zu verwerfen. Darin erzeugt der Instanzenzug einen disziplinierenden Effekt, was sich darin zeigt, dass sich nur wenige Richter unterer Instanzen dem Risiko der Aufhebung ihrer Urteile aussetzten, da dies bei entsprechenden Ambitionen auch für die eigene Laufbahn nicht unbedingt von Vorteil ist, sofern eine eigensinnige Rechtsprechung zur massenweisen Beanstandung der Urteile führt. Demgegenüber beansprucht der hermeneutische Generalstreik eine gesteigerte Entscheidungsfreiheit des Spruchkörpers, um der Singularität des Falles weitestgehend entsprechen zu können. Diese kann folglich nur gewährleistet werden, wenn für das erkennende Gericht das Risiko minimiert wird, dass seine Urteile durch eine höhere Instanz aufgehoben werden.

Mit Blick auf den deutschen Instanzenzug und darüber hinaus auf die wirkungsreiche Rechtsprechungsgeschichte des Bundesverfassungsgerichts, das zwar nicht zum Instanzenzug gehört, dessen Urteile in Grundrechtssachen aber von vielen als politisches und judikatives Korrektiv empfunden werden, stellt sich allerdings die Frage, was an einem hierarchisch-zentralisierten Justizapparat verwerflich sein soll. Nicht selten bildet die hypothetische Option auf die Einlegung von Rechtsmitteln oder gar den „Gang nach Karlsruhe“ für eine in einen Prozess verwickelte Partei eine gewisse Sicherheit, sich gegen ungerechte, willkürliche und schlecht produzierte Urteile noch zur Wehr setzen zu können, was insgesamt für das Vertrauen in die Justiz förderlich ist. Wenn nun zugunsten der Freigabe der juristischen Hermeneutik, die nach einem weiten Entscheidungsspielraum des erkennenden Gerichts verlangt, das Angebot für ein neues Rechtssystem gemacht wird, in dem auf zusätzliche Instanzen verzichtet wird, muss insoweit auch die Gefahr ungerechter, willkürlicher und schlecht produzierter Urteilen mitbedacht werden.

Beiden Ansprüchen könnte dadurch entgegengekommen werden, dass zusätzlich zur Stimulation der Auslegungsbefugnisse die Gerichtsorganisation radikal verändert wird. Dafür wäre zunächst die Anzahl und die Kapazitäten der Gerichte auf kommunaler Ebene, d.h. dezentral innerhalb kleiner politisch-geographischer Verwaltungseinheiten, auszubauen.[1204] So

1204 Auch Loick beschäftigt sich in seiner Kritik mit Formen eines postsouveränen Rechts, wofür er an Habermas' Konzept der deliberativen Demokratie Anleihe nimmt und für einen Ausbau der Diskursarenen plädiert. Im Gegensatz zu dem hier skizzierten Entwurf ist dieses aber nicht mehr durch die Entscheidung und Gerichtsprozesse geprägt, deren Urteile nötigenfalls auch zwangsweise durchgesetzt werden können. Vgl. *Loick*, Kritik der Souveränität, S. 310-321.

ließe sich einerseits der Zugang zum Recht wie auch die Qualität des Verfahrens sachgemäß gestalten, indem mehr Raum zur Auslebung der Aporien der Gerechtigkeit geboten wird. Die Erweiterung personeller und sachlicher Kapazitäten in der Justiz machte sich diesbezüglich unverzüglich in der Beschaffenheit einzelner Verfahren bemerkbar, weil von ihr die Zeitkontingente abhängen, die für einen Prozess zur Verfügung stehen. Werden diese aufgestockt, vermehrten sich die Ressourcen, die für die Erörterung des Prozessstoffes und den Streit der Verfahrensbeteiligten über die Auslegung des entscheidungserheblichen Rechts zur Verfügung stehen. Infolge der Freisetzung der Rechtsprechung von der Leseordnung der höchstrichterlichen Rechtsprechung wären die Richter dann intensiver als bisher dazu gehalten, sich mit den im Prozess auf Grundlage des Gesetzes geäußerten Argumenten auseinandersetzen und sie in ihren Urteilen zu berücksichtigen. Die exzessive Exegese bildet hierbei den Boden und den Sinnhorizont für die Reflexion des Falles, wobei nicht nur die Sache und die Parteien, sondern auch der Spruchkörper in die Reflexion mit einbezogen werden. Dabei werden für den individuellen Streit die Friktionen in der Rechtsprechung anderer Gerichte zur unerschöpflichen Quelle für die Produktion von Anerkennungsansprüchen. Die volle Verantwortlichkeit der Richter für das Urteil verpflichtete sie gegenüber den Parteien auf eine verständigungsorientierte Sprache, die auf Konsens ausgelegt ist. Anstelle des Zugzwangs der höchstrichterlichen Rechtsprechung zu folgen, wären die zur Entscheidung Berufenen dahingehend stärker dem „eigentümlich zwanglosen Zwang des besseren Arguments“[1205] unterstellt. Für die Konsolidierung des Rechts als Institution kommt sohin der Explikation der Urteilsgründe eine gesteigerte Bedeutung zu. Wenn und soweit die Dissonanz das erklärte Ziel dieses neuen Rechts ist, müssen die Urteile ja in ihren Begründungen performative Kräfte entfalten, um dem Recht und den in seinen Urteilen zum Ausdruck kommenden Anerkennungsverhältnissen die nötige Autorität zu vermitteln, damit die Entscheidung von den Parteien nicht als rein willkürlicher Akt erfahren wird. Anders als man dies vielleicht meinen könnte, kann dem bei einer Freigabe der Exegese mehr noch entsprochen werden, weil hiernach das Gericht die Besonderheiten der Situation in der Entscheidung in einem größeren Umfang zu reflektieren vermag. Im Ergebnis lässt all das vermehrt auf Resonanz zwischen der Entscheidung und den Parteien, die sich in der Entscheidung wiederfinden, hoffen. Soweit sich eine solche einstellt, verspricht dies eine

---

1205 *Habermas*, Handlungsrationalität und gesellschaftliche Rationalisierung, S. 52 f.

gesteigerte Akzeptanz und Umsetzungsbereitschaft der Rechtsunterworfenen, wodurch das Recht wiederum in seiner Existenz gefestigt wird.[1206]

Natürlich sind mit der Freigabe der Normativität zu ihrer weitgreifenden Auslegung desintegrative Tendenzen verbunden und zu erwarten, da mit der Verkomplizierung des Prozessstoffs, ebenso für Außenstehende, dessen kognitive Nachvollziehbarkeit abnimmt. Die Konzentration der Rechtsprechung auf die Eingangsinstanzen bezweckt schlussendlich, eine vielstimmige Gesetzesexegese zu erzeugen. Auf längere Sicht werden hiernach Urteile wahrscheinlich, die wenigstens nicht im Einklang mit, wenn nicht sogar in Widerspruch zu den Programmen des Gesetzgebers stehen, die dieser bei Erlass der dem Urteil zugrunde liegenden Normen verfolgt hat. Ausgehend von den klassisch-aufklärerischen Demokratietheorien litten derartige Rechtsakte, in sachlicher Hinsicht, verstärkt an einer defizienten demokratischen Legitimation.

Dieses Legitimationsdefizit wie auch die desintegrativen Tendenzen ließen sich jedoch dadurch auffangen, das die Auswahl der (Berufs-)Richter, die die Spruchkörper besetzen, über eine lokal organisierte öffentliche Wahl demokratisiert und periodisiert wird. Die allgemeine, freie, gleiche und geheime Wahl der entscheidungsberufenen Richter samt ihrer unmittelbaren Verantwortlichkeit gegenüber dem Legitimationssubjekt gliche dann das sachlich-inhaltliche Legitimationsdefizit in personeller Hinsicht aus. Zugleich wäre ein Mindestmaß öffentlicher Einflussnahme auf die Entscheidung gewahrt. Die Symbolik, die der Wahl der Richter als politischer Akt beigestellt ist, würde zudem die Rechtsunterworfenen normativ unmittelbar in die Rechtsprechung der Gerichtsbarkeit integrieren. Falls danach also zwei Gerichte bei der Bewertung ähnlicher Sach- und Rechtslagen zu unterschiedlichen Ergebnissen kommen, rechtfertigen sich die Dissonanzen, neben der Einzigartigkeit der Situationen, auch durch den Wahlgang anlässlich der Amtsperiode der zur Entscheidung bestellten Richter. Die Wahl der Richter würde so gesehen auch den von Menke beklagten Abstand zwischen dem Recht und seinen Adressaten verringern, der infolge seiner Autonomisierung entstanden ist. Zudem betont die Wahl die für die Konfliktlösung notwendige Symbolik, die dem hierarchisch-kratischen Gefälle zwischen Richter und Parteien beigestellt ist, wobei sie das Herrschaftsgefälle durch den Wahlgang offensichtlich macht.

1206 Schon *Luhmann*, Legitimation durch Verfahren, S. 115, weist darauf hin, dass die Erörterung von Rechtsproblemen innerhalb einer Verhandlung die Entscheidung entlastet.

Für sich genommen reicht die Demokratisierung der Wahl der Richter aber noch nicht aus, um der Exklusionsmechanismen, zu der die *Gewalt des Rechts* neigt, Herr zu werden. Typischerweise spiegeln sich in den Ergebnissen politischer Wahlen die sozialen Machtverhältnisse einzelner gesellschaftlicher Gruppen wider. Gerade dem Schutz von Minderheiten in politisch und sozial heterogenen Gesellschaften, dem im gegenwärtigen System durch einen starken Rechtsstaatsbegriff im Sinne einer konservativen Exegese und den Instanzenzug beigekommen wird, würde die lokale Wahl der Richter und die Freigabe der Auslegung einen Bärendienst erweisen. Um einen Abfall des Minderheitenschutzes organisatorisch zu verhindern, lassen sich für die Besetzung der Gerichtsbarkeiten jedoch zwei Ansätze aus der Arbeitsgerichtsbarkeit und der Schiedsgerichtsbarkeit produktiv machen, mit denen jeweils auf ähnliche Problemlagen reagiert worden ist. Auch im Arbeitsrecht hat man es genuin mit einem Machtgefälle zwischen Arbeitgeber und Arbeitnehmer zu tun. Um dieses auszugleichen, sind bereits die Arbeitsgerichte in Kammern organisiert, die aus einem Berufsrichter und zwei ehrenamtlichen Richtern aus Kreisen der Arbeitnehmer und der Arbeitgeber bestehen.[1207] In der Schiedsgerichtsbarkeit ist die Ausgangslage etwas anders. Hier soll in Anbetracht der Urteilsfindung stärker der Autonomie der Parteien entsprochen werden. Aus diesem Grund werden bei ihr wiederum der oder die Richter von den Parteien bestimmt bzw. einigen sich die von den Parteien bestimmten Richter auf einen dritten. Diese Ansätze lassen sich ohne Weiteres mit der hier skizzierten Idee einer Demokratisierung der Gerichtsbarkeit kombinieren. Für ein Rechtssystem also, das die größtmögliche Entfaltung des hermeneutischen Generalstreiks erlaubt und den Minderheitenschutz ernst nimmt, könnten die Spruchkörper so organisiert werden, dass sie aus Kammern zu je drei Richtern bestehen, wobei einer aus einer politischen demokratischen Wahl hervorgeht und die beiden anderen jeweils der individuellen Auswahl der Parteien überlassen bleiben. Danach erhielten selbst Vertreter marginalisierter Gruppen Einfluss auf die Besetzung des Gerichts. Zugleich spricht durch das demokratisch legitimierte positive Gesetz und durch den demokratisch legitimierten Richter die politische Gemeinschaft, der alle Verfahrensbeteiligten angehören. Ebenso wäre zumindest im Ansatz der Einfluss des öffentlichen Interesses über das Gesetz, welches den Leitfaden für die Entscheidung bildet, gewahrt. Andererseits gäbe die Besetzung des Gerichts mit drei Richtern, von denen einer aus einer allgemeinen Wahl und die anderen beiden aus der individuellen

1207 Vgl. *Junker*, Grundkurs Arbeitsrecht, § 12. Vgl. auch § 16 Abs. 2 ArbGG.

Wahl der Parteien hervorgingen, den Parteien etwas Autonomie zurück. Letzten Endes würde die Besetzung des Gerichts eine Heterogenität erzeugen, die seine Entscheidung trotz der parteilichen Besetzung unvorhersehbar machte. Es bliebe bei der für die Motivation zum und die Legitimation des Verfahrens notwendigen Ungewissheit.[1208]

Die wichtige Funktion des Rechts, die Erzeugung von Erwartungsstabilität, wird in diesem neuen Recht weiterhin über seine textuelle Verfasstheit generiert und garantiert, zumal seinen Urteilen, wenn nötig, auch zwangsweise Vorschub geleistet werden darf. Es ist daher eher nicht davon auszugehen, dass die Freigabe seiner Auslegung in Desorientierung und Chaos mündet. Der Gesetzestext bleibt bestehen und fungiert selbstredend als Leitfaden zur Verhaltensausrichtung. Zur wirklichen Existenz des Rechts gehört jedenfalls auch sein spezifisch subjektives Verständnis oder, wie es Hegel sagt, die „Gewohnheit"[1209] an es. Die überkommenen Differenzierungszusammenhänge in den Spuren des Rechtstextes wiederholen sich ebenso in den Subjekten des Rechts. De facto werden denkbare oder mögliche Sinnzusammenhänge von aktuellen Erfahrungs-, Wissens- und Erwartungshorizonten seiner Exegeten determiniert. Deshalb nimmt es immer eine gewisse Zeit in Anspruch, bis überkommene Differenzierungen durch neue Sinnzusammenhänge, die zu einem hegemonialen Weltbild geronnen sind, abgelöst werden. Aus diesem Grund ist es mehr als unwahrscheinlich, dass einzelne Rechtsinstitute von einem Tag auf den anderen verschwinden, weil sie allgemein Akzeptanz genießen oder zumindest, weil man sie gewohnt ist und sich gegenwärtig ohne sie keinen anderen Verlauf der Dinge vorstellen kann. Parallel dazu würden sich die mit der Vielstimmigkeit der Ausdeutung einhergehenden Dissonanzen als bremsender Faktor erweisen, da sich neue Deutungsversuche immer einer Rechtfertigung anhand bestehender Kriterien unterziehen müssen. Diese Trägheit des Sinns verlangsamt die Saturierung progressiver wie auch reaktionärer Deutungsversuche. Für ein Subjekt, das das Recht konsultiert, bedeutet dies, dass es seine Handlungen an der Rechtspraxis seiner Zeit ausrichten kann, da mit ziemlicher Sicherheit die Praxis dem allgemeinen Verständnis entspricht.

Demgegenüber würde mit der Diversifizierung der Auslegungsbefugnisse das heteronome Moment in der Gewohnheit schwächer werden, da der Zugriff und die Macht, auf das Auslegungsergebnis Einfluss zu nehmen zu können, demokratisiert wird.

1208 Vgl. *Luhmann*, Legitimation durch Verfahren, S. 116.
1209 *Hegel*, Grundlinien der Philosophie des Rechts, § 268 Z.

Was jedoch mit der Freigabe der Auslegung abgeschafft wird, was allerdings nicht mit der ureigentlichen Funktion von Erwartungsstabilität verwechselt werden darf, ist der Effekt über das Recht, eine gesellschaftliche Homogenisierung zu erzeugen.[1210] Auch wenn soeben mit der „Gewohnheit“, die ein Subjekt mit dem Recht zu haben pflegt, eine Tendenz zur Begrenzung des Vermögens durch das Recht hervorgehoben wurde[1211], wird diese Tendenz des Rechts, das Entfaltungsspektrum des Subjekts zu begrenzen, im Wege des hermeneutischen Generalstreiks – verglichen mit dem herkömmlichen Recht – aufgelockert. Der hermeneutische Generalstreik gibt während des Prozesses der Artikulation von Subjektformen und ihrer Anerkennung vor dem Recht Raum. Im Wege der Öffnung des Rechts erfährt die Diversifizierung potenziell annehmbarer Subjektformen praktisch eine Beschleunigung.

Damit schöpft das Recht aus seiner Veranlagung die Kraft, die für seinen konsequenten Dienst am lebendigen Menschen von Nöten wäre. Nur wenn das Recht die eigenen Auswirkungen mit in die Grundfesten seiner Praxis einbezieht, wird ein Vollzug seiner Gewalt möglich, der es von seinen ungerechtfertigten Läsionen emanzipiert.

1210 In eine ähnliche Richtung, wie sie hier vorgeschlagen wird, geht auch *Augsberg*, Law and Literature 2010, S. 369. Augsberg intendiert das Recht als Text zu begreifen, den es multiperspektivisch auszulegen gilt.

1211 Vgl. Loick, der Hegels Ausführungen zur Gewohnheit negativ als Resultat juridischer Subjektivierung deutet: *Loick*, Juridismus, S. 337.

Danksagung

Die Anfertigung dieser Promotionsschrift wäre nicht ohne die Hilfe Anderer möglich gewesen. Ihnen möchte ich meinen Dank aussprechen.

Mein Dank gilt zunächst Herrn Prof. Dr. Pauly, meinem Doktorvater, für die Betreuung dieser Arbeit, die freundliche Hilfe und die kritischen Anregungen zu meinen Textentwürfen, die mir einen Zugang zu dieser Thematik eröffneten. Die Diskussionen während des universitären rechtsphilosophischen Seminars, zu dem ich eingeladen war, meine Arbeit vorzustellen, werden mir als bereichernder und konstruktiver Austausch in Erinnerung bleiben. Ich habe unsere Telefonate stets als Ermutigung und Motivation empfunden.

Ich danke Herrn Prof. Dr. Seifert für die wissenschaftliche Betreuung als Zweitgutachter.

Ferner möchte ich Frau Isabelle Kutting, meiner Mitdoktorandin, meinen Dank aussprechen. Die zahlreichen Gespräche auf intellektueller und persönlicher Ebene boten mir gerade in der Anfangsphase der Promotion Halt und Orientierung.

Des Weiteren danke ich den Teilnehmerinnen und Teilnehmern des Workshops „Übersetzungen von Gewalt“ zu Walter Benjamins „Zur Kritik der Gewalt“ vom 12. Juli 2019 im Centre Marc Bloch in Berlin. Aus der Diskussion mit den Referentinnen und Referenten Nicos Tzanakis Papadakis, Tom Vandeputte, Alexandra Richter und Sami Khatib erwuchsen viele Einsichten zu Benjamins Essay.

Mein außerordentlicher Dank gilt Frau Dr. Barbara Bushart, Frau Neela Janssen und Herrn Heinrich Schuhmann-Orth für die Durchsicht des Manuskripts und die kritischen Einwände. Ich weiß die mühevolle Geduld, die dafür aufgewandt wurde, als eine Gabe der Freundschaft zu schätzen.

Meinen Eltern, Monika Kalthöner und Walter Müller-Kalthöner und meiner Großmutter, Johanna Schumann, die mir meinen bisherigen Lebensweg ermöglichten und mich unentwegt moralisch unterstützten, bin ich zu tiefem Dank verpflichtet.

Widmen möchte ich diese Arbeit Veronica, die mich bei meinen unendlich vielen Rückfragen mit klugen Ratschlägen unterstützte und mir über all die Jahre in beschwerlicher wie auch produktiver Zeit Liebe, Trost und Zuversicht schenkte.

Literaturverzeichnis

Adorno, Theodor W.: Minima Moralia. Reflexionen aus dem beschädigten Leben, Frankfurt am Main 2001

Adorno, Theodor W.: Negative Dialektik. Jargon der Eigentlichkeit, 7. Aufl., Frankfurt am Main 2015

Agamben, Giorgio: In diesem Exil. Italienisches Tagebuch 1992-1994, in: ders.: Mittel ohne Zweck. Noten zur Politik, Freiburg 2001, S. 115-132

Agamben, Giorgio: Jenseits der Menschenrechte, in: ders.: Mittel ohne Zweck. Noten zur Politik, Freiburg 2001.

Agamben, Giorgio: Lebens-Form, in: ders.: Mittel ohne Zweck. Noten zur Politik, Freiburg 2001, S. 13-20

Agamben, Giorgio: Noten zur Geste, in: ders.: Mittel ohne Zweck. Noten zur Politik, Freiburg 2001, S. 53-62

Agamben, Giorgio: Was ist ein Lager?, in: ders.: Mittel ohne Zweck. Noten zur Politik, Freiburg 2001, S. 43-49

Agamben, Giorgio: Idee der Prosa, Frankfurt am Main 2003

Agamben, Giorgio: Was von Auschwitz bleibt. Das Archiv und der Zeuge, Frankfurt am Main 2003

Agamben, Giorgio: Ausnahmezustand, 6. Aufl., Frankfurt am Main 2004

Agamben, Giorgio: Profanierungen, Frankfurt am Main 2005

Agamben, Giorgio: Die Zeit, die bleibt. Ein Kommentar zum Römerbrief, Frankfurt am Main 2006

Agamben, Giorgio: Das Sakrament der Sprache. Eine Archäologie des Eides, Berlin 2010

Agamben, Giorgio: Der Messias und der Souverän, in: ders.: Die Macht des Denkens. Gesammelte Essays, Frankfurt am Main 2013, S. 287-310

Agamben, Giorgio: Homo sacer. Die souveräne Macht und das nackte Leben, 10. Aufl., Frankfurt am Main 2015

Alexy, Robert: Theorie der Grundrechte, Frankfurt am Main 1986

Arendt, Hannah: Elemente und Ursprünge totaler Herrschaft. Antisemitismus, Imperialismus, Totalitarismus, 9. Aufl., München 2003

Arendt, Hannah: Macht und Gewalt, 24. Aufl., München 2014

Arendt, Hannah: Über die Revolution, 7. Aufl., München u.a. 2019

Aristoteles: Rhetorik, Stuttgart 2007

Aristoteles: Lehre vom Satz, Hamburg 2012

Aristoteles: Nikomachische Ethik, Hamburg 2012

Aristoteles: Politik, Hamburg 2012

Augsberg, Ino: Reading Law: On Law as a Textual Phenomenon, Law and Literature (2010), S. 369-393

Austin, John L.: How to do things with words, Oxford 1962

Austin, John L.: „Performative und konstatierende Äußerungen", in: Sprache und Analysis. Texte zur englischen Philosophie der Gegenwart, Hg. Bubner, Rüdiger, Göttingen 1968, S. 140-153

Austin, John L.: Zur Theorie der Sprechakte. (How to do things with words), Stuttgart 2014

Baecker, Dirk: Einleitung, in: Probleme der Form, Hg. ders., Frankfurt am Main 1993, S. 9-21

Baecker, Dirk: Im Tunnel, in: Kalkül der Form, Hg. ders., Frankfurt am Main 1993, S. 12-37

Baratella, Nils/Rücker, Sven: Gewalt: essentialistisch, demokratisch, theologisch. Zu den Gewaltbegriffen von Carl Schmitt, Hannah Arendt und Walter Benjamin, in: Walter Benjamin. Politisches Denken, Hg. Blättler, Christine/Voller, Christian, Baden-Baden 2016, S. 177-192

Bauman, Zygmunt: Retrotopia, 2. Aufl., Berlin 2018

Benjamin, Walter: Anmerkungen zu: Über den Begriff der Geschichte, in: ders.: Gesammelte Schriften, GS I.3, Hg. Tiedemann, Rolf/Schweppenhäuser, Hermann/Adorno, Theodor W. u. a., Frankfurt am Main 1991, S. 1223-1266

Benjamin, Walter: Das Kunstwerk im Zeitalter seiner technischen Reproduzierbarkeit, in: ders.: Gesammelte Schriften, GS I.2, Hg. Tiedemann, Rolf/Schweppenhäuser, Hermann/Adorno, Theodor W. u. a., Frankfurt am Main 1991, S. 471-508

Benjamin, Walter: Die Aufgabe des Übersetzers, in: ders.: Gesammelte Schriften, GS IV.1, Hg. Tiedemann, Rolf/Schweppenhäuser, Hermann/Adorno, Theodor W. u. a., Frankfurt am Main 1991, S. 9-21

Benjamin, Walter: Fragment 65, in: ders.: Gesammelte Schriften, GS VI, Hg. Tiedemann, Rolf/Schweppenhäuser, Hermann/Adorno, Theodor W. u. a., Frankfurt am Main 1991, S. 91-93

Benjamin, Walter: Franz Kafka, in: ders.: Gesammelte Schriften, GS II.2, Hg. Tiedemann, Rolf/Schweppenhäuser, Hermann/Adorno, Theodor W. u. a., Frankfurt am Main 1991, S. 409-438

Benjamin, Walter: Kapitalismus als Religion, in: ders.: Gesammelte Schriften, GS VI, Hg. Tiedemann, Rolf/Schweppenhäuser, Hermann/Adorno, Theodor W. u. a., Frankfurt am Main 1991, S. 99-103

Benjamin, Walter: Nachtrag zu: Das Kunstwerk im Zeitalter seiner technischen Reproduzierbarkeit, in: ders.: Gesammelte Schriften, GS. VII.1, Hg. Tiedemann, Rolf/Schweppenhäuser, Hermann/Adorno, Theodor W. u. a., Frankfurt am Main 1991, S. 350-384

Benjamin, Walter: Schicksal und Charakter, in: ders.: Gesammelte Schriften, GS II.1, Hg. Tiedemann, Rolf/Schweppenhäuser, Hermann/Adorno, Theodor W. u. a., Frankfurt am Main 1991, S. 171-179

Benjamin, Walter: Theologisch-politisches Fragment, in: ders.: Gesammelte Schriften, GS II.1, Hg. Tiedemann, Rolf/Schweppenhäuser, Hermann/Adorno, Theodor W. u. a., Frankfurt am Main 1991, S. 203-204

Benjamin, Walter: Über das Programm der kommenden Philosophie, in: ders.: Gesammelte Schriften, GS II.1, Hg. Tiedemann, Rolf/Schweppenhäuser, Hermann/Adorno, Theodor W. u. a., Frankfurt am Main 1991, S. 157-171

Benjamin, Walter: Über den Begriff der Geschichte, in: ders.: Gesammelte Schriften, GS I.2, Hg. Tiedemann, Rolf/Schweppenhäuser, Hermann/Adorno, Theodor W. u. a., Frankfurt am Main 1991, S. 691-704

Benjamin, Walter: Über Sprache überhaupt und die Sprache des Menschen, in: ders.: Gesammelte Schriften, GS II.1, Hg. Tiedemann, Rolf/Schweppenhäuser, Hermann/Adorno, Theodor W. u. a., Frankfurt am Main 1991, S. 140-157

Benjamin, Walter: Welt und Zeit, in: ders.: Gesammelte Schriften, GS VI, Hg. Tiedemann, Rolf/Schweppenhäuser, Hermann/Adorno, Theodor W. u. a., Frankfurt am Main 1991, S. 98-99

Benjamin, Walter: Zentralpark, in: ders.: Gesammelte Schriften, GS I.2, Hg. Tiedemann, Rolf/Schweppenhäuser, Hermann/Adorno, Theodor W. u. a., Frankfurt am Main 1991, S. 655-690

Benjamin, Walter: Zur Kritik der Gewalt, in: ders.: Gesammelte Schriften, GS II.1, Hg. Tiedemann, Rolf/Schweppenhäuser, Hermann/Adorno, Theodor W. u. a., Frankfurt am Main 1991, S. 179-203

Benjamin, Walter: Gesammelte Briefe, in: ders.: Gesammelte Briefe, Bd. 1, Hg. Gödde, Christoph/Lonitz, Henri, Frankfurt am Main 1995.

Benjamin, Walter: Gesammelte Briefe, in: ders.: Gesammelte Briefe, Bd. 2, Hg. Gödde, Christoph/Lonitz, Henri, Frankfurt am Main 1995.

Benjamin, Walter: Gesammelte Briefe, in: ders.: Gesammelte Briefe, Bd. 3, Hg. Gödde, Christoph/Lonitz, Henri, Frankfurt am Main 1995.

Berghaus, Margot: Luhmann leicht gemacht. Eine Einführung in die Systemtheorie, 3. Aufl., Köln u.a. 2011

Bertram, Georg W.: Die Dekonstruktion der Normen und die Normen der Dekonstruktion, in: Philosophie der Dekonstruktion. Zum Verhältnis von Normativität und Praxis, Hg. Kern, Andrea/Menke, Christoph, 2. Aufl., Frankfurt am Main 2016, S. 289-310

Besemer, Christoph: Mediation. Die Kunst der Vermittlung in Konflikten, Karlsruhe 2009

Böckenförde, Ernst-Wolfgang: Die Würde des Menschen war unantastbar, FAZ (03.09.2003), https://www.faz.net/aktuell/feuilleton/debatten/praeimplantations diagnostik-einspruch-im-namen-der-menschenwuerde-16020.html (besucht am 22.06.2021)

Böckenförde, Ernst-Wolfgang: Demokratie als Verfassungsprinzip, in: Handbuch des Staatsrechts der Bundesrepublik Deutschland, HStR Bd. II, Hg. Isensee, Josef/Badura, Peter/Achterberg, Norbert u. a., 3. Aufl., Heidelberg 2004, § 24

Böckenförde, Ernst-Wolfgang: Recht, Staat, Freiheit. Studien zur Rechtsphilosophie, Staatstheorie und Verfassungsgeschichte, Frankfurt am Main 2006

Bollack, Jean/Sophokles: Sophokles König Ödipus, Frankfurt am Main u.a. 1994

Bredekamp, Horst: Von Walter Benjamin zu Carl Schmitt, via Thomas Hobbes, DZPhil (1998), S. 901-916

Breidenbach, Stephan: Mediation – Komplementäre Konfliktbehandlung durch Vermittlung, in: Mediation für Juristen. Konfliktbehandlung ohne gerichtliche Entscheidung, Hg. Breidenbach, Stephan/Henssler, Martin, Köln 1997, S. 1-11

Brumlik, Micha: Zwischen Schmitt und Benjamin – Giorgio Agambens Kommentar zum Römerbrief, in: Der Nomos der Moderne. Die politische Philosophie Giorgio Agambens, Hg. Loick, Daniel, Baden-Baden 2011, S. 90-102

Bushart, Barbara: Integrität und Verantwortung. Hannah Arendts Konzept der Rechtspersonalität und die Zerstörung der Person im Nationalsozialismus, Bielefeld 2019

Butler, Judith: Paradoxien der Subjektivation. Zur Psyche der Macht, in: Paradoxien der Autonomie, Hg. Khurana, Thomas/Menke, Christoph, Berlin 2011, S. 113-147

Cover, Robert M.: The Supreme Court, 1982 Term -- Foreword: Nomos and Narrative, Yale Law School Legal Scholarship Repository (1983), S. 4-68

Deleuze, Gilles: Woran erkennt man den Strukturalismus?, Berlin 1992

Derrida, Jacques: Die Struktur, das Zeichen und das Spiel im Diskurs der Wissenschaften vom Menschen, in: ders.: Die Schrift und die Differenz, Frankfurt am Main 1976, S. 422-442

Derrida, Jacques: Gewalt und Metaphysik. Essay über das Denken Emmanuel Levinas, in: ders.: Die Schrift und die Differenz, Frankfurt am Main 1976, S. 121-235

Derrida, Jacques: Falschgeld. Zeit geben I, München 1993

Derrida, Jacques: Den Tod geben, in: Gewalt und Gerechtigkeit. Derrida - Benjamin, Hg. Haverkamp, Anselm, Frankfurt am Main 1994, S. 331-445

Derrida, Jacques: Gesetzeskraft. Der „mystische Grund der Autorität“, Frankfurt am Main 1996

Derrida, Jacques: Aporien. Sterben - auf die „Grenzen der Wahrheit“ gefasst sein, München 1998

Derrida, Jacques: Die Différance, in: ders.: Randgänge der Philosophie, Hg. Engelmann, Peter, 2. Aufl., Wien 1999, S. 31-56

Derrida, Jacques: Die Form und das Bedeuten. Bemerkungen zur Phänomenologie der Sprache, in: ders.: Randgänge der Philosophie, Hg. Engelmann, Peter, 2. Aufl., Wien 1999, S. 177-194

Derrida, Jacques: Signatur Ereignis Kontext, in: ders.: Randgänge der Philosophie, Hg. Engelmann, Peter, 2. Aufl., Wien 1999, S. 325-351

Derrida, Jacques: Limited Inc a b c . . ., in: ders.: Limited Inc, Hg. Engelmann, Peter, Wien 2001, S. 53-168

Derrida, Jacques: Politik der Freundschaft, Frankfurt am Main 2002

Derrida, Jacques: Die Stimme und das Phänomen. Einführung in das Problem des Zeichens in der Phänomenologie Husserls, Frankfurt am Main 2003

Derrida, Jacques: Marx & Sons, Frankfurt am Main 2004

Derrida, Jacques: Schurken. Zwei Essays über die Vernunft, Frankfurt am Main 2006

Derrida, Jacques: Unabhängigkeitserklärungen, in: Performanz. Zwischen Sprachphilosophie und Kulturwissenschaften, Hg. Wirth, Uwe, 6. Aufl., Frankfurt am Main 2015, S. 121-128

Derrida, Jacques: Grammatologie, 13. Aufl., Frankfurt am Main 2016

Derrida, Jacques: Marx' Gespenster. Der Staat der Schuld, die Trauerarbeit und die neue Internationale, 5. Aufl., Frankfurt am Main 2016

Derrida, Jacques: Préjugés. Vor dem Gesetz, 5. Aufl., Wien 2017

Dreier, Horst: Grundrechtsrepublik Weimar, in: Das Wagnis der Demokratie. Eine Anatomie der Weimarer Reichsverfassung, Hg. Dreier, Horst/Waldhoff, Christian, München 2018, S. 175-194

Durkheim, Emile: Physik der Sitten und des Rechts. Vorlesungen zur Soziologie der Moral, Hg. Müller, Hans-Peter, Frankfurt am Main 1999

Esposito, Elena: Stichwort „Code“, in: GLU. Glossar zu Niklas Luhmanns Theorie sozialer Systeme, Hg. Baraldi, Claudio/Corsi, Giancarlo/Esposito, Elena, 2. Aufl., Frankfurt am Main 1998, S. 33-37

Fenves, Peter: „Über das Programm der kommenden Philosophie“, in: Benjamin-Handbuch. Leben - Werk - Wirkung, Hg. Lindner, Burkhardt, Stuttgart u.a. 2011, S. 134-150

Feuerbach, Paul Johann Anselm: Lehrbuch des gemeinen in Deutschland gültigen peinlichen Rechts, 5. Aufl., Giessen 1812

Fischer, Christian: Vertragsbeziehungen in der Mediation, in: Handbuch Mediation, Hg. Haft, Fritjof/Schlieffen, Katharina von, 3. Aufl., München 2016, § 25

Folkers, Horst: Recht und Politik im Werke Benjamins, in: Global Benjamin. Internationaler Walter-Benjamin-Kongreß 1992, Bd. 3, Hg. Garber, Klaus/Rehm, Ludger, München 1999, S. 1724-1748

Foucault, Michel: Dispositive der Macht. Über Sexualität, Wissen und Wahrheit, Berlin 1978

Foucault, Michel: Sexualität und Wahrheit II. Der Gebrauch der Lüste, Frankfurt am Main 1986

Foucault, Michel: Überwachen und Strafen. Die Geburt des Gefängnisses, Frankfurt am Main 1994

Foucault, Michel: In Verteidigung der Gesellschaft. Vorlesungen am Collège de France (1975 - 76), Frankfurt am Main 1999

Foucault, Michel: Die Geburt der Biopolitik. Geschichte der Gouvernementalität II. Vorlesung am Collège de France, 1978-1979, Hg. Sennelart, Michel, Frankfurt am Main 2006

Frankenberg, Günter: Partisanen der Rechtskritik: Critical Legal Studies etc., in: Neue Theorien des Rechts, Hg. Buckel, Sonja/Christensen, Ralph/Fischer-Lescano, Andreas, 3. Aufl., Stuttgart u.a. 2020, S. 171-187

Geulen, Eva: Giorgio Agamben zur Einführung, Hamburg 2005

Gierke, Otto: Natural law and the theory of society. 1500 to 1800, Cambridge 1934

Girard, René: Das Heilige und die Gewalt, Düsseldorf 2006

Glaserfeld, Ernst von: Einführung in den radikalen Konstruktivismus, in: Die erfundene Wirklichkeit. Wie wissen wir, was wir zu wissen glauben?; Beiträge zum Konstruktivismus, Hg. Watzlawick, Paul, 7. Aufl., München 1991, S. 16-38

Götz, Volkmar: Allgemeines Polizei- und Ordnungsrecht. Ein Studienbuch, 15. Aufl., München 2013

Habermas, Jürgen: Der philosophische Diskurs der Moderne. Zwölf Vorlesungen, Frankfurt am Main 1988

Habermas, Jürgen: Faktizität und Geltung. Beiträge zur Diskurstheorie des Rechts und des demokratischen Rechtsstaats, 5. Aufl., Frankfurt am Main 2014

Habermas, Jürgen: Handlungsrationalität und gesellschaftliche Rationalisierung, Frankfurt am Main 2014

Hamacher, Werner: Afformativ, Streik, in: Was heißt „Darstellen"?, Hg. Hart Nibbrig, Christiaan L., Frankfurt am Main 1994, S. 340-371

Hamacher, Werner: Schuldgeschichte. Benjamins Skizze »Kapitalismus als Religion«, in: Kapitalismus als Religion, Hg. Baecker, Dirk, Berlin 2003, S. 77-119

Handelman, Susan: Jacques Derrida and the Heretic Hermeneutic, in: Displacement. Derrida and after, Hg. Krupnick, Mark, Bloomington 1983, S. 98-129

Hart, H. L. A.: Der Begriff des Rechts. Mit dem Postskriptum von 1994 und einem Nachwort von Christoph Möllers, Berlin 2011

Hartung, Günter: Der Mythos in Benjamins Philosophie, in: Global Benjamin. Internationaler Walter-Benjamin-Kongreß 1992, Bd. 1, Hg. Garber, Klaus/Rehm, Ludger, München 1999, S. 56-72

Hegel, Georg Wilhelm Friedrich: Grundlinien der Philosophie des Rechts. Mit Hegels eigenhändigen Notizen und den mündlichen Zusätzen, Hg. Moldenhauer, Eva; Michel, Karl, Frankfurt am Main 1986

Hegel, Georg Wilhelm Friedrich: Vorlesungen über die Philosophie der Geschichte, Hg. Moldenhauer, Eva; Michel, Karl, 2. Aufl., Frankfurt am Main 1989

Hegel, Georg Wilhelm Friedrich: Enzyklopädie der philosophischen Wissenschaften im Grundrisse. 1830. Teil 3. Die Philosophie des Geistes: mit den mündlichen Zusätzen, Hg. Moldenhauer, Eva; Michel, Karl, 3. Aufl., Frankfurt am Main 1995

Hegel, Georg Wilhelm Friedrich: Phänomenologie des Geistes, Hg. Moldenhauer, Eva; Michel, Karl, 13. Aufl., Frankfurt am Main 2014

Hehn, Marcus: Entwicklung und Stand der Mediation – ein historischer Überblick, in: Handbuch Mediation, Hg. Haft, Fritjof/Schlieffen, Katharina von, 3. Aufl., München 2016, § 2

Heidegger, Martin: Sein und Zeit, 11. Aufl., Tübingen 1967

Heidegger, Martin: Der Spruch des Anaximander, in: ders.: Holzwege, Hg. Herrmann, Friedrich-Wilhelm von, Frankfurt am Main 1977, S. 321-373

Hensel, Isabell: Klangpotentiale: Eine Annäherung an das Rauschen des Rechts, in: Politische Rechtstheorie Revisited. Rudolf Wiethölter zum 100. Semester, Hg. Joerges, Christian/Zumbansen, Peer, Bremen 2013, S. 69-99

Hirsch, Alfred: Recht auf Gewalt? Spuren philosophischer Gewaltrechtfertigung nach Hobbes, München 2004

Hobbes, Thomas: Leviathan, Hg. Klenner, Hermann, Hamburg 1996

Hölscher, Thomas: Niklas Luhmanns Systemtheorie, in: George Spencer Brown. Eine Einführung in die „Laws of Form“, Hg. Schönwälder-Kuntze, Tatjana/Hölscher, Thomas/Wille, Katrin, 2. Aufl., Wiesbaden 2009, S. 257-272

Honneth, Axel: Gerechtigkeitstheorie als Gesellschaftsanalyse. Überlegungen im Anschluss an Hegel, in: Axel Honneth. Gerechtigkeit und Gesellschaft; Potsdamer Seminar, Hg. Menke, Christoph/Rebentisch, Juliane/Honneth, Axel, Berlin 2008, S. 11-29

Honneth, Axel: „Zur Kritik der Gewalt“, in: Benjamin-Handbuch. Leben - Werk - Wirkung, Hg. Lindner, Burkhardt, Sonderausgabe, Stuttgart, Weimar 2011, S. 193-210

Honneth, Axel: Die Normativität der Sittlichkeit. Hegels Lehre als Alternative zur Ethik Kants, DZPhil (2014), S. 787-800

Horkheimer, Max/Adorno, Theodor W.: Dialektik der Aufklärung. Philosophische Fragmente, 22. Aufl., Frankfurt am Main 2016

Horn, Eva/Menke, Bettine/Menke, Christoph: Einleitung, in Literatur als Philosophie – Philosophie als Literatur, Hg. dies. München 2006, S. 7-14

Hösle, Vittorio: Hegels System. Der Idealismus der Subjektivität und das Problem der Intersubjektivität, Ungekürzte Studienausgabe, Hamburg 1988

Jhering, Rudolf von: Der Zweck im Recht, Leipzig 1877

Jhering, Rudolf von: Geist des römischen Rechts auf den verschiedenen Stufen seiner Entwicklung, Dritter Teil, 5. Aufl., Leipzig 1906

Junker, Abbo: Grundkurs Arbeitsrecht, 19. Aufl., München 2020

Kafka, Franz: Der Prozess, Stuttgart 1995

Kafka, Franz: Der neue Advokat, in: ders.: Ein Landarzt, Hg. Kiermeier-Debre, Joseph, München 2008, S. 9-10

Kant, Immanuel: Die Metaphysik der Sitten, Hg. Weischedel, Wilhelm, 10. Aufl., Frankfurt am Main 1993

Kant, Immanuel: Über den Gemeinspruch: Das mag in der Theorie richtig sein, taugt aber nicht für die Praxis, in: ders.: Schriften zur Anthropologie, Geschichtsphilosophie, Politik und Pädagogik 1, Hg. Weischedel, Wilhelm, 11. Aufl., Frankfurt am Main 1996, S. 125-172

Kant, Immanuel: Grundlegung zur Metaphysik der Sitten, Hg. Weischedel, Wilhelm, 8. Aufl., Frankfurt am Main 2014

Kant, Immanuel: Kritik der praktischen Vernunft, Hg. Weischedel, Wilhelm, 8. Aufl., Frankfurt am Main 2014

Kelsen, Hans: Allgemeine Theorie der Normen, Hg. Ringhofer, Kurt; Walter, Robert, Wien 1979

Kelsen, Hans: Reine Rechtslehre. Einleitung in die rechtswissenschaftliche Problematik, Hg. Jestaedt, Matthias, Studienausgabe der 1. Aufl. von 1934, Tübingen 2008

Kern, Andrea/Menke, Christoph: Einleitung: Dekonstruktion als Philosophie, in: Philosophie der Dekonstruktion. Zum Verhältnis von Normativität und Praxis, Hg. dies., 2. Aufl., Frankfurt am Main 2016, S. 7-14

Kersten, Jens/Rixen, Stephan: Der Verfassungsstaat in der Corona-Krise, München 2020

Kersting, Wolfgang: Wohlgeordnete Freiheit. Immanuel Kants Rechts- und Staatsphilosophie, Berlin 1984

Khatib, Sami R.: „Teleologie ohne Endzweck". Walter Benjamins Ent-stellung des Messianischen, Marburg 2013

Khurana, Thomas: Sinn und Gedächtnis. Die Zeitlichkeit des Sinns und die Figuren ihrer Reflexion, Paderborn u.a. 2007

Khurana, Thomas: Paradoxien der Autonomie. Zur Einleitung, in: Paradoxien der Autonomie, Hg. Khurana, Thomas/Menke, Christoph, Berlin 2011, S. 7-23

Kofman, Sarah: Derrida lesen, Hg. Engelmann, Peter, 1. Aufl., Wien 1987

Ladeur, Karl-Heinz: Die Textualität des Rechts. Zur poststrukturalistischen Kritik des Rechts, Weilerswist 2016

Letzkus, Alwin: Dekonstruktion und ethische Passion. Zugl.: Freiburg (Breisgau), Univ., Diss., 1999, München 2002

Lévinas, Emmanuel: Totalität und Unendlichkeit. Versuch über die Exteriorität, 5. Aufl., Freiburg u.a. 2014

Lévi-Strauss, Claude: Einleitung in das Werk von Marcel Mauss, in: ders.: Soziologie und Anthropologie, Hg. Lepenie, Wolfgang/Ritter, Henning, Frankfurt am Main, Berlin u.a. 1978, S. 7-41

Lindemann, Ophelia: „Ein Wort gegen das Recht". Walter Benjamins „Zur Kritik der Gewalt", Kritische Justiz : Vierteljahresschrift für Recht und Politik (2010), S. 113-119

Lindner, Burkhardt: Derrida. Benjamin. Holocaust, in: Global Benjamin. Internationaler Walter-Benjamin-Kongreß 1992, Bd. 3, Hg. Garber, Klaus/Rehm, Ludger, München 1999, S. 1691-1723

Liszt, Franz von: Der Zweckgedanke im Strafrecht, ZStW (1883), S. 1-47

Locke, John: Einige Gedanken über Erziehung, Leipzig 1873

Loick, Daniel: Rechtsvorenthaltende Gewalt. Zum Staatsverständnis Giorgio Agambens, in: Der Nomos der Moderne. Die politische Philosophie Giorgio Agambens, Hg. ders., Baden-Baden 2011, S. 9-20

Loick, Daniel: Von der ~~Gesetzes~~kraft zum Gesetz~~eskraft~~. Studium, Spiel, Deaktivierung: drei Strategien zur Entsetzung der Rechtsgewalt, in: Der Nomos der Moderne. Die politische Philosophie Giorgio Agambens, Hg. ders., Baden-Baden 2011, S. 194-212

Loick, Daniel: Kontingente Konnektionen. Walter Benjamins Kritik der Schuld, DZPhil (2012), S. 725-742

Loick, Daniel: Kritik der Souveränität, Frankfurt am Main u.a. 2012

Loick, Daniel: Juridismus. Konturen einer kritischen Theorie des Rechts, Berlin 2017

Lüdemann, Susanne: Jacques Derrida zur Einführung, Hamburg 2011

Luhmann, Niklas: Legitimation durch Verfahren, Frankfurt am Main 1983

Luhmann, Niklas: Rechtssoziologie, 3. Aufl., Opladen 1987

Luhmann, Niklas: Soziale Systeme. Grundriss einer allgemeinen Theorie, 4. Aufl., Frankfurt am Main 1991

Luhmann, Niklas: Die Paradoxie der Form, in: Kalkül der Form, Hg. Baecker, Dirk, Frankfurt am Main 1993, S. 197-212

Luhmann, Niklas: Zeichen als Form, in: Probleme der Form, Hg. Baecker, Dirk, Frankfurt am Main 1993, S. 45-69

Luhmann, Niklas: Die Wissenschaft der Gesellschaft, 2. Aufl., Frankfurt am Main 1996

Luhmann, Niklas: Die Gesellschaft der Gesellschaft, Frankfurt am Main 1998

Luhmann, Niklas: Die Funktion des Rechts: Erwartungssicherung oder Verhaltenssteuerung?, in: ders.: Ausdifferenzierung des Rechts. Beiträge zur Rechtssoziologie und Rechtstheorie, Frankfurt am Main 1999, S. 73-91

Luhmann, Niklas: Positivität des Rechts als Voraussetzung einer modernen Gesellschaft, in: ders.: Ausdifferenzierung des Rechts. Beiträge zur Rechtssoziologie und Rechtstheorie, Frankfurt am Main 1999, S. 113-154

Luhmann, Niklas: Rechtszwang und politische Gewalt, in: ders.: Ausdifferenzierung des Rechts. Beiträge zur Rechtssoziologie und Rechtstheorie, Frankfurt am Main 1999, S. 154-172

Luhmann, Niklas: Die Form „Person", in: ders.: Soziologische Aufklärung 6. Die Soziologie und der Mensch 2. Aufl., Wiesbaden 2005, S. 137-148

Luhmann, Niklas: Probleme mit operativer Schließung, in: ders.: Soziologische Aufklärung 6. Die Soziologie und der Mensch 2. Aufl., Wiesbaden 2005, S. 13-25

Luhmann, Niklas: Einführung in die Systemtheorie, Hg. Baecker, Dirk, 4. Aufl., Heidelberg 2008

Luhmann, Niklas: Das Recht der Gesellschaft, 6. Aufl., Frankfurt am Main 2013

Luig, Klaus: Das Privatrecht im „Allgemeinen Landrecht für die preußischen Staaten" von 1794, AcP (1994), S. 521-542

Marchart, Oliver: Zwischen Moses und Messias. Zu politischen Differenz bei Agamben, in: Die gouvernementale Maschine. Zur politischen Philosophie Giorgio Agambens, Hg. Böckelmann, Janine/Meier, Frank, Münster 2007, S. 10-28

Marcuse, Herbert: Nachwort, in: Walter Benjamin, Zur Kritik der Gewalt und andere Aufsätze, Hg. ders., 13. Aufl., Frankfurt am Main 2015, S. 99-107

Marx, Karl: Die Klassenkämpfe in Frankreich 1848 bis 1850, in: ders.: Marx-Engels-Werke (MEW), MEW Bd. 7, Hg. Institut für Marxismus-Leninismus beim ZK der SED, Berlin 1977 ff., S. 9-107

Marx, Karl: Zur Judenfrage, in: ders.: Marx-Engels-Werke (MEW), MEW Bd. 1, Hg. Institut für Marxismus-Leninismus beim ZK der SED, Berlin 1977 ff., S. 347-377

Marx, Karl: Zur Kritik der Politischen Ökonomie, in: ders.: Marx-Engels-Werke (MEW), MEW Bd. 13, Hg. Institut für Marxismus-Leninismus beim ZK der SED, Berlin 1977 ff., S. 7-160

Maurer, Hartmut: Allgemeines Verwaltungsrecht, 18. Aufl., München 2011

Meder, Stephan: Rechtsgeschichte. Eine Einführung, 5. Aufl., Stuttgart u.a. 2014

Meier, Christian: Die Entstehung des Politischen bei den Griechen, Frankfurt am Main 1983

Menke, Christoph: Für eine Politik der Dekonstruktion. Jaques Derrida über Recht und Gerechtigkeit, in: Gewalt und Gerechtigkeit. Derrida - Benjamin, Hg. Haverkamp, Anselm, Frankfurt am Main 1994, S. 279-287

Menke, Christoph: Tragödie im Sittlichen. Gerechtigkeit und Freiheit nach Hegel, Frankfurt am Main 1996

Menke, Christoph: Spiegelungen der Gleichheit. Politische Philosophie nach Adorno und Derrida, Frankfurt am Main 2004

Menke, Christoph: Subjektive Rechte: Zur Paradoxie der Form, in: Nach Jacques Derrida und Niklas Luhmann. Zur (Un-)Möglichkeit einer Gesellschaftstheorie der Gerechtigkeit, Hg. Teubner, Gunther, Stuttgart 2008, S. 81-108

Menke, Christoph: Autonomie und Befreiung, in: Paradoxien der Autonomie, Hg. Khurana, Thomas/Menke, Christoph, Berlin 2011, S. 149-184

Menke, Christoph: Recht und Gewalt, 2. Aufl., Berlin 2012

Menke, Christoph: Privatrecht, Klagerecht, Grundrecht. Zur Einheit der modernen Rechtsidee, in: Der Staat im Recht: Festschrift für Eckart Klein zum 70. Geburtstag, Hg. Breuer, Marten/Epiney, Astrid/Haratsch, Andreas u. a., Berlin 2013, S. 439-452

Menke, Christoph: Kritik der Rechte, Berlin 2015

Menke, Christoph: Kraft. Ein Grundbegriff ästhetischer Anthropologie: mit einem neuen Vorwort, Berlin 2017

Menke, Christoph: Die Kritik des Rechts und das Recht der Kritik, DZPhil (2018), S. 143-161

Menninghaus, Winfried: Walter Benjamins Theorie der Sprachmagie, Frankfurt am Main 1995

Mohr, Georg: Der Begriff der Person bei Kant, Fichte und Hegel, in: Person. Philosophiegeschichte - Theoretische Philosophie - Praktische Philosophie, Hg. Sturma, Dieter, Paderborn 2001, S. 103-141

Montada, Leo/Kals, Elisabeth: Mediation. Ein Lehrbuch auf psychologischer Grundlage, 2. Aufl., Weinheim 2007

Müller, Heiner: Wolokolamsker Chaussee I-V, Borgerhout u.a. 1998

Nachama, Andreas/Homolka, Walter/Bomhoff, Hartmut: Basiswissen Judentum, Bonn 2018

Nietzsche, Friedrich: Zur Genealogie der Moral. Eine Streitschrift, in: ders.: Jenseits von Gut und Böse. Zur Genealogie der Moral, Hg. Colli, Giorgio/Montinari, Mazzino, München, Berlin, New York 1980, S. 245-412

Origenes: Commentarii in epistulam ad Romanos / Römerbriefkommentar. Liber Quintus, Liber Sextus / Fünftes und sechstes Buch, Freiburg im Breisgau 1993

Ostendorf, Heribert: Strafprozessrecht. Rechtssystem und Rechtsanwendung, Baden-Baden u.a. 2012

Pinkard, Terry: Das Paradox der Autonomie: Kants Problem und Hegels Lösung. Kapitel 2 (S. 45-60) und 9 (S. 226-233) aus: Terry Pinkard, German Philosophy 1760-1860: The Legacy of Idealism, Cambridge 2002, in: Paradoxien der Autonomie, Hg. Khurana, Thomas/Menke, Christoph, Berlin 2011, S. 25-59

Posselt, Gerald/Flatscher, Matthias: Sprachphilosophie. Eine Einführung, Seitz, Sergej, Wien 2016

Raulet, Gérard: Theorie der Gewalt und Ausnahmezustand, in: Walter Benjamin. Politisches Denken, Hg. Blättler, Christine/Voller, Christian, Baden-Baden 2016, S. 135-158

Rawls, John: Eine Theorie der Gerechtigkeit, Frankfurt am Main 1979

Reckwitz, Andreas: Die Gesellschaft der Singularitäten. Zum Strukturwandel der Moderne, Berlin 2017

Renner, Moritz: Kontingenz, Redundanz, Transzendenz? - Zum Gerechtigkeitsbegriff Niklas Luhmanns, Ancilla Iuris (anci.ch) (2008), S. 62-72

Rödl, Sebastian: Selbstgesetzgebung, in: Paradoxien der Autonomie, Hg. Khurana, Thomas/Menke, Christoph, Berlin 2011, S. 91-111

Rousseau, Jean-Jacques: Du contrat social ou principes du droit politique. Französisch/deutsch = Vom Gesellschaftsvertrag oder Grundsätze des Staatsrechts, Hg. Brockard, Hans, Stuttgart 2010

Roxin, Claus: Strafrecht. Allgemeiner Teil I, 4. Aufl., München 2006

Rüthers, Bernd/Fischer, Christian/Birk, Axel: Rechtstheorie, 10. Aufl., München 2018

Saussure, Ferdinand de: Cours de linguistique générale. Studienausgabe in deutscher Sprache, Hg. Wunderli, Peter, Tübingen 2014

Schapp, Jan: Hauptprobleme der juristischen Methodenlehre, Tubingen 1983

Schmitt, Carl: Politische Theologie. Vier Kapitel zur Lehre von der Souveränität, 10. Aufl., Berlin 2015

Scholem, Gershom: Der Name Gottes und die Sprachtheorie der Kabbala, in: ders.: Judaica, Judaica 3, Frankfurt am Main 1968 ff., S. 7-70

Scholem, Gershom: Zum Verständnis der messianischen Idee im Judentum, in: ders.: Judaica, Judaica 1, Frankfurt am Main 1968 ff., S. 7-74

Schönwälder-Kuntze, Tatjana/Wille, Katrin: Kommentar zu den Laws of Form. Das Erste Kapitel: The Form, in: George Spencer Brown. Eine Einführung in die „Laws of Form“, Hg. Schönwälder-Kuntze, Tatjana/Hölscher, Thomas/Wille, Katrin, 2. Aufl., Wiesbaden 2009, S. 67-86

Schultz, Susanne: Paradoxien des (Bio-) Politischen und der Fluchtpunkt der Vernichtung. Demografiekritische Anschlüsse an Agamben?, in: Der Nomos der Moderne. Die politische Philosophie Giorgio Agambens, Hg. Loick, Daniel, Baden-Baden 2011, S. 105-127

Schulz, Bettina: Schwacher Premier, schwaches Gesundheitssystem, ZEIT ONLINE (14.04.2020), https://www.zeit.de/politik/ausland/2020-04/grossbritannien-lock-down-boris-johnson/komplettansicht?print (besucht am 04.09.2020)

Sorel, Georges: Über die Gewalt, Frankfurt am Main 1981

Spencer-Brown, George: Laws of Form, New York 1972

Steiner, Uwe: Walter Benjamin, Stuttgart u.a. 2004

Steiner, Uwe: „Über Sprache überhaupt und die Sprache des Menschen“, in: Benjamin-Handbuch. Leben - Werk - Wirkung, Hg. Lindner, Burkhardt, Stuttgart u.a. 2011, S. 592-602

Stowasser, Josef M./Petschenig, Michael/Skutsch, Franz: Stowasser. Lateinisch-deutsches Schulwörterbuch, Pichl, Robert; Christ, Alexander; Lošek, Fritz, Nachdr. d. 1. Aufl., Düsseldorf u.a. 2007

Teubner, Gunther: Im blinden Fleck der Systeme. Die Hybridisierung des Vertrages, Soziale Systeme (1997), S. 313-326

Tiedemann, Rolf/Schweppenhäuser, Hermann: Anmerkungen der Herausgeber zu Seite 179-203 (Zur Kritik der Gewalt), in: Benjamin, Walter: Gesammelte Schriften, GS II.3, Hg. Tiedemann, Rolf/Schweppenhäuser, Hermann/Adorno, Theodor W. u. a., Frankfurt am Main 1991, S. 943-946

Tiedemann, Rolf/Schweppenhäuser, Hermann: Nachträge, in: Benjamin, Walter: Gesammelte Schriften, GS VII, Hg. Tiedemann, Rolf/Schweppenhäuser, Hermann/Adorno, Theodor W. u. a., Frankfurt am Main 1991.

Vasilache, Andreas: Gibt es überhaupt „Homines sacri“? Das nackte Leben zwischen Theorie und Empirie, in: Die gouvernementale Maschine. Zur politischen Philosophie Giorgio Agambens, Hg. Böckelmann, Janine/Meier, Frank, Münster 2007, S. 58-74

Vismann, Cornelia: Das Gesetz „DER Dekonstruktion”, Rechtshistorisches Journal (1992), S. 250-264

Vismann, Cornelia: Benjamin als Kommentator, in: Literatur als Philosophie – Philosophie als Literatur, Hg. Horn, Eva/Menke, Bettine/Menke, Christoph, München 2006, S. 347-362

Wandt, Manfred: Gesetzliche Schuldverhältnisse. Deliktsrecht, Schadensrecht, Bereicherungsrecht, GoA; ein Lehrbuch für Studium und Examen, 6. Aufl., München 2014

Weber, Max: Wirtschaft und Gesellschaft. Recht, Hg. Gephart, Werner/Hermes, Siegfried, Tübingen 2010

Wirth, Uwe: Der Performanzbegriff im Spanungsfeld von Illokution, Iteration und Indexikalität, in: Performanz. Zwischen Sprachphilosophie und Kulturwissenschaften, Hg. ders., 6. Aufl., Frankfurt am Main 2015, S. 9-60

Wittgenstein, Ludwig: Logisch-philosophische Abhandlung. Tractatus logico-philosophicus, 36. Aufl., Frankfurt am Main 2016

Wolf, Markus: Gerechtigkeit als Dekonstruktion. Zur kulturellen Form von Recht und Demokratie nach Jacques Derrida, Konstanz 2019

ZEIT ONLINE: Ungarn verweigert Migranten Nahrung, ZEIT ONLINE (03.05.2019), https://www.zeit.de/politik/ausland/2019-05/menschenrechte-ungarn-fluechtlinge-nahrungsverweigerung-rechtsbruch (besucht am 11.09.2020)

Zenz, Gisela: Kindesmisshandlung und Kindesrechte. Erfahrungswissen, Normstruktur u. Entscheidungsrationalität, Frankfurt am Main 1981

Kolibri 360 GmbH
Ferdinand-Jühlke-Straße 7
99095 Erfurt, Deutschland
produktsicherheit@kolibri360.de